国外食品药品法律法规编译丛书

U0741338

FDA
职责与权力

主 编 杨 悦

中国医药科技出版社

图书在版编目（CIP）数据

FDA职责与权力 / 杨悦主编. — 北京:中国医药科技出版社, 2018.1
（国外食品药品法律法规编译丛书）
ISBN 978-7-5067-9172-4

Ⅰ. ①F… Ⅱ. ①杨… Ⅲ. ①食品卫生法 – 研究 – 美国 ②药品管理法 – 研究 – 美国 Ⅳ. ①D971.221.6

中国版本图书馆CIP数据核字(2017)第056960号

美术编辑 　陈君杞
版式设计 　大隐设计

出版　中国医药科技出版社
地址　北京市海淀区文慧园北路甲 22 号
邮编　100082
电话　发行：010–62227427 　邮购：010–62236938
网址　www.cmstp.com
规格　710×1000mm ¹/₁₆
印张　27
字数　316 千字
版次　2018 年 1 月第 1 版
印次　2018 年 1 月第 1 次印刷
印刷　三河市国英印务有限公司
经销　全国各地新华书店
书号　ISBN 978-7-5067-9172-4
定价　68.00 元

国外食品药品法律法规
编译委员会

本书编委会

主　编　杨　悦

副主编　裴　琳　赵　冰

编　委（按姓氏笔画排序）

　　　　杨　悦（沈阳药科大学国际食品药品政策与法律研究中心）

　　　　张钟艺（沈阳药科大学国际食品药品政策与法律研究中心）

　　　　郑永侠（沈阳药科大学国际食品药品政策与法律研究中心）

　　　　赵　冰（沈阳药科大学国际食品药品政策与法律研究中心）

　　　　鲍程程（沈阳药科大学国际食品药品政策与法律研究中心）

　　　　裴　琳（青岛市食品药品检验研究院）

序

    食品药品安全问题，既是重大的政治问题，也是重大的民生问题；既是重大的经济问题，也是重大的社会问题。十八大以来，我国坚持以人民为中心的发展思想和"创新、协调、绿色、开放、共享"的五大发展理念，全力推进食品药品监管制度的改革与创新，其力度之大、范围之广、影响之深，前所未有。

    党的十九大再次强调，全面依法治国是国家治理的一场深刻革命，是中国特色社会主义的本质要求和重要保障。法律是治国之重器，良法是善治之前提。全面加强食品药品安全监管工作，必须坚持立法先行，按照科学立法、民主立法的要求，加快构建理念现代、价值和谐、制度完备、机制健全的现代食品药品安全监管制度。当前，《药品管理法》的修订正在有序有力推进。完善我国食品药品安全管理制度，必须坚持问题导向、坚持改革创新、坚持立足国情、坚持国际视野，以更大的勇气和智慧，充分借鉴国际食品药品安全监管法制建设的有益经验。

    坚持食品药品安全治理理念创新。理念是人们经过长期的理论思考和实践探索所形成的揭示事物运动规律、启示事物发展方向的哲学基础、根本原则、核心价值等的抽象概括。理念所回答的是"为何治理、为谁治理、怎样治理、靠谁治理"等基本命题，具有基础性、根本性、全局性、方向性。理念决定着事物的发展方向、发展道路、发展动力和发展局面。从国际上看，食品药品安全治理理念主要包括人本治理、风险治理、全程治理、社会治理、责任治理、效能治理、能动治理、专业治理、分类治理、平衡治理、持续治理、递进治理、灵活治理、国际治理、依法治理等基本要素。这些要素的独立与包容在一定程度上反映出不同国家、不同时代、不同阶段食品药品安全治理的普遍规律和特殊需求。完善我国食品药品安全管理法制制度，要坚持科学治理理念，体现时代性、把握规律性、富于创造性。

坚持食品药品安全治理体系创新。为保障和促进公众健康，国际社会普遍建立了科学、统一、权威、高效的食品药品安全监管体制。体制决定体系，体系支撑体制。新世纪以来，为全面提升药品安全治理能力，国际社会更加重视食品药品标准、审评、检验、检查、监测、评价等体系建设，着力强化其科学化、标准化、规范化建设。药品安全治理体系的协同推进和持续改进，强化了食品药品安全风险的全面防控和质量的全面提升。

坚持食品药品安全治理法制创新。新时代，法律不仅具有规范和保障的功能，而且还具有引领和助推的作用。随着全球化、信息化和社会化的发展，新原料、新技术、新工艺、新设备等不断涌现，食品药品开发模式、产业形态、产业链条、生命周期、运营方式等发生许多重大变化，与此相适应，一些新的食品药品安全治理制度应运而生，强化了食品药品安全风险全生命周期控制，提升了食品药品安全治理的能力和水平。

坚持食品药品安全治理机制创新。机制是推动事物有效运行的平台载体或者内在动力。通过激励与约束、褒奖和惩戒、动力和压力、自律和他律的利益杠杆，机制使"纸面上的法律"转化为"行动中的法律"，调动起了各利益相关者的积极性、主动性和创造性。机制的设计往往都有着特定的目标导引，在社会转型期具有较大的运行空间。各利益相关者的条件和期待不同，所依赖的具体机制也有所不同。当前，国际社会普遍建立的食品药品分类治理机制、全程追溯机制、绩效评价机制、信用奖惩机制、社会共治机制、责任追究机制等，推动了食品药品安全治理不断向纵深发展。

坚持食品药品安全治理方式创新。治理方式事关治理的质量、效率、形象、能力和水平。全球化、信息化、社会化已从根本上改变经济和安全格局，传统的国际食品药品安全治理方式正在进行重大调整。互联网、大数据、云计算等正在以前所未有的方式改变着传统的生产、生活方式，而更多的改变正在蓄势待发。信息之于现代治理，犹如货币之于经济，犹如血液之于生命。新时期，以互联网、大数据、云计算等代表的信息化手段正在强力推动食品药品安全治理从传统治理向现代治理方式快速转轨，并迸发出无限的生机与活力。

坚持食品药品安全治理战略创新。战略是有关食品药品安全治理的全局性、长期性、前瞻性和方向性的目标和策略。国家治理战略是以国家的力量组织和落实食品药品安全治理的目标、方针、重点、力量、步骤和措施。食品药品安全治理战略主要包括产业提升战略、科技创新战略、行业自律战略、社会共治战略、标准提高战略、方式创新战略、能力提升战略、国际合作战略等。食品药品管理法律制度应当通过一系列制度安排，强化这些治理战略的落地实施。

坚持食品药品安全治理文化创新。文化是治理的"灵魂"。文化具有传承性、渗透性、持久性等。从全球看，治理文化创新属于治理创新体系中是最为艰难、最具创造、最富智慧的创新。

食品药品安全治理文化创新体系庞大，其核心内容为治理使命、治理愿景、治理价值、治理战略等。使命是组织的核心价值、根本宗旨和行动指针，是组织生命意义的根本定位。使命应当具有独特性、专业性和价值性。今天，国际社会普遍将食品药品安全治理的是使命定位于保障和促进公众健康。从保障公众健康到保障和促进公众健康，这是一个重大的历史进步，进一步彰显着食品药品监管部门的积极、开放、负责、自信精神和情怀。

中国的问题，需要世界的眼光。在我国药品安全监管改革创新的重要历史时期，法制司会同中国健康传媒集团组织来自监管机构、高等院校、企业界的专家、学者、研究人员陆续翻译出版主要国家和地区的食品药品法律法规，该丛书具有系统性、专业性和实用性、及时性的特点，在丛书中，读者可从法条看到国际食品药品治理理念、体系、机制、方式、战略、文化等层面的国际经验，期望能为我国食品药品监管改革和立法提供有益的参考和借鉴。

焦 红

2017 年 12 月

内容简介

本书主要介绍美国食品药品管理局（U.S. Food and Drug Administration，FDA）保护和促进公共健康的职责与权力，并在各章按照重点作了较详细的论述。全书共分为 8 章：

第一章介绍美国 FDA 的起源与发展，着重介绍 19 世纪美国药品的黑暗时期，美国 FDA 的成立和 FDA 发展史上重要的法律变迁及事件以及 FDA 的使命与未来的发展。

第二章介绍 FDA 与 HHS 的隶属关系；FDA 的内部组织结构及各部门主要职责。重点介绍 FDA 的六大办公室和七大中心。

第三章介绍 FDA 咨询委员会的设立与管理以及局长和各个中心下的咨询委员会的具体职责。

第四章介绍 FDA 对食品的监管，重点介绍 FDA 对食品设施注册登记和检查以及对流通领域的食品检查、食品安全事件的监测和召回制度以及对食品添加剂和膳食补充剂的监管模式。

第五章介绍 FDA 对药品的监管，重点介绍 FDA 对新药、仿制药、生物制品和治疗罕见疾病的监管模式。

第六章介绍 FDA 对医疗器械的监管，重点介绍医疗器械上市前和上市后的监管模式。包括器械分类程序、性能标准、研究器械豁免、器械追踪、不良事件监测和器械召回程序。

第七章介绍 FDA 对化妆品的监管，重点介绍化妆品的检查、警告信、化妆品召回以及进口化妆品的监管。

第八章介绍与食品、新药、仿制药、生物类似物及器械有关的费用，重点介绍产品收费的法律背景、收费类型及费用减免和返还等相关规定。

　　本书深入浅出帮助读者理解FDA在其监管领域的职责与权利，因此本书可以作为医药领域工作者了解美国FDA的专业科普读物。

编译说明

　　对食品和药品的监管一直是各个国家十分关注的问题。近年来，美国对食品药品的监管模式逐渐成为国际食品药品监管机构参考的重点目标。我国食品药品监管部门作为人民生命健康有力的保护者，行使着行政审批、监督检查、案件查处等行政管理和执法职责，强化依法监管是提升监管水平的应有之义。21 世纪是食品、药品、医疗器械和化妆品迅速发展的时期，中国在迎来前所未有的机遇的同时，针对这些产品的监管也面临着前所未有的挑战。如何高效地监管我国食品、药品、医疗器械和化妆品，如何让食品药品监管工作者了解并且掌握美国 FDA 的法律、法规以及监管依据，使我国对食品、药品、医疗器械及化妆品的监管具有更高的水平；如何让中国的食品药品行业在国际市场上占有一席之地并且拓展更高层次的发展空间是本书编译的主要目的。

　　《FDA 职责与权力》一书分为八章，主要介绍美国 FDA 的历史与发展。包括重要法律法规产生的前因后果、FDA 的使命与对未来的展望、FDA 组织机构和各部门的职责设置、针对不同的领域：如食品、药品、化妆品、医疗器械、生物制品等详述 FDA 监管职责与权力。通过查阅美国 FDA 官方网站，《联邦食品药品和化妆品法案》和《联邦法规汇编》第 21 章（21 CFR）以及相关的修正法案和相关文献资料，整理并总结美国 FDA 的职责与权力。本书主要特点在于：针对食品领域，着重介绍对进口食品的监管，如进口食品企业的注册、第三方审核机构、国外供应商审核计划，食品安全事件及食品召回程序，膳食补充剂和食品添加剂的监管；药品领域着重介绍 FDA 对药品的上市前后，如 IND、NDA 和上市后阶段的监管；化妆品领域着重介绍化妆品的进口以及对不合格化妆品的处罚；医疗器械领域着重介绍医疗器械上市前监管，如器械分类、研究用器械豁免、医疗器械上市途径和上市后监管，如器械不良事件监测，器械追踪以及器械强制召回等，为我国相关领域的发展和监管提供借鉴。

本书深入浅出，以生动的例子和清晰的图表协助读者理解与食品、药品和化妆品等相关的美国法律法规以及监管手段，了解美国 FDA 的职责与权力，并提供法律渊源，使读者可以对感兴趣的问题进行更深入的研究。本书既可以作为相关领域工作者了解美国法律法规的科普读物，也可以作为初探相关领域的法规事务专业人员的辅助性书籍，更可以作为我国食药监部门监管人员的参考性书籍。

总之，我国食品药品监管机构以及食品、药品、医疗器械和化妆品相关的企业，只有对美国和其他西方等的相关行业的发展和管理有了基本认识后，才能客观地评价自己，才能做到"知己知彼，百战不殆"，才能在国际竞争的大舞台中占有一席之地。希望本书对中国的食品、药品、医疗器械和化妆品相关的企业以及食品药品监管部门走向国际化道路有所帮助。值得强调的是，美国法律法规及与 FDA 相关内容涉及的方面较为广泛，本书只介绍其中的一小部分，在阅读本书过程中欢迎读者提出宝贵的意见和建议，供再版时参考。

目录

FDA

第一章
美国食品药品管理局（FDA）的起源与发展

第一节 | **起源**

美国食品药品管理局（U.S.Food and Drug Administration，FDA）
的前身是 1862 年的农业部化学室，1930 年重组改名为食品药品
管理局，至今已有一百多年的历史，如今 FDA 已成为全世界最先
进、制度最为完善的食品药品监管机构。长期以来，FDA 以"保
障并促进公共健康"（protecting and promoting public health）为宗旨，
致力于提高食品与药品的安全、有效，保障市场的诚信、有序。[1]

一、美国药品的黑暗时期——
"美国大欺诈"时期

19 世纪美国假药泛滥，危害极大，这些假药不仅仅欺骗消费者，
骗取钱财，而且威胁消费者健康，假药使患者无法得到恰当及时
的治疗，甚至可能直接导致患者的死亡。

---

[1] 胡颖廉.百年 FDA：监管机构与监管职责 [J].中国食品药品监
管,2006,09:62-64.

19 世纪后期，美国药品市场上存在着两种不同等级的药品：一种
是医生使用的、具有严格使用意义的药品，称为处方药；另一种
是没有医学研究基础的、专以赚取利润为目的的商业化药品，称
之为"专利药"。在美国泛滥成灾并造成极大危害的就是第二类
所谓的"专利药"。那时的所谓"专利药"并非指获得专利授权
的真正专利药品，而仅仅指的是一些在药品的配方和制作工艺上
保密的药品。这类药品的配方不仅患者不知道，甚至给患者开具
此类药品的医生都可能不知道。所谓"专利药"的配方从不公开，
事实上这些专利药品大部分是以水作为溶剂制成和出售的，药品
制造商随便地在药品的包装上打上医生或药店的名字，并宣称能
治愈癌症、关节炎等（图 1-1），常被称作"万能药"。有些"专
利药"实际上是以 99% 的水和 1% 的酒精混合而成，这类"专利
药"几乎没有治疗效果，而有的"专利药"甚至含有鸦片、吗啡、
海洛因等毒品和比例不等的酒精，甚至有的"专利药"酒精比例
高达 80%，吃了这类药品很容易使患者染上毒瘾和酒瘾。有时所
谓的"专利药"的配方可多达六七种甚至四十余种，但是实际上
这些配方的效果大都相同，有些配方甚至没有效果。

图 1-1 专治
癌症和所有血
液病的"Drs.
Mixer"

（一）不可思议的红色条款
（The Magic "Red Clause"）

当时对于假药，一个奇怪现象是多数报纸杂志都保持沉默，试图避免发表对"专利药"批判和揭露的文章，即使偶尔刊载批判"专利药"的文章，也是暂时性的，并非真正批判。因欺诈行径普遍，报纸或杂志中可能在抨击恶性欺诈性文章旁边的专栏就会出现欺诈性广告。虽然当时也有一些报纸和杂志声称拒绝刊登有关疾病治疗的广告，但是仍刊登出治疗肺结核和癌症的广告，而且有些报纸和杂志的出版社甚至联系制药企业，与他们一起反对医药立法。因当时缺乏法律制约，假药猖獗得不到制裁，制药企业的邪恶势力越来越大。

实际上，早在 1890 年，"专利药"企业协会的成员就以经济实力来压制新闻界对"专利药"的诈骗行径的揭露。这些"专利药"生产商与报纸和杂志出版社签署三年一期的广告合同，合同上有一条特别采用红色字体的条款，即所谓的"红色条款"。在这项"红色条款"的笼罩下，只要监督"专利药"的地方州法通过，那么这些"专利药"生产商与报纸和杂志签署的广告合同就会作废。因此，许多报纸和杂志为了保证广告来源，均在立法问题上保持沉默，有些甚至积极加入专利药阵营强烈反对建立药品法规。这些报纸和杂志商即便了解"专利药"的欺诈行为，但是为了广告费和自身的利益，常常对"专利药"的欺诈保持沉默，并且避免发表批判"专利药"的文章。[2]

这些"专利药"商利用与报纸和杂志签订的广告合同中的"红色

---

[2] 王建英．美国药品申报与法规管理 [M]．北京：中国医药科技出版社，2005.

条款"控制报纸和杂志出版社，一方面避免揭露"专利药"欺诈
行为文章的发表，另一方面利用媒体来反对医药立法。当时美国
一些非常权威的报纸和杂志与"专利药"商关系非常紧密，他们
常常是这些"专利药"的代理商，这些出版社经常篡改与"专利药"
相关的药害事件新闻。后来，人们渐渐了解报纸和杂志之所以对
所谓"专利药"欺诈行为多年保持沉默并避免批判和揭露此类"专
利药"的文章发表，是因为当时他们与"专利药"生产商签署了
合同上的"红色条款"。这条"红色条款"规定了只要报纸和杂
志刊登了揭露"专利药"的文章，那么这些"专利药"商与报纸
和杂志签订的广告合同就会作废。因此，当时的大多数的报纸和
杂志为了合同上的广告费，对于"专利药"的欺诈行为即便了解
也不会揭露更不会刊登有关"专利药"欺诈的文章，而且这些报
纸和杂志常常是"专利药"商的代理商。

（二）虚假的宣传

一些毫不知情的药品使用者因为自身免疫系统战胜了疾病，恢复
健康，却以为是"专利药"发挥疗效使他们恢复健康，并写下感
谢信宣传"专利药"。而对于那些由于虚假"专利药"死亡的患者，
人们往往不知道是因为"专利药"还是因为药品无实际效果而导
致患者死亡。当时的人们除了看到"专利药"的患者感谢信外，
对"专利药"的其他信息一无所知。

风湿病、家族性的坐骨神经痛等疾病，这些主要通过自身的免疫
系统即可改善，本来就不需要花费金钱治疗来减轻痛苦；对于如
布赖特氏病和其他一些严重疾病，如果不服用这些虚假宣传药品，
则可能并不会死亡。对于这样的死亡，假药的销售商却没有责任，
因为没有证据可以证明这些专利药品商需要负任何责任。即使在
很少情况下有证据表明专利药商有责任，但也并不会引起人们的

注意，更不会起到警示他人的作用，报纸和杂志上并不会报道这些死亡事件，因为这些药品的广告就是由这些相互勾结的报纸和杂志刊登出来的。

后来一些致力于揭露"专利药"欺诈黑幕的记者将患者的感谢信用相机拍摄照片并整页地刊登出来，一些写感谢信的人后来承认他们并没有服用过这些药品，他们写虚假的感谢信只为了出名。一些知道这些"专利药"实际成分与作用的人说"这些虚假感谢信证词的发布其实都是被强制的，但如今这些虚假的广告宣传却占据了人们大部分的生活"。[3]

这些专利药之所以能大行其道，肆意欺骗患者的钱财，损害其健康，原因是复杂的。有的专利药能有市场仅仅是因为传言这些药品在某地治愈过某人的病症。市场上大部分的经实践经验总结出来的有效果的秘方、偏方被黑心药商用无效的甚至有害的"专利药"配方取代，并向其中加入毒品和酒精等。在当时，毒品和酒精在"专利药"中已经泛滥成灾，就连用于治疗一般病痛的镇静止咳糖浆都添加吗啡和酒精，这些加入了毒品与酒精的"专利药"使服用者很容易就染上毒瘾和酒瘾。还有就是患者缺乏必要的医学常识，认为医生为患者配置好的药丸和糖浆能包治百病，而且认为这种"专利药"比处方药方更便宜。[4]

另外一个最为重要的原因就是专利药商人的"营销"很到位。药

---

[3] THE GREAT AMERICAN FRAUD [EB/OL]. （2013-04-13）http://www.museumofquackery.com/ephemera/oct7-01.htm.

[4] The Great American Fraud [EB/OL]. （2013-03-26）http://www.museumofquackery.com/ephemera/dec02-01.htm.

品的包装和铺天盖地的广告是假药盛行的重要原因。对于这些所
谓"专利药"需求可以追溯到殖民地时期，当时的药品都来自于
殖民地的宗主国英国，漂洋过海来到殖民地。美国独立战争时期，
殖民地的贸易受到英国的封锁，使得这些药品不能从英国进口，
等到药品售完后，殖民地的药品商人就把看似药品的东西放进原
先来自英国的药瓶里售卖。瓶子用光的时候，他们就叫玻璃工人
仿制瓶子。销售的关键完全在于包装，而不是药品。当时的药品
厂商不是为药品或者药品配方申请专利，而是为药瓶、药盒、药
品标签的风格、标签上的图片、药品广告等申请版权保护，一种
药品甚至有许多不同的名称。[5]

报纸的发展也给药品的宣传提供了新的机会。在托马斯·杰斐逊
时代，美国大约只有 200 份报纸，而且大部分是周报，只有几份
报纸能保证每天出版，发行范围也很少超出报纸的出版城市。到
了林肯时代，每天早晨或者下午出版的报纸就有 400 份，加上周报，
美国的报纸总数达到了 4000 份。这就为专利药品展开大规模的
广告销售提供了绝佳的条件，他们不惜重金在各种报纸杂志上做
"专利药"的广告，开展广泛的心理攻势。一时间报纸上推销这
些所谓专利药品的广告铺天盖地，19 世纪末，专利药品行业在发
放的全国性广告方面居各行业之首。借由报纸的煽风点火，专利
药很快肆虐整个药品市场，到 19 世纪末，美国的专利药品零售
额已经高达 1 亿美元，而当时美国的人口却只有 8000 万人。[6]

---

[5] 郭立亚 ，曹林. 美国药品安全监管历程与监测体系 [M]. 北京：中国医
药科技出版社，2006.

[6] 林肯·斯蒂芬斯著，展江、万胜译. 新闻与揭丑：美国黑幕揭发报道经
典作品集 [M]. 海口：海南出版社，2000.

（三）"美国大欺诈"对"专利药"的揭露

随着对专利药品更加荒唐的宣传，一些记者和作家开始注意到专利药品的欺诈行为。其中最著名的当数《科利尔周刊》（Collier）上发表的题为"美国大欺诈"（The Great American Fraud）的一系列文章（图 1-2）。1905 年 10 月 7 日，Samuel Hopkins Adams 发表了 12 篇有关药品欺诈的文章，其中，第 1 篇发表于《科利尔周刊》（Collier）。在这些文章中公布对市场上各种所谓"专利药"及其潜在毒害进行的一系列调查结果：无数儿童中毒于"抚慰糖浆"（smoothing syrup），成人如何在不知不觉中患上鸦片瘾等。美国医学会（American Medical Association，AMA）随即将 Collier 一系列有关欺诈的文章印刷成书，书名为《美国大欺诈》，并以每册 50 美分的价格售出了 500 000 册。1906 年 AMA 成立了自己的化学实验室，用于评估哪些产品是有价值的，并允许这些有价值的产品在 AMA 的杂志上刊登广告。Arthur J. Cramp 博士是这一项目的主任，并负责此项工作。随着这项工作的开展，他创建了宣传部（the Propaganda Department），该部门不仅准备有关医学诈骗警告医生的材料，而且还包括增强公众以及非专业人员对于医疗诈骗的认识，主要通过在杂志上刊登揭露欺诈的文章，并开始发行关于不同欺诈主题的小册子，例如"万能药方"（Mechanical Nostrums）、"肥胖治疗"（Obesity Cures）等。随后，AMA 不仅增加了这些小册子的数量而且还丰富了内容，增加了不同的主体，并将这些小册子汇编成了 3 卷丛书，第一卷在 1911 年出版，第二卷在 1921 年出版，最后一卷在 1936 年出版。前两卷的名称是《药方与欺诈》（Nostrums & Quackery），第三卷的名称是《药方、欺诈和假冒药品》。至今这些小册子仍是医疗欺诈重要的信息来源。[7]

---

[7] The Great American Fraud [EB/OL]. （2016-04-13）http://www.museumofquackery.com/ephemera/dec02-01.htm.

THE GREAT AMERICAN FRAUD

图 1-2 "美国大欺诈"（The Great American）

二、美国食品药品管理局（FDA）的成立

FDA 的前身是美国农业部（U.S. Department of Agriculture）的化学
部（Chemical Division），该机构成立于 1862 年，当时的美国总统
林肯任命 Charles M.Wetherill 为化学部部长。在化学部成立之前，
美国各州还是独自立法时期，社会上猖獗的伪劣食品和掺假药品
不仅仅是本地产品，还有来自全世界的假冒伪劣的、被污染的、
经过稀释的以及过期失效的食品和药品——这是一个很危险的局
面。甚至美国驻扎在墨西哥的军队也使用了治疗疟疾的虚假药品。
于是，联邦政府开始采取措施，1848 年 6 月美国国会禁止伪劣药
品的进口，并通过了《进口药品法案》（the Import Drugs Act），并
为了该法案的实施建立了美国海关实验室。新海关实验室的使命
是强制执行 1820 年建立的《美国药典》（U.S. Pharmacopeia）中
对药品纯度和效能的规定。但由于海关工作的药品检验人员多是
未经过培训的，且没有相关的管理机构的介入，新海关实验室支
持力量逐渐减弱，该法律也逐渐消失其威力。

若干年后，农业部的首席化学专家 Peter Collier 作为化学部部长，
开始着手处理市场上普遍存在的食品掺假问题。在 1901 年将化
学部更名为化学局（The Bureau of Chemistry），其主要职责是调
查农产品中的掺假问题。1927 年，化学局被调整为两个独立的

部门，其中的监管职责归于食品、药品和杀虫剂管理局（Food, Drug and Insecticide Administration），非监管研究职责归于化学与土壤局（Bureau of Chemistry and Soils）。1930 年 7 月，食品、药品和杀虫剂管理局更名为食品药品管理局（FDA）。1940 年 6 月，FDA 从农业部被划归至联邦安全管理局（Federal Security Agency，FSA）。1953 年，由于美国时任总统艾森豪威尔认为健康、教育和社会安全息息相关，因此 FDA 再一次被划归至健康、教育和福利部下（Department of Health, Education, and Welfare，HEW）。15 年后，FDA 成为 HEW 中公共健康服务（Public Health Service）部门的一部分，并在 1980 年 5 月，教育职责从 HEW 中移出，创建了卫生与公共服务部（Department of Health and Human Services，HHS）。1988 年，根据《食品药品管理法案》（Food and Drug Administration Act，FDAA），FDA 作为 HHS 下属部门，其局长须由总统提名，由参议院投票选出。FDA 发展历程如图 1-3。

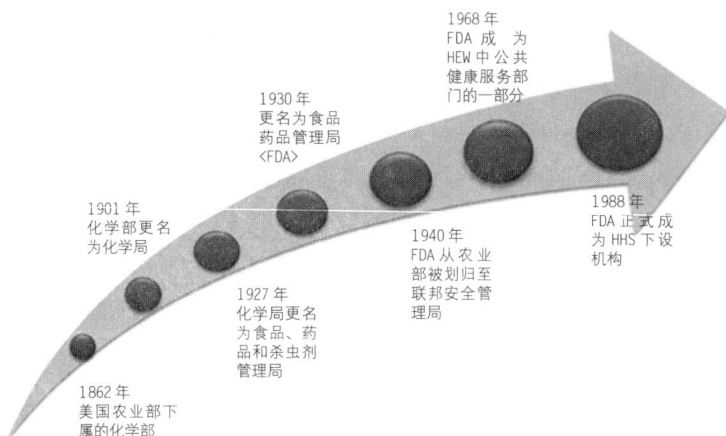

1968 年 FDA 成为 HEW 中公共健康服务部门的一部分

1930 年更名为食品药品管理局〈FDA〉

1901 年化学部更名为化学局

1988 年 FDA 正式成为 HHS 下设机构

1940 年 FDA 从农业部被划归至联邦安全管理局

1927 年化学局更名为食品、药品和杀虫剂管理局

1862 年美国农业部下属的化学部

图 1-3 FDA 发展历程图

FDA 员工数量及年度预算自 2015~2017 年不断上涨。据各年年度
预算报告显示，2015 年 FDA 共有 15 484 名员工，年度预算为 47
亿美元；2016 年员工数量为 16 205 人，年度预算为 49 亿美元；
2017 年员工数量为 16 635 人，年度预算为 51 亿美元。其员工包
括化学家、药理学家、物理学家、微生物学家、兽医、药剂师、
律师等。约三分之一的 FDA 员工分布在华盛顿外超过 150 个领域
的办公室和实验室工作，包括 5 个宗教办公室和 20 个区域办公室。
同时，FDA 还监管着价值一万亿产品的生产、出口、运输、储存
和销售，纳税人每人每年都需为它们缴纳约 3 美元的税款。FDA
检查人员每年需检查超过 16 000 家生产企业，并与联邦政府共同
合作以增加合格生产企业的数量。

第二节 | 美国食品药品管理局（FDA）发展史上重要事件及法律变迁

一、1906 年的《食品和药品法案》

食品药品管理局的历史同样也是 FDA 监管食品、药品、化妆品和其他产品以保护消费者的历史。在 FDA 首次成为家喻户晓的词汇前，其历史就已经开始了。

由于初期 FDA 的科学家主要从事农业的研究和开发，必然会涉及食品安全的问题。农业部化学局实验室的化学家们很快发现了食品中加入有害化学防腐剂的食品安全性问题，他们开始调查和公布那些简陋作坊在加工食品过程中的欺骗行为，并在 1862 年将有关食品保存和化学防腐剂使用情况的调查整理成报告，1873 年提交的报告包含对谷物、葡萄酒和鸦片的分析，1874 年讨论掺入水和化学物质的掺假牛奶等问题，同时也进行了砷类和铜类杀虫剂对植物的影响以及对人类造成伤害的可能性的试验。

联邦政府对药品的关注始于 1848 年的《进口药品法案》（the Import Drugs Act），该法案要求美国海关检查其他国家出口到美国的药品以防止海外掺假药品（adulterated drugs）进入美国市场。随后，美国医学协会加入了对纯净药品的立法保护的队伍之中。海关实验室的使命是强制执行 1820 年由贸易和专业领导人建立的《美国药典》中对药品纯度和效能的规定。但由于缺乏与管理机构组织性的联系，海关实验室的支持力量逐渐减弱，职责也逐渐消失。USP 是美国第一部药品标准和质量控制系统，是 1820 年由 11 位来自于各州的医师、药剂师、药学院等医学专家代表自发在华盛顿特区召开会议共同制定的。USP 为药品组成配方和化学物质提供了标准，包括天然（未加工）药物、不挥发油，以及其他在传统上由药剂师保管的物质。而后，USP 又增加了确定药品纯度标准的各项检测项目。随着新药品、新配方组成、新检测方法的不断发明和更新，药剂师们频繁地对 USP 进行修订。

1820 年 Frederick Accum 的"掺假食品和其检定方法的论述"在伦敦和费城发表，1860 年英国颁布了第一部国家食品法律。这促使美国最终意识到需要建立国家性的食品和药品法律。在美国，许多州法律都是殖民时代建立的，当时的 13 个殖民地各自是独立的行政主体，彼此没有隶属关系，只受英王统治。但尽管有如此多的殖民地，有些产品仍不能在新大陆上生产制造，且在新大陆生产制造的产品需要更广阔的市场，因此为满足与欧洲等地的贸易需求，促进贸易往来，各殖民地颁布了适合自己的法律。这些法律建立了度量衡，并制定了出口产品的检查要求，如盐类、肉类、鱼类和面粉，以促进出口销售。在独立战争（the War of Independence）后，各州继续颁布法律，各个法律间的区别很大，代表各自特殊的利益需求。直到美国内战（the Civil War）后州际贸易开始扩大膨胀，联邦政府才意识到需要制定法律。1870 年的"纯净食品运动（The Pure Food Movement）"为 1906 年《纯净食品和药品法案》提供最初的主要政治支持。在 Harvey Wiley 到达华盛顿，领导化学部前，食品企业的成员就已经开始倡导颁布抵制掺假行为的法律，主要原因是：第一，食品新品种的竞争——葡萄糖代替食糖，源于棉籽油的"猪油"和人造黄油对黄油的威胁；第二，对各州法律的不统一不能忍受。就如同一位面包师说，"我们不得不为每个州制作不同的面包"。

1879 年化学部的第五任领导人彼得·克利尔（Peter Collier），力荐联邦政府对食品掺假行为进行立法，并认定其为犯罪行为。1883 年普渡大学的化学教授 Harvey W·Wiley 博士被任命接替 Collier 的位置，Harvey·W Wiley 在 1883 年作为化学局的首席化学家时，特别重视食品和药品掺假和错误标识问题，并扩大了在该领域的研究范围。Wiley 博士对充斥在美国市场的药品以及所谓"专利药"中存在的有害物质的问题感到十分忧虑和气愤，决心制止伪劣食品和药品的生产，他在美国第一个药品法的诞生过程中扮演了十分重要的角色，因此，Wiley 也被称为"纯净食品和药品法案之父"（Father of the Pure Food and Drugs Act）。当时 Wiley 博士和化学家们应用了最前沿的科学手段对上市药品的化学成分进行分析检测，并将分析结果向公众公开，真实的揭露了"专利药"的神秘面纱。同时这些化学家们在 1887 年至 1902 年共发起了 10 项针对食品添加剂和防腐剂对人体健康影响的研究，研究表明食用不等量的可疑食品会对人体产生不同的影响。在此期间，国会陆续收到 100 多份关于食品和药品监管的提案。此外，1906 年，美国当时最直言不讳的社会主义改革作家之一阿普顿·辛克莱（Upton Sinclair）撰写的《屠场》（The Jungle）一书根据真人真事——立陶宛移民在芝加哥肉联厂的经历，全面披露了美国肉类加工行业恶劣工作环境的黑幕，也成了"肉类检查法"和"食品药品法"的最终推动力（图 1-4）。

图 1-4 小说《屠场》（The Jungle）的封面

1906 年 6 月 30 日，西奥多·罗斯福总统签署了《纯净食品和药
品法案》（Pure Food and Drugs Act，PFDA），因 Wiley 博士对立
法运动的重大推动作用，该法案也被称为《Wiley 法案》。该法案
要求农业部化学局监管并禁止州际间运输非法食品和药品；对违
法行为处以罚金并没收可疑产品和（或）检举有关的责任主体；
对掺假（adulterated）药品进行了定义，认为列入 USP 但不符合
USP 标准规范的药品称为掺假药品；将《美国药典》和《国家处
方集》作为美国药品规格、质量、纯度及其检验的官方标准；对
"错误标识"（misbranded）进行了明确规定，如果药品中含有酒
精（alcohol）、吗啡（morphine）、鸦片（opium）、可卡因（cocaine）、
海洛因（heroin）、水和三氯甲烷（chloral hydrate）等共计 11 种有
潜在危害和上瘾类药品，则必须在其标签上标明此类药物含量或

比例，否则即被认为构成"错误标签"罪。该法律的内容主要停留在产品标签的监管而不是上市前审批，1906 年的《纯净食品和药品法案》并不对药品本身进行限制，只是规定药品标签需提供更多信息，消费者的安全保障主要基于产品标签的真实性，该法案的颁布标志着美国历史上第一部综合性食品药品法案的出台，美国联邦政府对消费者第一次承担起永久、广泛保护的责任，是美国食品药品监管史上重要的转折点。

对新法律的执行由化学局承担。Wiley 带领的员工们很快就将化学局发展成为一个有效率的组织。由于联邦政府没有强制性实施药品上市前的审查，美国农业部的化学局与企业必须相互信赖与合作，共同改进药品的生产。化学局的科学家们更加努力地研究药品的检验分析方法，加强对食品和药品的保护，制定了许多的法律程序和检查技术，并将其应用在数百起诉讼案件中，赢得了许多司法判决。同时，也揭露了《纯净食品和药品法案》的不足。1912 年 Wiley 辞职后，化学局将监管重心放在药品监管，并将重点放在所谓的"专利药"上。虽然当时有关药品标准的法律比食品标准的相关法律更清晰，但"错误标识"被认为是引起药品监管重大争议的原因。在 1920 年至 1930 年 10 年间"错误标识"和掺假药品的数量明显增加。[8]

二、1938 年的《联邦食品药品和化妆品法案》及其修正案

随着富兰克林·罗斯福总统的当选以及 Wiley 的逝世（1930 年），

---

[8] The Story of the Laws Behind the Labels. [EB/OL].（2016-08-26）
http://www.fda.gov/AboutFDA/WhatWeDo/History/Overviews/ucm056044.htm

FDA 提出修订《纯净食品和药品法案》的提案，依法修订食品的
质量和特性的标准，禁止药品的错误疗效说明、增加化妆品和医
疗器械条款、授权 FDA 对工厂进行检查以及对产品广告进行监管。
FDA 通过收集和展示某些特定的产品，以全面揭露 1906 年法案
的不足之处。其中包括：受 1906 年法律保护的，对治疗糖尿病
毫无用处的 "Banbar"；使许多妇女双目失明的睫毛染料 "Lash-
Lure"；采用欺骗性包装或标识的食品；导致用户慢性死亡的辐射
性溶液 "Radithor"；误导声明能治疗肺结核和其他肺部疾病的
"Wilhide Exhaler"。一名记者将该类产品展示称之为 "美国恐怖
产品陈列室（The American Chamber of Horrors）"，这种说法其实
并不离谱，因为根据 1906 年法律，所有展示的产品都是合法的。
1937 年，美国田纳西州的一家制药公司上市销售一种对儿科患者
富有吸引力的新药 "磺胺酏剂（Elixir Sulfanilamide）"，然而，该
产品由于含有毒的二甘醇而导致 100 多人死亡，其中大部分是儿
童。公众的急切要求不仅促使新法案修订相关药品的规定，以防
止类似事件再度发生，同时也加快了国会通过 FDA 所提出提案的
步伐。最终，富兰克林·罗斯福总统于 1938 年 6 月 25 日签署了《食
品药品和化妆品法案》（图 1-5）。

该法案授权的 FDA 监管范围扩大至化妆品和医疗器械，要求化
妆品中色素添加剂需证明是安全无害的。针对药品的监管，要求
新药上市前需证明其安全性，此项规定开创了药品监管的新纪元。
该法案规定了食品的特性、质量和容器装填的标准，对不可避免
的有毒物质设定其安全可接受限度。

图 1-5　1938 年 6 月 25 日美国罗斯福总统签署
《食品药品和化妆品法案》

新法案禁止向食品中添加有毒物质，但没有要求证明食品成分是安全的，它为不可避免的或必要的有毒物质提供豁免和限度值，如杀虫剂等。但当 FDA 试图建立杀虫剂限度值时，法庭裁定认为法律所要求的建立限度值的漫长程序是难以运行的。FDA 应禁止已知有毒物质的使用，大量的研究表明，证明食品中化学物质的安全性是十分必要的。1949 年，FDA 委员 Paul B·Dunbar 向在国会的朋友，威斯康星州的 Rep·Frank B·Keefe 提出了这个问题。Keefe 先生介绍了一个解决方法，检查食品中的化学物质，之后是化妆品。在持续了 2 年的听证结束后，三部从根本上改变美国食品和药品法律特征的修正案出台了：《杀虫剂修正案》（1954 年）（Pesticide Amendment），《食品添加剂修正案》（1958 年）（Food Additives Amendment）和《色素添加剂修正案》（1960 年）（Color Additive Amendments）。这些修正案禁止不安全的食品出现在美国食品的供应链中，通过要求生产商对食品的安全性进行研究，使不易管理的问题也变得相对容易。通过上市前许可，可以防止大部分违规行为的出现，使消费者得到更好的保护。

三、1962 年的《科夫沃 – 哈里斯药品修正案》

二次世界大战后，是现代医药学突飞猛进的新时期，各种抗生素
的出现成功地治疗了以往视为绝症的各种细菌感染类疾病，胰岛
素的发明又解救了无数糖尿病患者。许多新药因其疗效和快速治
愈的效果被称为"魔术弹"。

诸多的新药上市，制药商必须通过广告或类似的促销活动，将新
药快速通知医师和药剂师们。与美国药品的黑暗时期相似，制药
工业将更多的精力和资金投入到药品的广告和促销中。1958 年，
美国排名前 22 位的制药商对药品广告和促销的平均投入是其总
收入的 24%。药品安全性研究和广告费用使药品价格飞速上涨，
而制药公司在药品标签和宣传上总是对药品的副作用尽量轻描淡
写，一笔带过。自 1951 年《处方药修正案》后，FDA 更加努力
查处那些具有虚假或误导治疗宣称的药品。根据资料统计，1958
年 FDA 查处 153 个药品，1959 年查处 140 个药品，1960 年查处
187 个药品。[9] 随着众多新药陆续研发成功以及其疗效宣传的不规
范，迫切需要更新和增加有关药品监管的法规。

当时的国会议员 Estes Kefauver 十分重视由新药研发引起的药品
价格飞涨和大量无效药上市的问题。他和同事们起草了一份提案，
提议对其市场价格进行控制，并允许竞争，即建议义务专利共享
制度，要求各医药公司在新专利药上市三年之后，在收取 8% 的

---

[9] 王建英 . 美国药品申报与法规管理 [M]. 北京：中国医药科技出版社，
2005.

专利使用费的条件下，与其他竞争对手共享专利产品的生产和销售权。提案还指出药品生产商不仅应该保证药品的安全性，还要保证有效性。Kefauver 认为政府仅对其标签、成分、安全性以及市场分销过程进行控制是不够的，建议新药审批应同时证明药品的安全性和有效性。提案还建议 FDA 应对所有的药品生产企业实行许可制度，并符合严格的质量控制标准；药品的标签和广告应确切说明疗效，并应包括简明扼要的药品不良反应的警示内容。

对疗效证明的要求，美国医药工业协会（PMA）和美国医学会（AMA）的部分成员坚持认为没有必要，认为仅凭医师个人的知识和经验完全可以就特定患者服用特定药品的效果做出判断；但许多成员更赞成对药品的有效性要求，认为医药科技飞速发展的新时期，执业医师们因缺少时间、设施、技能乃至专业培训，已无法一一研究和判断各个药品有效性，但 AMA 因考虑到医学杂志上的广告收入，对这个提案持反对态度；虽然肯尼迪总统高度赞扬 Kefauver 提案中的"安全和有效"条款，但 Kefauver 提案并没有赢得众望通过。正像 1902 年、1906 年和 1938 年一样，法规的重大改革都得由发生悲剧震痛来推进向前。但这一次，震痛之大，反响之广，乃至今天仍可唤起人们的情感共鸣，这就是导致万名畸形婴儿的"反应停惨剧"。

西德制药商 Richardson—— Merrell 公司在 1957 年研制出了一种新镇静剂沙利度胺（thalidomide），作为非处方安眠药上市。因声称低毒、无依赖性、帮助安眠入睡而且醒来后无昏沉感，又不像巴比妥酸盐有导致自杀的风险，同时还可用于减轻孕妇在怀孕初期的清晨呕吐反应，很快在欧洲、南美、加拿大及其他各国上市。该药在 1906 年 9 月以"Kevadon"商品名申报美国 FDA，由刚进入 FDA 工作的凯尔西（Frances Kelsey）医师负责审评。按照美国当时的医药法律，FDA 有 60 天审评时间，如果在 60 天内不提出

反对意见，药品便自动获批上市。但是，如果 FDA 在 60 天之内
通知制造商缺陷问题，该申请应按照要求撤回处理。制造商可补
齐资料后再申报，但 60 天期限需重新算起。

凯尔西医师和协助她审评的药理学家和化学家们自一开始就对沙
利度胺持有疑虑，认为慢性毒理试验周期时间不够，不足以判断
安全性；吸收和排泄的数据不足；生产控制方面也存在问题。凯
尔西当时最关注的是吸收问题，她担心在毒理数据不全的情况下
也许会产生其他症状，或有其他药物影响其吸收效果、凯尔西将
问题整理成文递交制造商。Richardson——Merrell 又重新呈报附
加资料，但仍然未能使凯尔西满意。凯尔西认为所谓临床研究报
告实际上属患者证词性质，而不是设计严谨、严格的对照临床试
验，因此拒绝其批准上市。

1960 年 12 月英国医学杂志发表了来自于医生的信件，报告发
现长期服用此药后的患者出现周围神经炎的情况。随后，欧洲
国家的很多医生发现越来越多的畸形儿诞生，有的短肢甚至无
肢，还有的眼、鼻、耳或内部器官畸形甚至是死胎儿或出生后
即死亡。最为普遍的是海豹肢症（phocomelia）畸形婴儿（图
1-6）。至 1962 年，新型妊娠止吐药沙利度胺已在 46 个国家普遍
使用，导致大约有一万名畸形儿出生，美国仅有 7 例。这 7 例主
要是因为当时美国医药法律并不对研究性新药进行安全性审查，
Richardson——Merrell 公司将 250 万粒沙利度胺（thalidomide）分
发给 1000 多名美国研究者进行研究性使用，这些药品被分发给
两万多美国人。因为凯尔西当时的坚持，美国幸免了一场灾祸，
为嘉奖凯尔西，1962 年肯尼迪总统授予她美国公民所能得到的最
高奖牌"杰出联邦公务员奖"（Distinguished Federal Civil Service
Award）（图 1-7）。

图 1-6 海豹肢症(phocomelia)畸形婴儿

图 1-7 凯尔西和肯尼迪总统在 1962 年授奖仪式上

此次监管的胜利树立了 FDA 在药品监管方面的权威。此外，面对医药科技迅猛发展，二战后假冒医疗器械的激增，美国国会认为应该对医疗器械相关法律进行修订。同年的 10 月美国迅速通过了《食品药品和化妆品法案》修正案，即《科夫沃－哈里斯药品修正案》(Kefauver-Harris Drug Amendment)，该法案修改了原 60 天内 FDA 未提出反对，药品便可以自行上市的旧规定，要求药品上市前，制药公司必须要证明药物特定治疗用途的安全性和有效性；要求在 GMP 中建立工厂设施及其维护以及实验室管理等要求，以防止发生伤害消费者的情况，并在 1969 年为食品企业发布了首部 GMP。

四、美国日益完善的法律体系

1960 年国会颁布《危险性物质标签法案》（Hazardous Substances Labeling Act），FDA 监管上千种家用化学产品，如碱液等。为实施这项法律和随之扩充的修正案，FDA 发起了有效的消费者安全性计划。随着 1968 年的机构调整，许多重要的健康计划从公共健康服务部中分离出来并被合并进 FDA，FDA 成为负责以下行动的机构：

（1）通过与州和市的牛奶管理当局合作确保牛奶供应的安全；
（2）确保贝类来源于未污染水源并以卫生方式处理；
（3）确保在火车、飞机、船只、公共汽车和州际高速公路上为旅行者供应的食品、水源是安全的，并且提供卫生的设施；
（4）促进餐馆和其他食品服务设施的卫生实践；
（5）通过提供给中毒控制中心（poison control centers）所需的急救信息，以保护意外中毒的受害者。

19 世纪 40 年代，FDA 首次倡导联邦政府控制麻醉药品的滥用，起诉无处方销售巴比妥类药物和安非他明的经销商。危险的致幻药品麦角酸二乙基酰胺（lysergic acid diethylamide，LSD）的出现放大了当时缺乏法律支持和相关经验的问题，以及从 20 世纪 40 年代到 60 年代，FDA 对异苯丙胺和巴比妥酸盐等类药物滥用的监管方面也比较注重。1965 年，国会通过了《药物滥用控制修正案》（Drug Abuse Control Amendments），首次提供了易被滥用药品的分类指南，授权 FDA 对苯乙丙酸、巴比妥酸盐、致幻剂和其他药品的滥用进行更严格管控。1968 年，FDA 药物滥用监管部门与其他类似机构进行合并，成立了毒品强制管理局（Drug Enforcement Administration，DEA），同年 FDA 发布《药效研究实施方案》（Drug

Efficacy Study Implementation，DESI），FDA 授权美国国家科学院医学部门于 1966~1969 年对 1938~1962 年批准的 3443 个药品进行有效性评价，参与该研究的人员有 180 人，分为 30 个小组，每组 6 人，每个小组根据药品申请人提交的简要资料、药品申报方额外收集的有效性数据、FDA 存档的资料、小组收集的科学文献这 4 个方面的材料评估药品是否有效，为期 3 年的药效学评估结果表明 1938~1962 年批准的 3443 个药品中有 2225 种药品是有效的，1051 种是无效的，167 种无结果。1970 年，国会颁布《管制物质法案》（Controlled Substances Act，CSA），并将其列入美国法典的第二部分"综合性药品滥用和控制法案"，有效控制美国大麻等管制品的滥用，对所有有关麻醉药品、兴奋剂、抑制剂等管制药品的进口、制造、供应、调配进行监管。

当时生产的医疗器械还存在严重缺陷，在 1976 年，上千妇女由于使用"Dalkon Shield"子宫内节育器而患盆腔感染，致使 731 人死亡，该严重事件的发生促使国会同年通过《医疗器械修正案》（Medical Device Amendments），该法案要求新医疗器械必须保证安全性和有效性，并且根据医疗器械安全性、有效性的控制要求，将医疗器械分为三类，每类都要求进行不同层次的监管。该法案授予 FDA 针对第 III 类器械必须经过 FDA 批准方可上市的权力。

1983 年，Bolar 制药公司对仍在专利保护期的罗氏（Roche）的盐酸氟西泮进行生物等效性试验，罗氏控告 Bolar 侵犯其专利权。该案件上诉到美国联邦巡回上诉法院（CAFC），双方展开激烈的辩论，罗氏支持者认为专利保护创新以及药品专利保护期过短，均不利于药物创新。而 Bolar 支持者则提出为了公众利益最大化，应支持仿制药尽快上市。为了平衡原研药专利保护时间过短与加快仿制药的上市之间的矛盾，1984 年，Hatch 和 Waxman

联合提出了《药品价格竞争和专利期限补偿法案》（Drug Price
Competition and Patent Term Restoration Act）， 又 称 做《Hatch—
Waxman 法案》。该法案规定 FDA 将给予专利药额外的 5 年市场
独占期以弥补他们在研究和 FDA 审评过程中所失去的市场时间。
该举措奠定了现代仿制药工业的基础，既平衡了公众利益与药品
制造商之间的利益，也平衡了原研药物制造商与仿制药物制造商
之间的利益，既鼓励了新药的研究开发，也促进了仿制药的快速
上市。[10]

1980~1992 年，FDA 新药审评和批准平均花费 2.5 年，这使得美
国药品上市晚于其他国家，被制药行业称为"药品上市迟滞"。
FDA 在当时估计，审评时间每延迟一个月，带给生产企业平均损
失达 1000 万美元。时任 FDA 局长的 Davidkessler 研究制定出一
套方案，即针对不同的审批流程设定不同的完成时间，并收取费
用来补充国会对 FDA 的拨款。1992 年，国会通过《处方药使用
者付费法案》（Prescription Drug User Fee Act，PDUFA），该法案
授权 FDA 可收取一定的费用，使新药审评高效、快速，该法案成
为现代新药审评的基石。[11] 同年，美国国会通过《仿制药实施法
案》（Generic Drug Enforcement Act，GDEA），以防止申报材料的
造假，并授权 FDA 可对药品上市过程中的任何违法行为给予"禁
令"（debarment）和其他处罚。任何个人或团体，如果被 FDA 下
了"禁令"，便将永远不得参与任何药品上市的相关工作。该法

[10] 赵曦 . 原研药与仿制药的较量——美国 Hatch-Waxman 法案简介 [J].
中国发明与专利 ,2009,10:80-81.

[11] 姚立新 , 李茂忠 , 董江萍等 . 从 PDUFA Ⅰ 到 PDUFA Ⅴ ——FDA
通过法规体系的完善实现新药审评的持续改进 [J]. 中国新药杂
志 ,2013,10:1143-1156+1169.

案的颁布主要是因为 1989 年美国仿制药丑闻事件及其所暴露的仿制药制造业的腐败现象。

1993 年，FDA 创立 Medwatch 系统，该系统是针对市售药品和医疗器械出现安全性问题时，以便 FDA 能更迅速做出反应而建立的一种报告制度。该报告不仅包括针对企业的强制报告，医疗专业人员、患者及其他利益相关者也可以通过该系统自愿报告所出现的不良反应事件。此报告系统为 FDA 对医疗产品的监管提供强大的数据支持。

1997 年颁布《食品药品管理现代化法案》（Food and Drug Administration Modernization Act，FDAMA），该法案要求建立临床试验数据库，规定围绕药品、生物制品展开的临床试验必须在试验开始后的 21 天内登记相关信息，包括试验目的、招募受试者标准、试验地点、联系方式等。为鼓励儿科药物的临床研究，该法案还允许为相关产品增加 6 个月的市场独占期。[12]

五、21 世纪美国 FDA 里程碑事件

2002 年，《儿童最佳药品法案》（The Best Pharmaceuticals for Children Act，BPCA）颁布，以提高儿科专利和非专利药品的安全性和有效性。在 1997 年的《FDA 现代化法案》基础上，对儿科研究市场独占保护等内容进行了更加明确的规定，包括儿科研究书面请求（written request）的发放、儿科药物 6 个月的独占期的授予等，极大地鼓励了制药厂商对儿科药物研究的积极性。

---

[12] 王鑫，甄橙. 美国药品监管法规百年历程及对中国的启示 [J]. 中国新药杂志,2016,08:849-854.

在 2001 年 911 事件之后，美国总统布什于 2002 年 6 月签署《公
共健康安全和生物恐怖主义预防和响应法案》（Public Health
Security and Bio-terrorism Preparedness and Response Act）使之正式
成为法律，以提升国家预防和响应公共卫生应急事件的能力，并
要求 FDA 发布相关规定，加强对进口和国产产品的控制。

2003 年，《医疗保险处方药促进和现代化法案》（Medicare
Prescription Drug Improvement and Modernization Act）颁布，该法
案要求利用现有的和新兴的技术向盲人及视觉障碍人员提供处方
药相关的重要信息。同年颁布《儿科研究平等法案》（Pediatric
Research Equity Act），该法案授权 FDA 可要求发起人进行新药和
生物制品的儿科应用临床研究。

2004 年，《食品过敏原标识及消费者保护法案》（Food Allergen
Labeling and Consumer Protection Act）颁布，要求任何食品如果包含下
列食物提取的蛋白质，都需在标签标明，这些食物作为一类过敏原，
包括：花生、大豆、牛奶、鸡蛋、鱼类、甲壳类、贝类、坚果和小麦。

2005 年，药品安全委员会（Drug Safety Board，DSB）宣布成立，
委员会由 FDA 的工作人员和 NIH 及退伍军人管理局（Veterans
Administration）的代表组成。委员会将向 FDA 局长、CDER、
医疗保健专业人员及患者就药物安全问题提出建议。并且根
据 2007 年颁布的《食品药品监督管理修正案》（Food and Drug
Administration Amendments Act，FDAAA），授权 DSB 解决发起人
与 CDER 之间关于 REMS 所存在的争议。该委员会的成立是 FDA
对药品风险监管的又一重大飞跃。[13]

---

[13] Milestones of Drug Regulation in the United States.[EB/OL].
（2009-06-18）. http://www.fda.gov/aboutfda/whatwedo/history/
forgshistory/cder/centerfordrugevaluationandresearchbrochureandchro
nology/ucm114463.htm

2007 年，总统布什签署 FDAAA 使之正式成为法律，显著增加了 FDA 的权利，包括《处方药使用者付费法案》（PDUFA）和《医疗器械使用者付费和现代化法案》（Medical Device User Fee and Modernization Act，MDUFMA）等被重新授权或者进行补充修订，确保 FDA 在审评复杂的医疗器械和药品时具有额外的资源，以使审评工作顺利进行。[14]

2010 年，美国总统奥巴马签署《患者保护与可负担医疗法案》（Patient Protection and Affordable Care Act，PPACA）。该法案扩大了医保人群的覆盖面，政府在医疗救助及医保中的医疗支出进一步增加。该法案还制定了生物仿制药进入市场的简化申请途径，又称"生物仿制药途径"（biosimilars pathway），为生物仿制药提供了新的机遇。

2011 年，《食品安全现代化法案》（Food Safety and Modernization Act，FSMA）颁布，该法案针对食品安全标准，赋予 FDA 权力，规定进口食品应与国内食品的标准相一致。指导 FDA 与州和地方当局合作，以建立一个统一的国家食品安全体系。

2012 年，《食品药品监管安全及创新法案》（Food and Drug Administration Safety and Innovation Act，FDASIA）颁布，扩大了 FDA 权力，即向企业收取费用以促进创新药、医疗器械、仿制药和生物类似物的审评，促进患者快速获得安全、有效的产品，增加 FDA 审评过程中利益相关者的参与，并且提高了药品供应链的

---

[14] Food and Drug Administration Amendments Act （FDAAA） of 2007. [EB/OL].（2011-12-02）. http://www.fda.gov/regulatoryinformation/legislation/significantamendmentstotheFD&CAct/foodanddrugadministrationamendmentsactof2007/default.htm

安全性。

随着2012年流行性脑膜炎的爆发，2013年11月27日，国会签署《药
品质量和安全法案》（Drug Quality and Security Act，DQSA）。该法
案规定应设立电子系统，使其对销售的处方药在全美国进行追踪。
2015 年 7 月 10 日，颁布《21 世纪治愈法案》（21st Century Cures
Act）。该法案将要求 FDA 简化药品审批流程，考虑更多具有弹性
的临床试验形式，同时把患者的体验融入到决策中去。该法案还
呼吁 5 年内向国立卫生研究院（NIH）及 FDA 分别增加 87.5 与 5.5
亿美元的拨款。该法案是美国创新药品立法的又一个里程碑，不
仅进一步推动了 FDA 对新药审评的改革，也赋予了 NIH 更多的
研究资源，促进了基础医学研究的发展。21 世纪美国 FDA 里程
碑事件如图 1-8 所示。

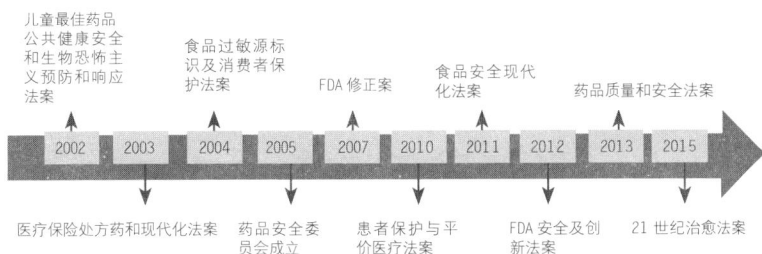

图 1-8 21 世纪美国食品药品监管里程碑事件

第三节 | **使命与未来**

美国药品监管法规的百年历程也是不同历史时期联邦与各州、政府与企业、产业与患者之间博弈与协商的过程。就其演进过程而言，FDA 经历了由被动监管到主动监管再到日臻完善的转变，从强调药品的安全性、有效性，到加速药品审评、鼓励创新，从循证医学和转化医学到个体化诊疗和"突破性疗法认定"，再到"精准医学"（precision medicine），每一次飞跃都有着历史的必然性和必要性。

一、使命

（一）FDA 对食品安全的使命

FDA 致力于保障美国食品供应的安全，但仍面临挑战，例如，农产品的消费，特别是"即食食品"（ready-to-eat），在近几年中急剧增加，从营养学的角度来看，这是一个积极的发展，但对于 FDA 在食品安全监管方面又是一个新的挑战。美国人通常会购买原始状态的产品，如从藤、茎或土壤中直接收获的产品，不经过处理以减少或消除可能存在的任何病原体，因为即使有一小部分产品被污染，也可能会导致严重的、大范围的疾病。因此，这些产品的种植、收获、包装、处理和销售的方式是至关重要的，以确保微生物污染的风险最小化，并降低消费者发生疾病的风险。为了减少供应链各环节产生食源性疾病的风险，FDA 采用了一个"农场到餐桌"的食品安全方法，在食品从种植者和生产者转移到消费者的每一步都系统地应用风险管理原则。例如，FDA 对良好的农业规范进行国内外的培训和推广；此外，FDA 还发布了《生产安全行动计划》（Produce Safety Action Plan），并与加利福尼亚州的种植者和生产者共同合作发起绿叶蔬菜安全倡议（Leafy Greens Safety Initiative）。

FDA 正在研究与食品相关的疾病以确定需要进行何种必要的改革来提高新鲜产品的安全性。FDA 与各个州、农产品种植者、加工者和分销商密切合作，在供应链的每个环节上开展和实施计划，以防止和减少有害微生物的污染。FDA 颁布的最终行业指南《减少新鲜水果和蔬菜的微生物食品安全危害指南》（Guide to Minimize Microbial Food Safety Hazards of Fresh-cut Fruits and Vegetables），提高了鲜切产品（fresh-cut produce）的安全性，最大限度地降低了微生物对食品的危害。该指南建议鲜切加工者应使用国内最先进的食品安全程序，如危害分析与关键控制点（HACCP）体系，将与食品生产相关的微生物、化学危害消除或降低到可接受的水平。FDA 针对如何提高生鲜农产品的安全性，向所有利益相关者征求意见。

减少食源性疾病的风险，需要以科学为基础方法，确保识别风险来源的同时进行有效的控制措施。例如，利用分子技术，即通过追踪可疑污染物的 DNA 指纹来识别食源性疾病及其原因等。

（二）FDA 对药品和医疗产品安全的使命

新药、生物制品、医疗器械和诊断技术在卫生保健的改善方面具有重要地位。确保医疗产品的安全性和有效性是 FDA 致力于保护和促进公共健康的重点。只有当收益（挽救生命或延长寿命）超过他们所带来的风险，FDA 才会批准这些产品。为此，FDA 不断评价其医疗产品安全性。由于科技的快速进步增加了医疗产品的复杂性，以及消费者、卫生保健专业人员和研究人员对健康相关问题关注度的提升，FDA 需要重新评价其医疗产品的安全性。

在过去的 100 年中，FDA 不断自我检查纠正，同时保持良好标准而不断进行改革并且一直保持其良好的声誉。在 2005 年，FDA 要求美国医学研究所（ Institute of Medicine，IOM）以上市后的阶段为重点，研究美国药品安全体系的有效性，并对 FDA 可以采取哪些额外的方法来识别药品的副作用提供建议。2006 年 9 月 22 日，IOM 发布了题为"药品安全的未来——提升和保护公众健康"（The Future of Drug Safety—— Promoting and Protecting the Health of the Public）的报告，该报告就 FDA 如何完善药品安全计划以及政府部门应采取什么措施以确保医疗产品的安全使用提出建议。

作为对 IOM 的回应，FDA 针对药品和医疗产品的安全性和有效性提出以下三方面的举措。

1. 强化科学

首先，FDA 致力于加强医疗产品全生命周期安全体系的建设，从上市前的试验和开发到上市后的监测和风险管理。FDA 将集中资源，来加强三个领域的科学活动：①效益—风险分析和风险管理；②监测方法和工具；③对不良事件的认知。FDA 为这些活动提供支持，部分资金来源于《处方药使用者付费法案》（PDUFA）的收费。

具体而言，与产品安全性相关的科学有助于预防不良事件的发生，使临床医生应用风险效益比最大的药品来治疗患者。这种新的科学通过新的信号检测、数据挖掘和分析方法把对疾病的认知和疾病的起因相结合。这使研究人员能够提出假设，并确认安全问题的存在和原因，以及通过探索个人独特的遗传和生物特征，来决定患者如何接受治疗。这个安全性科学涵盖了产品的整个生命周期，它应该应用于所有的医疗产品，从销售前的动物和人体安全性测试到广泛的临床使用，使任何节点的安全信号都能迅速告知监管机构使其做出决策。

2. 强化沟通

FDA 致力于改善与所有利益相关者之间的沟通和信息沟通，以进一步强化药物安全体系。这将需要对 FDA 的风险沟通工具进行全面的检验和评价。FDA 还建立了风险沟通咨询委员会，针对所有监管产品就政策、实践和策略的沟通方面向 FDA 提供建议。

3. 强化运营和管理

FDA 致力于强化运营和管理，以确保审评、分析、咨询和沟通过程的实施，以强化美国药品安全体系。药品审评与研究中心（CDER）进行了一系列旨在引起真正的文化变革、强化药品安全系统的活动。此外，FDA 聘请外部管理咨询顾问与 CDER 的主任进行协作，以提高 CDER/FDA 组织的文化水平。FDA 的目标是向 CDER 提供工具和必要的专业知识，来创造一个可信的、可持续的、开放透明的沟通和协同决策环境，提高员工士气和忠诚度。

CDER 下的办公室包括监测和流行病学办公室（Offices of Surveillance and Epidemiology，OSE）和新药办公室（Office of New Drugs，OND），来对药物安全性程序的改进提供建议。例如：

在 OND 每个审评部门设立一名安全副主任（Associate Director for Safety）及一名安全管理项目经理（Safety Regulatory Project Manager）；在 OSE 和 OND 等各个审评部门之间定期召开安全会议。

（三）FDA 在促进公众健康中的使命

FDA 致力于提升公共健康水平，致力于把安全、有效、创新和能挽救生命的新医疗产品及时提供给患者。发布临床试验指南，改革药物临床试验终点指标评价有效性的标准。FDA、NIH 的国家癌症研究所（National Cancer Institute）及医疗保险和医疗救助服务中心（Centers for Medicare and Medicaid Services）同意通过生物标志物的开发和评价来促进癌症治疗产品的开发。

推动医疗器械的开发：FDA 发起倡议，努力向患者提供新的医疗器械，鼓励 FDA 和行业之间的早期沟通。该倡议的目标是促进产品开发的科学创新，重点医疗器械的最新科学研究，使 FDA 的审评过程现代化，促进低成本临床试验方法的研究。作为此目标的一部分，FDA 发布了利用贝叶斯统计方法来设计更有效的临床试验以及使用之前医疗器械开发的安全性和（或）有效性数据的指南草案。[15]

二、美国食品药品管理局的未来工作重点

2016 年 2 月 27 日，第 22 任 FDA 局长 Robert 宣誓就职，从他致全体员工的信中可以看出 FDA 未来的工作重点，具体如下。

---

[15] Overview of FDA Mission. [EB/OL]. （2014-07-14）.http://www.fda.gov/newsevents/testimony/ucm154019.

第一，全球环境的巨大变化为科学技术的革命性发展提供众多机遇，同时也存在极大的挑战。通过学习专业知识以紧跟农业、工程、生物医药和信息技术领域的发展步伐，FDA 持续保障所有美国民众的安全。加强对 FDA 的卓越员工团队的建设，从而使 FDA 可以继续保持高、强能力，紧跟迅速变化的世界。

第二，继续实施《食品安全现代化法案》，推动烟草产品法规的制订，落实精准医疗倡议，预防阿片类药物的滥用。

第三，科学是 FDA 工作的核心之源，应尽一切可能来进一步发展科学。

第四，充分利用美国的电子健康记录；FDA 将致力于建设前哨监测网络（Sentinel）和国家器械评估体系（National Device Evaluation System）等相关工作，利用网络开发高效的监管系统。

第五，加强与患者及其家属、照护者的联系，充分利用这些宝贵资源，认真听取他们的观点和声音。[16]

---

[16] 程宇航. 美国 FDA（食品药物管理局）的前世今生 [J]. 老区建设 ,2016,09:53-57.

FDA

第二章
美国食品药品管理局的
机构与职责

第一节 | 概述

一、美国卫生与公共服务部与美国食品药品管理局

美国卫生与公共服务部（HHS）目前有11个运营部门，其中8个部门属于公共健康服务部门（Public Health Service，PHS），分别是医疗保健研究与质量局（Agency for Healthcare Research and Quality，AHRQ）、有毒物质和疾病登记局（Agency for Toxic Substances and Disease Registry，ATSDR）、疾病控制和预防中心（Centers for Disease Control and Prevention，CDC）、食品药品管理局（Food and Drug Administration，FDA）、卫生资源与服务管理局（Health Resources and Services Administration，HRSA）、印第安人健康服务局（Indian Health Service，IHS）、国立卫生研究院（National Institutes of Health，NIH）、药品滥用及精神卫生管理局（Substance Abuse and Mental Health Services Administration，SAMHSA），3个部门属于卫生与公共服务部门，分别是儿童和家庭管理局（Administration for Children and Families，ACF）、社区生活管理局（Administration for Community Living，ACL）、医疗保险和医疗救助服务中心（Centers for Medicare and Medicaid Services，CMS）。这

些部门为人类健康和服务，开展拯救生命性研究，致力于保护和
拯救美国公众的生命健康（图2-1）。

美国食品药品管理局（FDA）隶属于 HHS 下的公共健康服务部门，
其局长由联邦政府提名，由美国国会参议院进行投票通过。作为
HHS 的核心部门，FDA 主要使命是确保食品安全、纯净、有益
健康；人用药和兽用药、生物制品、医疗器械的安全性和有效性；
具有辐射的电子产品的安全性，承担着保护和促进美国公众健康
的职责。

图 2-1 HHS 组织机构图

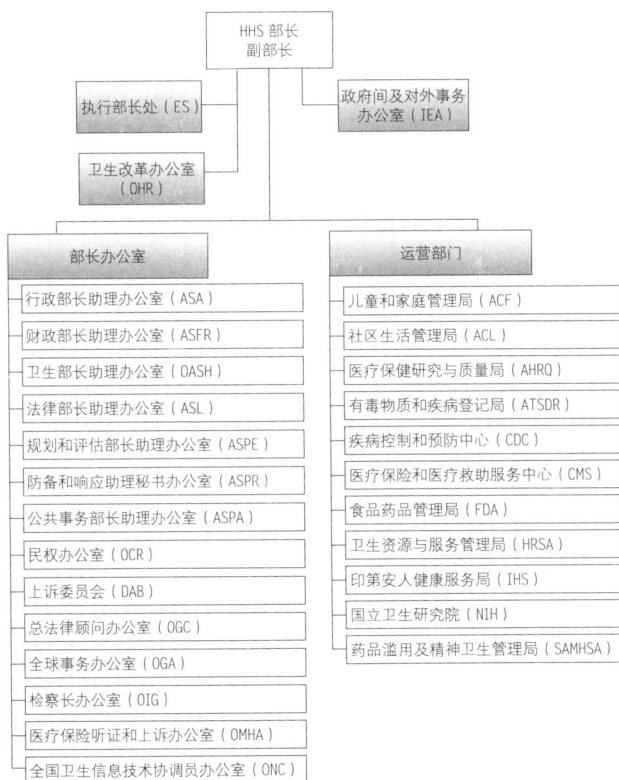

二、美国食药监局内设办公室以及监管范围

FDA 具有六个大的办公室，分别是局长办公室（Office of the Commissioner，OC）、食品和兽药办公室（Office of Foods and Veterinary Medicine,OFVM）、全球监管和运营办公室（Office of Regulatory Operations and Policy）、医疗产品和烟草制品办公室（Office of Medical Products and Tobacco）、运营办公室（Office of Operations）、政策、规划、立法、分析办公室（Office of Policy, Planning, Legislation and Analysis）。FDA 下设七个产品研究中心，分别是食品安全和应用营养中心（CFSAN）、兽药中心（CVM）、国家毒理学研究中心（NCTR）、生物制品审评与研究中心（CBER）、烟草制品中心、药品审评与研究中心（CDER）、器械与放射卫生中心（CDRH）（图 2-2）。

由于每个时代的历史背景和执政党施政纲领的不同，美国政府对医疗产品的干预范围和程度也处于不断的变化之中。据统计，在 1970~2011 年的半个世纪中，美国医疗卫生费用支出由 749 亿美元增至 27007 亿美元，涨幅数十倍（图 2-3）。随着医疗卫生费用的逐年增长，美国医药产业得以发展，创新水平不断提升[17]，这些都得益于美国相对完善的法律法规以及 FDA 不断增强的监管水平。

FDA 确保美国的人用药品、兽用药品、医疗器械、人用生物制品和血液制品供应的安全、有效，监管化妆品、食品添加剂、辐射产品的安全性，2009 年开始负责监管烟草制品。FDA 负责监管绝大部分食品的供应，食源性疾病暴发的调查以及减少损失方案的

---

[17] 王鑫，甄橙．美国药品监管法规百年历程及对中国的启示 [J]．中国新药杂志，2016,08:849-854.

品、化妆品、食品添加剂和烟草。美国人在消费品方面每支出 1
美元中，FDA 监管的产品占比超过 20 美分。[18]

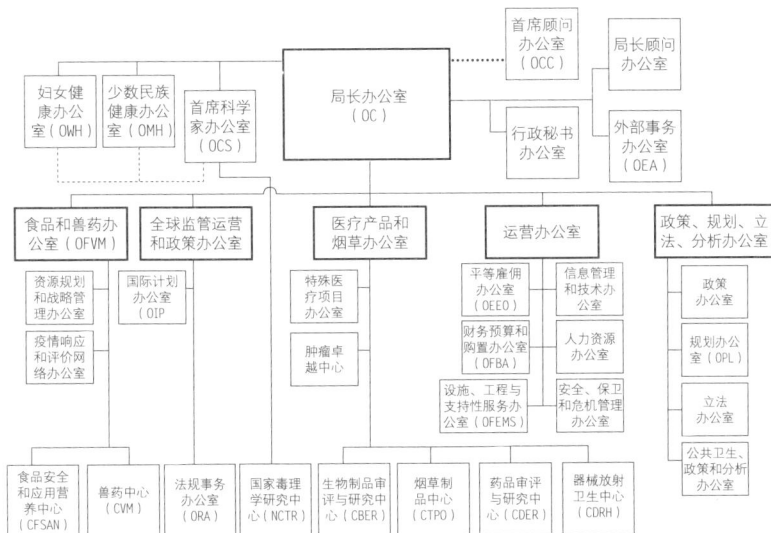

图 2-2 FDA 组织机构图

注 ·········· 表示直接向 HHS 总法律顾问报告
········ 表示不直接向首席科学家报告

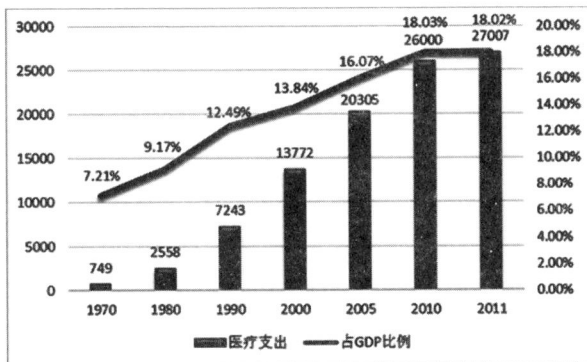

图 2-3 1970~2011 年美国医疗支出增长趋势（单位：亿美元）

[18] 生物谷.FDA 局长北京大学最新演讲.[EB/OL]（2014-11-21）. http://
news.bioon.com/article/6662311.html

第二节 | 六大办公室

一、局长办公室

（一）概述

局长办公室（Office of the Commissioner，OC）作为 FDA 的领导性办公室，集中提供机构发展方向和管理性服务，以支持有效的管理和在监管框架内确保 FDA 对消费者的保护力度，并且使现有资源得到最有效的利用。

该办公室下设 5 个主要办公室，分别是局长顾问办公室（Office of the Counselor to the Commissioner）、首席顾问办公室（Office of the Chief Counsel，OCC）、首席科学家办公室（Office of the Chief Scientist，OCS）、行政秘书办公室（Office of Executive Secretariat，OES）、外部事务办公室（Office of External Affairs，OEA）。

其中首席科学家办公室由 9 大机构组成，分别是反恐和新兴威胁办公室（Office of Counter-Terrorism and Emerging Threat，OCET）、卫生信息学办公室（Office of Health Informatics，OHI）、监管科学

与创新办公室（Office of Regulatory Science and Innovation，ORSI）、
科学诚信办公室（Office of Scientific Integrity，OSI）、科学职业发展
办公室（Office of Scientific Professional Development，OSPD）、少数
民族健康办公室（Office of Minority Health，OMH）、女性健康办公
室（Office of Women,s Health，OWH）、实验室科学和安全办公室
（Office of Laboratory Science and Safety，OLSS）、国家毒理学研究中
心（The National Center for Toxicological Research，NCTR），旨在促
进开展并使用创新性科学技术，支持各领域科学家职业发展。

OEA 下设三个办公室，分别是沟通办公室（Office of
Communications）、媒体事务办公室（Office of Media Affairs）、健
康和组织事务办公室（Office of Health and Constituent Affairs，
OHCA），是 FDA 公共卫生和监管活动中教育和沟通的中心点，
在内部员工沟通、演讲写作、创作和编辑服务、网络技术实践方面，
也作为 FDA 的核心部门（图 2-4）。

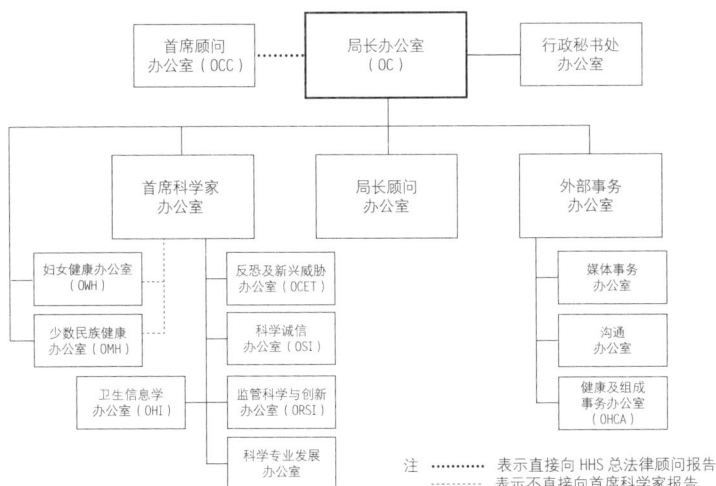

图 2-4 局长办公室结构

（二）首席顾问办公室

首席顾问办公室（OCC）隶属于 HHS 食品药品部的总法律顾问办公室，由诉讼律师、法律顾问、支持性人员组成。

诉讼律师处理民事和刑事执法案件，捍卫《联邦食品药品和化妆法案》（FD&CA）的尊严，并且促进实施法规以及 FDA 的政策、倡议和决定的执行。诉讼律师与机构内人员密切沟通合作，以确保处理案件时有足够的证据，为将案件转到司法部做准备。诉讼律师与司法部的高级官员进行密切合作，在经过美国联邦地区法院、上诉法院以及美国最高法院进行处理前，诉讼律师在 FDA 案件中起重要作用。

法律顾问主要针对 FDA 监管的产品，如药品、生物制品、食品、医疗器械、化妆品、兽药制品、辐射性产品及烟草制品，向 FDA 和 HHS 官员提供法律服务。这些服务包括修订和审查法规的草案和最终版本、指南草案和最终版本，对公民请愿，立法草案，新闻材料和信件的回应。此外，对于复杂医疗产品的获批和安全性问题、食品安全性和营养性问题，法律顾问会向相关机构提出合理建议。在应急情况下，如食源性疾病暴发、新型流感疫情或潜在的生物性侵袭，在政府及时应对方面，法律顾问会提供必要的法律服务。除此之外，法律顾问在国会的机构中也发挥积极作用，例如，法律顾问的书面证词和信函，分析 FDA 相关的立法，提供给 FDA 技术性帮助或其他请求。法律顾问帮助 FDA 实施新的法律和长期执行的法律时，其中往往涉及对复杂的法律、法规进行综合的分析。此外，法律顾问的职责包括积极参与 FDA 与其他联邦机构之间的互动（如美国农业部、环保局、联邦贸易委员会）等。

在 FDA 监管过程中，如在取消临床研究者资格的听证会、撤销产品许可的听证会、民事罚款听证会中，OCC 的诉讼律师和法律顾问也充当着重要角色。诉讼律师和法律顾问也会针对待解决的问题向官员提出建议，以及审查发送给某些违背 FD&CA 或相关法律的企业或个人的警告信。支持性人员会应用他们的专业技能来协助 OCC 的工作。[19]

（三）首席科学家办公室

首席科学家办公室（OCS）具有战略性领导地位和协调职责，提供专业性建议，支持科学的创新能力，承担着 FDA 实现公共健康目标的责任。该办公室主要职责包括促进开展并使用创新性科学技术，通过局长奖学金计划、继续教育和与高校进行科学交流以支持各领域科学家的职业发展（例如，人口／统计，实验室和制造科学）；向国家毒理学研究中心提供支持和指导，作为推动 FDA 科学监管的资源并进行部门间的科学性协调工作；负责科学推广、培训和协作，包括聘请其他机构人员、国际监管合作伙伴、学术界专家、创新者和消费者；提供核心的科学性领导和技术性专业知识，作为推动 FDA 项目所必需的生物信息学发展的政府性资源。

1. 反恐和新兴威胁办公室（OCET）

FDA 在保护美国免受化学、生物、辐射性、核能和新兴传染病威胁方面起到关键作用，确保包括药物、疫苗和诊断试剂在内的医疗对策，安全有效地应对这些威胁。

反恐和新兴威胁办公室的主要职责有：

---

[19] Office of the Chief Counsel. [EB/OL]. （2016-07-10）.http://www.fda.gov/AboutFDA/CentersOffices/OC/OfficeoftheChiefCounsel/default.htm

（1）作为处理与国际卫生安全相关的政策和规划问题的起始点；

（2）联合 FDA 各中心和办公室、美国其他政府机构以及国际合作伙伴，执行和协调 FDA 医疗对策行动（Medical Countermeasures Initiative，MCMi）战略和计划；

（3）作为 HHS 的突发公共卫生事件的医疗对策实施单位（Public Health Emergency Medical Countermeasures Enterprise，PHEMCE）和国防部医疗对策（medical countermeasure）计划的核心办公室，以支持作战人员；

（4）协调 FDA 的 MCMi，促进医疗对策（Medical Countermeasures MCMs）[20] 安全、有效地抵御由生物、化学或者辐射引起的威胁或者其他新兴威胁，如大流感；

（5）执行并开发 FDA 的政策和程序，以促进 MCMs 的可获得性，当突发公共卫生事件发生时，预防 MCMs 掺假行为以及防止供应链中断，必要时，建立适当的 MCMs 获得机制，如应急使用授权；

（6）作为局长代表，针对反恐政策、突发性公共卫生事件、国际卫生安全，加强 FDA 与外部合作伙伴之间的沟通。

2. 健康信息学办公室（OHI）

健康信息学办公室的职责是提供关于健康信息的工具、关于健康

---

[20] 医疗对策（Medical countermeasures，MCMs,）：采用 FDA 监管的产品（如：生物制品，药品，医疗器械），其用于防治以生物、化学或者辐射性材料进行恐怖袭击的突发性公共卫生事件。

信息问题的解决方法、可提升并维持 FDA 保障公共健康能力的专业知识。

OHI 主要职责有：

（1）开展健康行动，包括整合数据和建立数据交换标准，涉及数据科学和数据分析学，开放数据，进行知识管理、研究和发展，以及大数据行动；

（2）协调和促进基于信息学的组织知识的有效利用；

（3）确保新一代开放的信息平台开放，促进信息共享，并提供关于精准医学行动（precision medicine initiative）的分析性工具；

（4）基于 FDA 监管使命，指导、研究和实现企业信息化；

（5）发起和协调基于标准电子数据的提交、代理、储存、检索、分析及知识传播；

（6）定义、倡导和实现与健康信息技术相一致的数据交换标准；

（7）协调控制性词汇和数据；

（8）与国家协调员办公室（Office of the National Coordinator, ONC），医疗保险和医疗救助中心（CMS）及相关行业合作，为 FDA 确定和审查电子数据源（如电子病历、数据标准和异常数据源）。

3. 监管科学与创新办公室（ORSI）

监管科学与创新办公室的职责是进行战略性领导和协调工作，支持科学创新，提升保护公众健康的能力。

ORSI 主要职责有：

（1）针对重要的公众健康问题和 FDA 产品的监管问题（如产品的质量、安全性和有效性评价），开展高品质、协作性的科学活动；

（2）支持核心科学能力的发展；

（3）在产品开发中，促进创新技术的开发和利用；

（4）通过对高质量的、经同行评议的科研项目的支持方式，来处理 FDA 内部和外部的科学及公共卫生事件；

（5）促进科学发展，为支持科研活动，聘请其他机构人员、全球监管合作伙伴、学术界专家、创新者和消费者；

（6）向 FDA 项目、利益相关者、外部顾问，包括 FDA 科学委员会寻求建议，以帮助其审评，并满足 FDA 对科学的需求。

4. 科学诚信办公室（OSI）

科学诚信办公室成立于 2009 年，该办公室向首席科学家报告，与局长办公室和 FDA 其他中心合作，确保与科学诚信相关的政策和流程适用于 FDA。审评及解决正式或非正式的科学争议。

主要的职责有：

（1）制定和实施相关政策来以促进和保障科学诚信；

（2）针对 FDA 监管产品的上市前批准过程，如申请提交、修改和
补充的要求，产品的包装和对新技术的审评，向局长、首席科学
家和其他主要官员提出建议；

（3）帮助 FDA 高级官员协调回应其监管过程中适当的偏差，以及
帮助 FDA 高级官员避免此偏差；

（4）调查和尽快解决 FDA 关于产品申请管理程序的不满和争议，
保障产品审评过程中的公平、公正；

（5）处理提交到局长办公室的正式上诉要求、审评要求以及召开
听证会要求等；

（6）针对评价和解决提交到局长办公室的所有正式上诉、审评要求、
和听证会要求等向首席科学家和高级官员提出建议并给予帮助；

（7）判断非正式的投诉是否合理，根据现有的法律法规，是否可
以作为正式的审查要求进行处理。

5. 科学职业发展办公室（OSPD）

科学职业发展办公室支持 FDA 实施局长奖学金计划[21]，以吸引和
培养专业顶尖人才，使 FDA 在监管日益复杂的产品时，能拥有更
多专业知识和专业技能。

---

[21] 局长奖学金计划：FDA 邀请优秀的医护人员，科学家和工程师申请为
期两年的奖学金计划，他们将接受先进的科学培训，并有机会学习最前
沿的关于科学、政策或者管理问题的研究。

为了确保 FDA 的科学家和技术人员能掌握最新的科学知识，OSPD 会邀请全国各地的顶尖科学人员开展一系列讲座。此外，OSPD 开展学科创新技能发展计划，组织基因组学和再生医学的培训活动；奖励致力于研发创新型工具、方法、试验的 FDA 优秀科研人员，并参与评选 FDA 的年度科技成果奖。

6. 少数民族健康办公室（OMH）

少数民族健康办公室主要职责是减少种族和民族的健康差异，实现所有人能达到最高健康标准的目标。

OMH 致力于加强监管科学，促进对亚群体数据的研究和评价；加强 FDA 针对种族之间的健康差异的监管能力；促进与公众的有效沟通和信息传递，特别是缺医少药地区的群体以及其他弱势群体。

7. 女性健康办公室（OWH）

女性健康办公室于 1994 年由国会授权正式成立，其主要使命是通过政策、科学以保护女性健康，倡导在临床试验、亚群体分析中重视女性的参与。

OWH 主要职责有支持科学研究，并且与其他政府机构、国际组织合作，旨在提高公众对女性特有的健康状况的重视。OWH 主要的研究活动包括学术演讲、出版刊物、怀孕登记。截止到 2015 年，OWH 已经资助了 340 个研究项目，这些项目涉及妊娠妇女的李斯特菌研究、化妆品安全的研究、性传播疾病、心血管疾病、乳腺癌、生殖健康、内分泌和神经系统疾病、精神疾病等。OWH 与各中心和 FDA 外部组织合作，开展临床试验研究：由于性别差异，疾病的发病率、治疗方法等是否有差异性，并根据各差异性对女性进行个体化治疗。

1998 年，OWH 开展了"花点时间关心自己（Take Time to Care，TTTC）"活动，为忙碌的女性提供方便、易读的免费健康教育材料。此外，OWH 开展女性合理用药的教育活动；开创"粉红丝带日"，关注女性乳腺癌，与全国各学校合作，放 OWH 的健康刊物，使在校女学生获得更多健康信息；开展关注糖尿病运动，关注女性糖尿病，向女性糖尿病患者在合理用药和正确使用医疗器械方面进行宣传教育。

8. 实验室科学和安全办公室（OLSS）

实验室科学和安全办公室主要职责是对 FDA 的各实验室进行行政领导、监督和协调。使各实验室遵守规章制度和质量管理规范，达到科学、安全的目的。

OLSS 主要职责有：

（1）向 FDA 局长提供建议，在实验室科学、安全和质量管理方面提供行政性领导；

（2）在实验室科学、安全方面，提供理论性、技术性和管理性的专业知识；

（3）对 FDA 实验室的安全、质量管理进行监督、评价，确保所有 FDA 实验室都符合联邦、州和地方法规和要求；

（4）协调 FDA 内部实验室的安全,作为与美国卫生与公共服务部、联邦机构和科学团体之间的纽带，负责美国及遍及全球的 FDA 实验室的安全项目；

（5）OLSS 作为 FDA 委员会、工作组、特别小组的代表，加强实验室安全、科研安全、生物安全和国际生物防护政策。

9. 国家毒理学研究中心（NCTR）

国家毒理学研究中心是唯一坐落于华盛顿市区外的 FDA 中心。在FDA 和 HHS 促进和保护公众健康的使命中起到重要作用。全世界的监管科学研究人员、学者和其他监管科学研究组织在联邦培训中心进行研究、学习和培训。在支持 FDA 产品中心及监管过程中，NCTR 独特的科学专业知识起到关键作用。

NCTR 的主要职责是开展科学性研究和支持创新性工具以保障公众的健康。具体如下：

（1）运用多学科研究团队来开发新的转化性研究方法以拟定安全评价方案，为 FDA 提供更准确和经济的方法来解决监管问题；

（2）与 FDA、其他政府机构、研究院的科学家进行合作来夯实科学基础，完善监管政策，促进监管科学的国际标准化和全球协调发展；

（3）发起或参与国内和国际合作，为技术和风险评估方法制定统一的标准；

（4）鼓励多学科的发展，促进 FDA 与来自政府、研究院的国内外科学家合作。

（四）行政秘书办公室

行政秘书办公室的主要职责有：

（1）行政秘书办公室针对FDA产生影响的项目、计划会向局长或者其他有关的主要机构官员提出建议。局长、副局长、重要员工或者协会会长所作出的决策由该办公室通知适当人员；

（2)负责美国范围内以及全球范围内的FDA实验室安全计划网站；

（3）确保代表局长想法的支持性材料进行全面、准确、充分的讨论；

（4）为局长管理信函，对所有机构给局长的公开信函进行管理。开发并运营追踪系统，旨在发现和解决信函中的早期警报和瓶颈性问题。

（五）外部事务办公室

外部事务办公室（OEA）是FDA公共卫生和监管活动中教育和沟通的中心点，在内部员工沟通、演讲写作、创作和编辑服务、网络技术实践方面，OEA作为FDA的核心部门。FDA如何与媒体、国会、公众沟通其计划、战略和行动，OEA会向局长和副局长提出建议。此外，在FDA发布信息时，OEA会作为FDA与HHS或者PHS的纽带，帮助信息发布。OEA负责协调FDA内部的沟通活动，加强FDA的信息沟通，使其更好地为公众服务。

1. 沟通办公室

沟通办公室的主要职责有：

（1）负责监督和指导FDA的刊物、在线沟通和视觉识别相关工作，确保各机构和各部门的决策与执行的高质量和一致性；

（2）对正式出版前或者已出版的刊物、视听材料进行检查，确保符合 PHS、HHS、OMB 和白宫的规定；

（3）针对不同的消费者，发布不同的健康信息，包括及时和易于阅读的最新文章、视频和图片，内容包含 FDA 所监管的产品信息和实用的疾病预防和治疗信息；

（4）组织 FDA 员工的内部交流，包括负责机构内部网站上的内容，使 FDA 员工可广泛使用沟通媒介；

（5）起草演讲稿、非正式的评论、幻灯片、专栏、局长发给编辑人员的信件；针对 FDA 公众健康优先权和行动方面的问题，该办公室会向局长或者 FDA 高级行政人员提出建议；

（6）作为对历史回顾和对未来进行展望的重要资源，以及用于机构交流的重要记录和资源，如印刷材料、网络信息和里程碑事件等。

2. 媒体事务办公室

媒体事务办公室主要职责有：

（1）关于所有新闻媒体活动，向 FDA 局长或者其他主要 FDA 官员提出建议或给予帮助；在新闻媒体活动中，作为 PHS 和 HHS 的纽带；

（2）作为 FDA 的核心部门，负责 FDA 媒体活动，如新闻公告的筹备和发布、举行新闻发布会、新闻简报、采访等；

（3）负责对 FDA 的媒体事务所产生的质疑制定政策并及时、准确地发布信息以做出回应；

（4）鼓励高级官员接受采访，关于在采访时应具有的适当行为，该办公室负责给予指导和培训；

（5）对媒体报道进行分析、媒体关系策略进行评价，以确保目标得以实现，并确定需要改进之处；

（6）计划、开展和实施多媒体沟通战略，通过新闻媒体向公众发布法规政策和分发教育材料；

（7）向 HHS 报告每天重要新闻。

3. 健康和组织事务办公室

健康和组织事务办公室（OHCA）主要职责有：

（1）针对患者、卫生专业人员、消费者的相关事宜以及州、联邦活动相关问题，向局长或者 FDA 其他主要官员提出建议；

（2）规划、管理、制定、评价 FDA 针对患者组织、医疗专业人员组织、消费者严重或者危及生命问题的政策；

（3）作为 FDA 和利益相关者组织之间的纽带，向各组织宣传教育 FDA 有关事项和活动；

（4）实施和协调关于 MedWatch 政策和计划，包括 MedWatch 网页、电子列表、RSS 源和 Twitter 账户策略；

（5）确保 FDA 以患者视角来开发药品，在 FDA 制定监管政策时，OHCA 鼓励和支持这些组织积极参与，确保 FDA 以全方位视角进行决策；

（6）负责监管 MedWatch 网站、FDA 的安全性信息和不良事件报告程序。该办公室还提供了 FDA 主要职责的教育材料和信息、药品审批程序、临床试验设计，研究性医疗产品的同情使用（compassionate use）。

二、食品和兽药办公室

（一）概述

FDA 局长 Margaret Hamburg 于 2009 年 8 月 18 日创建食品办公室，目的是领导一个功能性的统一食品安全方案，提高 FDA 在食品和饲料安全、营养和其他关键领域中所面临巨大挑战和机遇的应对能力。FDA 的食品安全方案包括食品安全暨应用营养中心以及兽药中心；它由法规事务办公室所支持，并可运用 FDA 的国家毒理学研究中心的资源和专业知识以及委员会的关键办公室。在 2012 年 10 月 1 日，办公室更名为食品和兽药办公室。

食品和兽药办公室（Office of Foods and Veterinary Medicine，OFVM）下设两个中心，分别是食品安全和应用营养中心（Center for Foods Safety and Applied Nutrition，CFSAN）和兽药中心（Center for Veterinary Medicine，CVM），负责提供 FDA 食品计划的领导和指南的所有要素，支持 FDA 完成公共健康的目标。办公室重点执

行食品安全工作小组所提出的建议，以及 2011 年的 FDA《食品安全现代化法案》中有关食品安全的新权利。

FDA 食品计划通过以下方式保护并提升人类和动物健康：

（1）确保人用食品的安全性，包括膳食补充剂；

（2）确保动物饲料的安全性以及兽药的安全性和有效性；

（3）制定以科学为基础的标准以防止食源性疾病，并确保这些标准的合规性；

（4）停止污染的食品和饲料的供应；

（5）确保食品标签中包含可靠信息，患者可以使用它选择健康的饮食。

（二）食品安全和应用营养中心
详见本章第三节

（三）兽药中心
详见本章第三节

三、全球监管运营和政策办公室

（一）概述
全球监管运营和政策办公室（Office of Regulatory Operations and Policy，也称作 GO）由法规事务办公室和国际项目办公室组成。

委员会副署长为 GO 提供了针对 FDA 国内和国际产品质量和安全支持上的执行监管、战略领导和政策指导，包括全球合作、全球数据共享、标准的开发与融合、现场检查行动、合规性以及强制行动。该办公室下设两个主要的办公室，分别是国际计划办公室（Office of International Programs，OIP）、法规事务办公室（Office of Regulatory Affairs，ORA）。

（二）国际计划办公室

OIP 与各国政府、企业和研究院、各类组织进行合作，以确保进口到美国的食品和医疗产品符合美国标准；与 FDA 中心和 ORA 密切合作，OIP 通过以下方式协助 FDA 做决定：

（1）获得国外科学和监管信息；

（2）在国外进行监测与调查；

（3）在有共同兴趣的领域促进与国外监管者的合作。

OIP 通过其他方式帮助确保进口产品的安全性，如：

（1）符合美国要求的国外企业；

（2）增强国外监管当局的能力；

（3）参与美国的贸易洽谈以确保继续实行美国的高安全性和有效性标准；

（4）提供给 FDA 中心和办公室有关 FDA 运营的国际环境信息。

（三）法规事务办公室

在当今复杂的全球监管环境中，ORA 作为建立公共健康安全网络的重要部门。在相关检查工作中，作为 FDA 的领导性办公室，ORA 通过以下方式担任 FDA 的眼睛和耳朵：

（1）检查公司和生产 FDA 监管产品的植物；

（2）调查消费者投诉、突发事件和犯罪行为；

（3）强制执行 FDA 的法规；

（4）样品的收集与分析；

（5）进口产品的检查。

ORA 致力于产品质量的监管，持续改善并维持对企业的监督，产品包括：食品和兽药、医疗产品、烟草。与所有 FDA 产品中心和联邦、州、地方、部落、领土和国外监管公众健康的合作伙伴合作；执行由法律授权的新权利；制定新的监管目标来改善产品质量；建立安全体系并针对突发事件做到及时沟通；以风险为基础监测进口产品。

四、医疗产品和烟草办公室

（一）概述

医疗产品和烟草办公室（Office of Medical Products and Tobacco）为药品、生物制品、医疗器械、烟草制品提供高水平的协调和领导，同时该办公室还负责监督特殊医疗项目（Special Medical

Programs）。

该办公室下设四大中心和一个办公室，分别是生物制品审评与研究中心（Center for Biologics Evaluation and Research，CBER）、药品审评与研究中心（Center for Drug Evaluation and Research，CDER）、器械与放射卫生中心（Center for Devices and Radiological Health，CDRH）、烟草制品中心（Center for Tobacco Products）、特殊医疗项目办公室（Office of Special Medical Programs），四大中心具体职责详见第三节。

（二）特殊医疗项目办公室

特殊医疗项目办公室是执行特殊项目和行动的重点机构，主要职责包括：协调国际事务以及机构内部和外部审查提供、监督FD&CA 的孤儿产品条款的执行情况、指导药物临床试验质量管理规范办公室、监督《联邦食品药品和化妆品法案》规定的组合产品办公室的职责、领导信息咨询监督委员会。该办公室内部包括 4 个具体办公室，分别如下：

1. 组合产品办公室

FDA 的组合产品办公室（Office of Combination Products，OCP）成立于 2002 年 12 月 24 日，根据 2002 年的《器械使用者费用和现代化法案》（MDUFMA）的第 204 节的规章成立。该法律赋予该办公室更大的责任包括监管药品和器械组合产品、药品和生物制品组合产品以及器械和生物制品组合产品。主要职责包括：发布有关组合产品相关指南和监管规定；判断组合产品类型并有权分配产品审批权；确保组合产品及时和有效的上市前审批并协调涉及多中心的审批；确保组合产品上市前审批的一致性和适用性；解决涉及组合产品上市前审批及时性问题的纠纷；新组合产品的

协议，指南文件或具体的实施规定以及向国会递交关于该办公室
的活动月报

2. 药物临床试验规范办公室

药物临床试验规范办公室（Office of Good Clinical Practice，
OGCP）是 FDA 监管药物临床试验质量管理规范（GCP）和临
床研究的人类受试者保护（Human Subject Protection，HSP）的
主要办公室，主要职责包括：向专员和其他关键官员提供关于
GCP 和 HSP 的建议与帮助；领导、支持和管理 FDA 的人类受试
者保护 / 生物研究监察委员会，管理并制定关于生物研究监察
（bioresearch monitoring，BIMO）项目以及 GCP 和 HSP 的政策，
这些政策对于 FDA 监管的临床试验和非临床试验都有很大的影
响。该办公室还负责协调和监管委员会的工作小组；与 FDA 所
有中心和 FDA 的法规事务办公室 ORA 合作协调 FDA 的 BIMO
项目，对临床试验进行监管、联络其他联邦机构 [例如 HHS 的
人类研究保护（OHRP）和退役军人管理局、外部组织] 监管行
业和公众利益相关组织；协调国际 GCP 以及支持与 NIH 临床试
验注册数据库有关的合规和执法活动。

3. 罕见病产品开发办公室

罕见病产品开发办公室（Office of Orphan Products Development，
OOPD）的职责是促进有潜力的诊断或治疗罕见病的产品（药
品、生物制品、器械或医用食品）的评价与开发。OOPD 评价
发起人递交的临床数据以寻找出有希望治疗罕见病的产品，并促
进这些有希望的医疗产品的科学开发，该办公室也与医疗和研究
组织、专家组织、学术团体、政府机构、行业和罕见病患者组织
一起研究罕见病问题。OOPD 向开发治疗罕见病产品的发起人提
供激励政策。该项目已经取得了成功，从 1983 年实施该项目至

今，已有超过 400 个药品和生物制品开发与上市，相比较而言，
1973~1983 年只有不到 10 个治疗罕见病产品上市。孤儿药奖励项
目已经使超过 45 个产品获得上市。人道主义器械使用项目首先
批准超过 50 个人道主义器械使用申请。

4. 儿科治疗办公室

儿科治疗办公室（Office of Pediatric Therapeutics，OPT）由国会授
权。其主要任务是保证儿童获得创新、安全、有效的医疗产品。
历史上，很多医疗产品没有经过试验就用于儿童，儿童产品开发
研究需要为儿童提供额外的保护。鉴于其立法授权，OPT 已经开
展五个不同但相互联系的计划。该办公室通过开展多种活动和项
目，促进儿科相关药品的开发与研究。例如：科学活动项目（OPT
Scientific Activities Program），与 FDA 的科学家和审评人员一起
审评儿科研究，确保儿科研究经过严格的设计，并符合当代科
学的要求；OPT 伦理项目（OPT Ethics Program），确保进入临床
试验的儿童符合科学与伦理的要求；OPT 安全项目（OPT Safety
Program），协调在药品和生物制品标签修改后 18 月内儿科研究咨
询委员会讨论是否强制或自愿对儿科研究；OPT 国际项目（OPT
International Program），促进 FDA 与世界其他监管机构对儿科研
究的沟通与协调；新生儿项目（OPT Neonatology Program），支持
FDA 对新生儿医疗产品的开发与创新，确保新生儿获得安全和有
效的产品。通过这五种不同但相关的项目，OPT 确保儿童及时获
得安全有效的儿童医疗产品。

五、运营办公室

（一）概述

运营办公室（Office of Operations）的职责是确保在 FDA 与七大研

究中心间及时有效地完成职责，针对突发事件等，筹备并协调应
对方案。该办公室下设 8 个主要办公室，分别是伦理办公室（Office
of Ethics），文书削减法办公室（Paperwork Reduction Act Office,
PRA），危机管理办公室（Office of Crisis Management，OCM）、
平等雇佣机会办公室（Office of Equal Employment Opportunity,
OEEO），信息管理和技术办公室（Office of Information
Management and Technology），财务、预算和购置办公室（Office of
Finance,Budget,and Acquisitions，OFBA），人力资源办公室（Office
of Human Resources），设施、工程与支持性服务办公室（Office of
Facilities Engineering and Mission Support Services，OFEMS）。

（二）伦理办公室

为向现任员工和之前的员工提供建议和帮助，确保他们所做的决
定和采取的行动不出现利益冲突是伦理办公室的使命。

伦理办公室的主要职责有：

（1）提出建议和给予协助：向员工提供咨询并提供与伦理和利益
冲突相关的法律、监管、政策和程序要求上的权威性建议。同时
也为员工在离职的限制条件这方面提供咨询；

（2）财务披露报告：确保 FDA 员工遵守构成部门伦理计划所必需
的公共和保密财务信息的披露系统并对其形式进行年度审查以帮
助减少利益冲突。它同时也通过政府的伦理法规和部门的补充法
规来监控员工的合规性；

（3）作为伦理行动的纽带：当涉及特殊政府雇员时，为 FDA 的咨
询委员会计划提供解决利益冲突指南；

（4）事务之外的活动：对事务之外活动的要求进行综合审查，以确保该申请与政府伦理办公室的法规一致。为员工和 FDA 中心提供关于事务之外的活动的建议。

（三）文书削减法办公室

1995 年成立文书削减法办公室（PRA），目的是确保联邦管理局不会使公众承受由联邦发起的信息收集的过重负担，并确保我们收集的信息是有效的。它也要求在收集信息开始前存在 FDA 必须遵守的特定流程，以获得管理和预算办公室（OMB）的批准。

当 FDA 的 PRA 员工在信息收集问题上作为 FDA 中心、HHS 和 OMB 的联络员时，确保他遵守这些流程。

文书削减法办公室的主要职责有：

（1）管理：监督从 HHS 到 OMB 的信息收集请求的登记和传送。确保由 OMB 审批的现存许可已及时更新，不存在过期许可。

（2）协调：在所有减少文书工作计划的信息收集相关行动上，协调 HHS 和 OMB 的沟通。协调计划以及 FDA 中心的时间表，审查通告的内容并协调联邦公报中的法规政策管理人员以及通告的公布。

（四）危机管理办公室

危机管理办公室（OCM）在涉及 FDA 监管产品的突发事件的应对和协调上是 FDA 的关键部门。该办公室负责协调与管理危机、突发事件准备和应对相关的 FDA 内部和外部的行动，包括计划、实施和演习的评估。

OCM 为 FDA 推进、管理并协调事件管理的计划、政策和项目，
以确保 FDA 可以快速有效地应对危机事件。

OCM 提供战略性指南，并通过国家性事件管理系统（NIMS）来
监管 FDA 采取的行动；包括计划、程序和培训项目的所有层面以
支持事件所要求的系统。

危机管理办公室的主要职责有：

（1）协调与应对的关键部门：在涉及 FDA 监管产品的突发事件和
危机时，或 FDA 监管产品需要被使用或分配时。

（2）应对突发事件和危机管理：帮助推进和管理 FDA 突发事件和
制定危机管理的政策和计划，确保可以快速应对突发事件或危机
情况。

（3）突发事件协调者：作为 HHS 防备协助秘书办公室（OASPR）
应对 FDA 突发事件协调者并联络 HHS 的安全与战略信息秘书办
公室。向 OASPR 提供所有与 FDA 相关的突发事件的态势并确保
FDA 突发事件运营程序符合国家和 HHS 的程序。

（4）提升在国际合作中的能力：参与国际合作以保障 FDA 应对能
力，与国外同行共同协作来应对涉及 FDA 监管产品的国际突发事
件，并在此类突发事件发生期间与国际同行信息共享。

（5）应急行动网络事件管理系统（Emergency Operations Network
Incident Management System，EON IMS）：管理 FDA 的 EON IMS，
这个系统是用于捕获大量与 FDA 监管产品相关突发事件的实时信

息，并可以在 FDA 高级决策者评估和管理应对行动时使用。同时向危机管理办公室（OCM）提供由 EON IMS 的 GIS 建立的地理信息系统地图。

（6）应急行动计划：发展并更新 FDA 的应急行动计划和特殊事件，确保它们与国家应对突发事件支持功能保障国家事件管理系统的一致性与合规性。

（7）应急行动计划的演习：计划并实施 FDA 的演习活动以检测应急行动计划。计划并协调应急行动演习中的 FDA 参与者，演习由 FDA 和其他部门发起，包括国家和国际层面的演习。

（8）应急呼叫中心：监督 FDA 的应急呼叫中心，这个中心在标准工时后为回应公众要求提供服务并报告有关 FDA 监管产品的信息，同时检测其管理涉及 FDA 监管产品的事件，从而提升快速应对能力。

（9）评估突发事件的应对能力：评估突发事件和危机的响应情况，目的是为未来的行动和对 FDA 处理突发事件的程序提出建议，供办公室内部和外部参考。

（10）应急行动中心：管理应急行动中心（EOC），通过扩张相关中心和办公室的员工配置，来监测突发事件的情况，将诉讼和警示进行分类，给组织的各部分分配任务，协调 FDA 整体的响应行动并与请求技术和物资支持的外部伙伴沟通。FDA 的 EOC 是国土安全部的国家运营中心、HHS 秘书运营中心、CDC、美国农业部 / 食品安全与检验服务情况室以及其他适当的联邦 EOCS 联系的中心点。

（五）平等雇佣机会办公室

平等雇佣机会办公室（OEEO）负责规定个体权利的法律和政策
的落实以使他们获得平等的机会，无论种族、宗教、肤色、性别、
性取向、民族血统、年龄、残障或遗传信息。另外，OEEO 的多
样化功能也可应对其不断变化的劳动力。OEEO 的使命是提升团
结的工作环境以确保平等的雇佣机会以及培育重视多样化且使个
体参与并发挥他们最大潜能的职业文化。

平等雇佣机会办公室的主要职责有：

（1）劳动力分析和报告：分析 FDA 的数据，目的是确定低代表性
劳动力和（或）不同部门劳动力的利用不足。它同时确定雇佣模
式并揭露阻碍平等雇佣机会的问题或障碍；

（2）多样化概念和规章：发展并维持多样化管理计划，这个计划
将多样化管理的概念和规章灌输到 FDA 每个成员的工作生活中；

（3）针对平等雇佣问题进行培训：向 FDA 的管理者和员工提供关
于综合的平等雇佣机会的培训。培训计划目的是帮助管理者和员
工了解并防止工作场合中出现歧视问题和烦恼；

（4）推广和招聘：多样化推广和保留计划提供了指南信息以协助
管理者招聘并保留多样化劳动力。计划中包括国家专业性协会会
议、FDA 全体员工的劳动力文件以及高等教育的少数民族服务
机构；

（5）合理的住宿条件与可获得性：在工作环境中提供或调整合理
的住宿条件，为身心障碍者提供一切条件以享受平等雇佣的机会；

（6）手语翻译／通信系统的同声传译（CART）：与 1973 年复健法案 501 部分保持一致，所有联邦部门都有义务为残疾个体提供平等雇佣的机会。平等雇佣在所有 FDA 发起的行动中，包括会议、活动、办公室活动等都应该有所体现。避免将有残疾个体排除在外，如拒绝服务、隔离或由于没有辅助设施和服务而受到与其他个体不同的对待。

（六）信息管理和技术办公室

信息管理和技术办公室的职责是确保在 FDA 和其七大中心之间及时并有效传递高质量、创新性和与信息技术支持服务相关的成本效益。

信息管理和技术办公室的主要职责有：

（1）信息安全：遵守联邦、部门和 FDA 的法规，负责隐私的保护并确保 FDA 信息的机密性、完整性和实用性。

（2）企业和消费者的保障：确保消费者拥有高性价比的产品和服务，办公室执行问责制，确保消费者能长期得到日益改善的产品和服务。

（3）技术传递：设计、开发、应用战略性信息技术，使其降低成本并提高服务质量，降低安全和系统失误的相关风险以加强 FDA 保护公众健康的能力。通过利用资源，消除重复工作以及采用新技术来寻求降低 IT 服务成本的方法。

（4）信息技术的创新：负责研究、开发以技术为基础的创新型和信息学的问题解决方案、信息系统，为承担 FDA 使命关键领域提

供替代性的资源、数据资料、高性能科学运算、移动性和数字化
的公开数据等。目标是使 FDA 在公共健康方面发挥正面效应并提
供更好的管理信息，使 FDA 全体员工、消费者、合作伙伴和公众
对信息管理有更好的认识。

（七）财务、预算和购置办公室

财务、预算和购置办公室（OFBA）的使命是向 FDA 和公众提供
综合的预算、财务和购置以及贴补服务。OFBA 支持 FDA 完成公
众健康的使命（包括国内和国外），服务包括筹备 FDA 预算材料，
向 HHS 提交年度财务报告，签订合同和发放补贴以及向 FDA 的
供应商支付。

财务、预算和购置办公室的主要职责有：

（1）购置与拨款服务：购置 FDA 所需要的商品和服务。提供补贴
以帮助其他与健康相关的对 FDA 使命有贡献的研究组织。确保供
应商拥有与 FDA 进行贸易往来的平等机会，并确保政府和纳税人
的资金得到最佳回报。

（2）预算：监督 FDA 所有中心间计划的互动和执行，外地办事处
以及委员会办公室的运营情况。为 FDA 的运营提供行政指导、领
导、协调和指南，包括通过与部门、管理和预算办公室以及国会
的沟通来筹备、描述和商谈 FDA 的预算。

（3）财务管理：协调 FDA 综合的财务管理运营计划，包括自动化
财务系统、财务会计、内部财务审计、向供应商汇款、相关的财
务服务、交通补贴、使用费和财务报告等。

（八）人力资源办公室

人力资源办公室努力成为有商业价值的办公室。其通过改善协调能力和创造多样化、开放性沟通、个人问责制、信任和相互尊重的工作环境，致力于支持 FDA 实现目标和迎接挑战。

人力资源办公室的主要职责有：

（1）系统和数据管理：负责所有重要的人力资源技术系统、支持内部 IT、帮助台系统和文件室的运营。整个团队维持与其他涉及 IT 发展的 FDA 办公室的紧密协作，并向 FDA 人力资源信息系统提供输入性技术。协调并提供数据信息，目的是为各种人力资源报告整合人口统计资料和员工数据。

（2）员工关系：监督 FDA 的管理、雇员和劳工的关系，作为 FDA 与已被确认的和待确认工会的纽带，监督待确认的工会活动和选举；与 HHS 共同参加与已确认工会合同洽谈；在合理判决做出前，代表 FDA 参与不公平劳动行为的调解、争议以及仲裁程序，向 FDA 管理者提供关于劳资关系的管理的建议和帮助。

（3）客户服务：向所有 FDA 中心和办公室提供全方位的人力资源服务。服务包括招聘、甄选（委托考试）、择优晋升、职位分类和管理，处理所有员工的薪水、福利和退休事项。对 HR 相关的所有问题提供法律解释并提供监管方面的处理方法和咨询。

（4）行政资源：向 FDA 的行政和科学项目或服务提供领导、协调及政策性指导。在与行政资源和科学计划相关的所有问题上，作为 FDA 的专家对法律和监管要求进行指导。完善 FDA 的指导准则和其他内部指南以确保其与 HHS 政策、招聘部门要求和薪酬管理要求保持一致。

（5）问责程序：负责监测、评估和报告法律、法规的有效执行。发展并执行全范围的问责程序，包括审查所有主要 HR 计划。并通过提供建议和培训来完善问责程序。

（6）政策和项目发展：对涉及招聘、定岗、薪酬和福利、员工和劳资关系、培训、职业发展、工作生活质量问题以及执行资源等方面的人力资源政策和程序，发展并协调其执行。提供定期的培训以及向 HR 专业人员、FDA 监察员、管理者和员工简述与 HR 政策和计划相关的事项。通过浏览 HR 计划，发展并协调新人力资源/人力资本项目的执行，帮助 FDA 满足组织上的需求。发起并实施示范项目和试验计划。处理 HHS 和 OPM 提出的员工变动以及与直接雇佣特权相关的要求。

（九）设施、工程与支持性服务办公室

设施、工程与支持性服务办公室（OFEMS）的职责是营造一个高质量的工作环境，提供重要的设施和支持性服务以满足国内消费者和利益相关者的需求。OFEMS 主要职责有：

（1）不动产战略与计划：发展、管理并指导 FDA 的短期、中期和长期不动产。监管 FDA 对空间的要求和翻新计划，对短期、中期和长期办公室驻扎计划提出合理建议。管理 FDA 的不动产组合性投资和租用。

（2）工程和空间管理：为管理 FDA 建筑修理计划和实验室的搬迁计划等提供工程性服务。管理 FDA 空间的分配，包括与增建新空间和改造计划相关的空间计划和设计。

（3）其他运营：担当 FDA 的持续发展性官员，并配合 HHS 调用数据，实施可持续发展，通过员工组织推广计划管理 FDA 的可持续发展计划。

（4）设施的维修和运营：管理并优先考虑 FDA 的年度建设和设施计划的预算，美国公共事务总局（GSA）预算，租用和租用相关预算以及租用 White Oak 预算。管理 FDA 的不动产财产清单并回应部门所有相关的数据的调用。充当 FDA 拥有财产的设施管理者。发展并改善财产管理流程，对财产的管理进行一系列的监督。

六、政策、规划、立法、分析办公室

（一）概述

政策、规划、立法和分析办公室（Office of Policy, Planning, Legislation and Analysis）指导制定战略性政策和立法，旨在使 FDA 更有效地保护和提高公众健康。主要职责是针对法规政策、立法、制定预算、风险沟通、评价和规划问题，向 FDA 局长或者其他主要官员提出建议，并且在全机构范围内进行协调合作以提高 FDA 风险沟通的能力。进行数据驱动性分析，提供获取跨部门资源和开展战略性管理活动的总体指导和领导，包括制定预算、内部控制和方法改进，以及其他的管理分析需求，作为 FDA 的核心部门对法规、指南和其他政策进行制定、协调和监管。

该办公室下设 4 个主要办公室，分别是立法办公室（Office of Legislation），规划办公室（Office of Planning ,OPL），政策办公室（Office of Policy），公共卫生、政策和分析办公室（Office of Public Health Strategy and Analysis）。

（二）立法办公室

立法办公室的主要职责有：

（1）针对立法需求、法律的制定和监管活动，向局长或者其他主要的 FDA 官员提出建议；

（2）关于立法工作，作为 FDA 内部机构之间的纽带，以及 FDA 和 HHS 或者其他机构之间的纽带，分析 FDA 对立法的需求，起草立法提案和针对所提出的立法请求撰写报告；

（3）针对机构的行动、政策和立法性问题与秘书办公室进行磋商，并向国会官员、国会委员会提出建议或者给予帮助。

（三）规划办公室

规划办公室（OPL）致力于成为被尊重和受欢迎的部门，并且应用社会科学和管理科学，发布 FDA 的战略性和实践性决定，提供客观的规划、分析和项目评估服务，以提高 FDA 的工作表现。此外，OPL 与 FDA 高级管理层合作，根据联邦法律以及 FDA 的要求来规划和执行管理工作，其规划工作包括项目和政策评估研究、经济分析、为制定预算作规划、协调风险沟通的政策和实践。

OPL 的主要职责有：

（1）设计和发展战略性规划、绩效管理系统以及改进工作流程；

（2）分析管理发展趋势、机构的成本结构和资源的利用情况；

（3）监管医疗产品用户付费情况和对机构资源进行管理；

（4）分析机构监管的成本和收益；

（5）分析风险沟通相关活动，并协助机构员工进行规划，以提高风险沟通的效用。

（四）政策办公室

政策办公室主要职责是审评和分析全面的机构政策，进一步提升FDA保障公众健康的能力，确保法规和其他在联邦公报上发布的机构文件满足所有相关规定。

办公室由两部分组成：政策制定和协调性员工部门以及法规、政策和管理人员部门。关于制定机构法规和政策，该办公室向政策、规划、预算或者其他主要部门的局长和副局长提出建议。监督、指导和协调法规及FDA规章的制定，包括编辑、处理和文件的筹备，使法规章程在联邦公报上更高效地发布和开发制定机构规章的新流程和新系统。

（五）公共卫生、政策和分析办公室

公共卫生、政策和分析办公室主要职责是对公众健康问题提供分析性和战略性指导，评价FDA的活动对公众健康的影响。主要的职责有：

（1）作为局长或者机构对新出现的问题进行定量研究和资源分析；

（2）作为Reagan-Udall基金会（RUF）的领导，指导和协调RUF的公私合作战略来改善监管的科学性和提高科学的能力；

（3）提高FDA监管的透明度，包括公众获取FDA信息和FDA工作流程；

（4）筹备研究论文、简报、讲座、培训和其他必要的沟通形式以发布 FDA 项目绩效；

（5）与相关机构的专家合作，向美国总审计署（GAO）和美国政府保险局（GIO）的研究提供战略性意见，并确保 GAO 和 GIO 能聘请适当的专家，准确、及时地回应他们的要求；

（6）对于 FDA 如何有效清晰地回应 GAO 和 OIG 的报告，该办公室向相关的研究团队提出战略性建议；

（7）更新 FDA 对 GAO 或 GIO 建议的执行情况。

第三节 | **七大研究中心**

FDA内设的七个研究中心，分别是药品审评与研究中心（CDER）、生物制品审评与研究中心（CBER）、器械与放射卫生中心（CDRH）、食品安全和应用营养中心（CFSAN）、兽药中心（CVM）、烟草制品中心（CTPO）、国家毒理学研究中心（NCTR）。本节主要介绍除了烟草制品以外的其他六个中心内部机构及其主要职责。

一、药品审评与研究中心

药品审评与研究中心（Center for Drug Evaluation and Research，CDER）确保美国公众获得安全和有效的药物以改善健康，实现其最基本的公众健康任务。作为FDA的一个重要组成部分，CDER监管处方药品和非处方药，包括治疗性生物制品和仿制药。这项工作涉及的不仅仅是药品还包括其他产品，例如含氟牙膏、止汗剂、去屑洗发水和防晒霜等。CDER组织机构图见2-5。

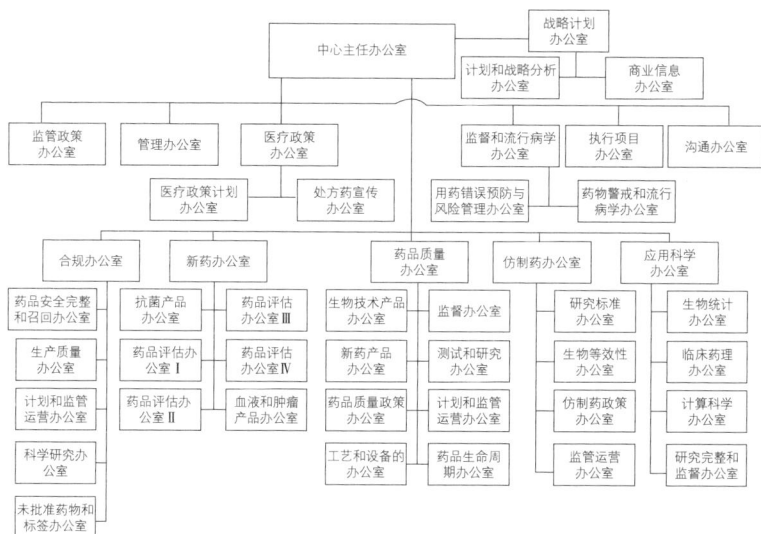

图 2-5 CDER 组织机构图

（一）中心主任办公室

1. 管制物质工作处（Controlled Substance Staff，CSS）

管制物质工作处的主要职责是对药物滥用进行医学评估和管理。同时 CSS 扮演特定的角色，包括为 CDER 审查部门提供咨询服务并帮助 CDER 和 FDA 联络其他政府机构来完成其职责。

2. 反恐和应急协调处（Counter-Terrorism and Emergency Coordination Staff，CTECS）

负责有关药物开发计划、协调涉及 CDER 管制产品的应急活动、为 CDER 提供科学监管和政策援助。具体活动包括：促进安全、有效、优质的医疗对策（medical countermeasures，MCMs）的开发以应对化学、生物、辐射性和核威胁；协调 CDER 药品和治疗性生物制品应急情况的行动；促进、协调和管理动物模型认证计划（the Animal Model Qualification Program，AMQP）；联络其他联邦合作伙伴，如生物医学高级研究和联络发展局（BARDA），疾病控制与预防中心（CDC），美国国立卫生研究院（NIH）和美国国防部（DOD）；帮助科研人员和药物发起人在 MCMs 药物开发的早期与 CDER 审查部门的会议；提供应急使用授权（Emergency Use Authorization，EUA）政策的专业知识。

3. 专业事务和利益相关者处（Professional Affairs and Stakeholders Engagement）

专业事务和利益相关者处的主要职责包括：提高利益相关者对药品监管的认识和理解；促进患者、卫生保健专业人员和其他相关机构参与 CDER；向公众提供有关宣传；促进 CDER 与制药企业双向互动推动药物开发；增强药品使用安全意识和降低药品误用、滥用和错误使用的可预防伤害。

（二）沟通办公室

沟通办公室（Office of Communications，OCOMM）主要通过提供人用药品信息以支持 FDA 保护和促进公众健康的职责。该办公室拥有近 100 名工作人员，包括健康专业人员、通信专家、网页和图形设计师。OCOMM 具有多种功能以满足 CDER 的内部和外部的通信需求。主要职责有：

（1）向 CDER 提供战略性的咨询沟通；

（2）增加利益相关者对信息的认识；

（3）发展和协调公众沟通和教育活动；

（4）采用全面的沟通办法，确保信息的真实性；

（5）与内部和外部的合作伙伴及利益相关方合作；

（6）提供多媒体通信工具的专业知识。

（三）合规办公室

合规办公室（Office of Compliance，OC）主要通过战略和行动，最大限度地减少消费者接触不安全、无效、质量差的药品以保护和促进公众健康，主要职责有：

（1）解决与违法行为有关的公共健康风险问题；

（2）制定和监督旨在减少消费者接触不安全和无效药品的合规计划；

（3）监督产品检验，监管产品上市前和上市后活动，提高人用药品质量；

（4）向中心主任和其他机构官员提供人用药品监管和执法建议；

（5）协调中心与各部门的关系，指导其他监管人员监管行动；

（6）确保人用药品质量标准的统一；

（7）开展合规战略行动，确保非处方药和处方药的质量和标签的正确；

（8）协调监督检查和批准前检查确保符合 CGMP 的高质量要求并

制定政策和标准；

（9）评估药品召回的级别并和其他领域工作人员合作解决召回产品的问题；

（10）监督药品短缺解决方法的合规性；

（11）识别、评估有关公共健康问题的违法行为；

（12）开发和利用创新的执法战略，降低公共健康风险。

（四）仿制药办公室

仿制药办公室（Office of Generic Drugs，OGD）主要负责监管仿制药，确保患者获得安全、有效、高质量的仿制药。同时还提供各种各样有关仿制药的临床、科研和法规事务的指导规范。该部门的职责是通过科学监管确保美国公众获得安全、有效的仿制药，并致力于维护公众对该机构继续满足不断变化的公众健康需求的信心。

（五）管理办公室

管理办公室（Office of Management，OM）为 CDER 提供高效、迅速、及时的资源管理和服务，主要包括：政策与程序管理、道德与诚信的维护、人力资源管理、用户管理、收费管理、财务管理、采购、物流和运营支持。

（六）医疗政策办公室

医疗政策办公室（Office of Medical Policy，OMP）主要为医疗政策的制定提供科学支持和管理，主要职责包括：

（1）监督和指导 CDER 的医疗政策发展、有关药物研发、新药审批、
生物研究监督、人类受试者保护、上市后监督以及临床试验的科
学性提供；

（2）确保医务人员和患者进行准确和有效的医疗信息沟通；

（3）协调 CDER、FDA、利益相关者和其他学科，运用跨学科的
方法制定和实施医疗政策，促进药物开发，监管审批和上市后监
督过程中科学与政策的应用；

（4）指导处方药推广政策制定，审查处方药广告和促销标签，确
保信息的真实性。

（七）新药办公室

新药办公室（Office of New Drugs，OND）主要负责监管药物研发
过程和新药（创新药，非通用名药）上市申请审评，包括已上市
产品的变更。同时指导制药企业的临床试验、科研活动和法规事
务。该办公室的职责是向美国公民提供安全、有效的药物和生物
制品。

（八）药品质量办公室

药品质量办公室（Office of Pharmaceutical Quality，OPQ）是 CDER
新创建的办公室，致力于保障产品质量，确保美国公众获得优质
药品。该办公室组建于 2015 年 1 月，指导 CDER 关于药品质量
方面的工作，包括药品的审评（review）、检查（inspection）和研
究（research）。OPQ 统一了药品质量标准，提高药品整个生命周
期内的质量监督。同时 OPQ 实施了统一药品质量计划，其中包
括了所有国内外药品生产场地，以及所有的药物产品应包括新药、

仿制药和非处方药等。

（九）监管政策办公室

监管政策办公室（Office of Regulatory Policy，ORP）根据 FD&CA
向 CDER 提供有关人用药品的监管和指导，并根据《信息自由公
开法案》（the Freedom of Information Act，FOIA）向公众公开相
关信息。该办公室内部有两个部门：

1. 法规政策 I 和 II 部（Division of Regulatory Policy I & II）

主要职责包括：根据 FD&CA 和其他适用的法律法规，制定与修
订人用药品监管有关的监管规定、指导原则和其他文件；指导和
监督 CDER 处理投诉与纠纷；在 FD&CA 及其他适用的法律、法
规和政策的实施范围内，提供咨询并促进新法规的实施。

2. 药品信息公开政策部（Division of Drug Information Disclosure Policy）

主要职责包括：提供全面的政策指导，解决信息公开适用性问
题，指导信息公开政策的制定，确保符合《信息自由化法案》（the
Freedom of Information Act，FOIA）、《隐私法》（Privacy Act）、其
他法规和 FDA 的信息公开规定。

（十）战略计划办公室

战略计划办公室（Office of Strategic Programs，OSP）是专员办公
室的首席联络员，主要工作包括分析战略和业务信息，制定业
务流程计划以及评估战略和计划的实施效果。包括为 FDA 专员、
FDA 其他高级管理人员和外部利益相关者即 HHS、OMB、国会、
患者和消费权益保护者和行业提供简报。主要职责包括：

（1）协助中心主任实施 CDER 的战略与计划；

（2）指导业务流程分析和业务流程规划；设计、开发和使用高效的信息系统和电子数据分析工具；优化监管流程；

（3）代表 CDER 与企业沟通双方需求；

（4）开发、安装和监控 CDER 的业务流程和绩效跟踪系统。

（十一）监测和流行病学办公室

CDER 使用各种工具评估药品整个生命周期的安全性；同时通过上市后监测和风险评估计划应对药物开发过程中非预期的不良事件。监测和流行病学办公室（Office of Surveillance and Epidemiology，OSE）主要通过自愿报告系统，即 FDA 的 MedWatch 系统搜集不良事件，该系统每年接收超过 100 万份不良事件报告。OSE 分析这些不良事件报告信息，识别有关药品安全性问题，并采取行动以提高产品的安全性，保护公众健康。行动主要包括：更新药品说明书、向社会提供更多产品信息、实施或修订风险管理计划，在少数情况下，重新评估上市申请或上市决策，与制药企业合作，减少标签、说明书、药品包装以及药品名称很像或发音相似药品的用药错误。

OSE 是 FDA 负责药品不良反应监测的最主要部门，2002 年由上市后药品风险评估办公室（OPDRA）更名为药品安全办公室（ODS），隶属于药品流行病学和统计学办公室。2005 年 5 月 15 日更名为 OSE，隶属 CDER 中心主任办公室。[22] 该办公室内设两个药物警

---

[22] 高云华，刁天喜，张俊. FDA 药品安全监管体系的改革调整及启示[J]. 中国药事，2009,6（23）:609-611.

戒部、两个流行病学部、用药错误预防与分析部（DMEPA）以及风险管理部（DRISK），各部门的介绍及主要职责如下。

1. 药物警戒 I 和 II 部（Division of Pharmacovigilance，DPV I & DPV II）

DPV I 和 DPV II 的安全评价人员和医疗人员负责检测安全性信号并评估上市药品和治疗性生物制品安全性问题。该部门工作人员需评估各种数据与资料，包括不良事件报告数据、发表的科学文献、临床前数据、临床试验数据、产品的药理知识。根据评估结果提出科学的临床评价，帮助有关部门采取各种监管行动和沟通，以保证上市产品的安全有效。

2. 流行病学 I 和 II 部（Division of Epidemiology，DEPI I & DEPI II）

流行病学专家使用前哨（sentinel）的主动风险识别和分析系统（Active Risk Identification and Analysis，ARIA）审评与药品安全相关流行病学研究方案和研究报告，这些研究方案和研究报告是生产企业上市后要求（post marketing requirements，PMRs）和承诺（commitments）的一部分，开展药物安全性监测。同时负责确保发起人（sponsors）的上市后承诺符合流行病学的要求，并向监管机构提供证据以继续支持上市申请。药品上市后被广泛使用，根据科学文献中报道的药品风险以及 FDA 发起的流行病学研究和不良反应自发报告系统分析评估安全信号。此外，该办公室的药物利用团队（drug utilization team）提供标准数据用于了解不良反应和构建基于药物使用模式的药品风险模型并计算基于患者的不良反应报告率。

3. 用药错误预防与分析部（Division of Medication Error Prevention and Analysis，DMEPA）

DMEPA 的主要职责是对申请的药品名称、标签和人为因素进行审评，降低产品的潜在用药错误。DMEPA 还负责对提交给 CDER 的用药错误进行审查和分析，以决定是否需要采取相关监管活动，例如标签修改、产品重新设计或与利益相关者进行上市后沟通。DMEPA 可与外部利益相关者、监管机构和研究人员合作以更好地了解用药错误的原因，并有效地进行干预，并从用药错误角度向行业提供药品开发方面的指导。

4. 风险管理部（Division of Risk Management，DRISK）

DRISK 是 CDER 风险管理活动的中心。DRISK 提供风险管理专业知识，参与监管企业风险评估与减低策略（Risk Evaluation and Mitigation Strategies，REMS）。2007 年颁布的食品药品管理修正案（FDAAA）授权 FDA，在确保药品收益大于风险的情况下可要求发起人执行 REMS。DRISK 需审评所有产品的 REMS 申请，包括 REMS 方案、REMS 修改材料和 REMS 评价材料来确保其符合要求。

（十二）转化科学办公室

转化科学办公室（Office of Translational Sciences，OTS）的设立是为了促进研究和数据分析方法的有效真实，通过与生物统计办公室（the Office of Biostatistics）、临床药理办公室（Office of Clinical Pharmacology）、CDER 的其他办公室以及 FDA 其他中心合作，确保药品的有效性、安全性。该办公室通过药代动力学、药效学、药物基因组学、生物等效性评价、临床试验、定量风险评价、毒理学等方面的数据分析鼓励创新药开发。该办公室的主要职责包括：在开发和监管审查过程中运用定量和统计方法指导决策、确保监管决策中临床试验设计和分析的有效性、通过关键路径行动，促进 CDER 药品监管审评创新和科研合作。该办公室还包括 4 个办公室：

1. 生物统计办公室（Office of Biostatistics，OB）

OB 为 CDER 提供统计方面的专业知识和建议，以确保美国公民可获得安全和有效的药物。生物统计是公认的卓越项目，有利于药品开发和药品监管。该办公室包括 7 个生物统计部，分别协助药品审评各部门不同类别的产品，包括抗菌产品办公室（Office of Antimicrobial Products）、血液和肿瘤产品办公室（Office of Hematology and Oncology Products）、医学影像学产品办公室（Division of Medical Imaging Products）以及 OND 的药理学 / 毒理学评价，新药的生物等效性审查等工作，为 CDER 监管的药品和治疗性生物制品整个生命周期的监管决策提供安全性评价和专家建议。同时专注于开发统计方法，优化药品审批和开发过程，主要体现临床试验方法和药代动力学模型的研究与申请、药效学研究、生物等效性和生物利用度试验、药品安全监测、药品风险分析与评估、药品化学测试与评估和产品质量评估与控制。统计部 I ~ V 的工作人员主要负责新药和生物审查部门以及 OND 的非处方产品。统计审评人员负责审评新药申请（NDA）、生物制品许可申请（BLA）、研究新药申请（IND）、简略新药申请（ANDA）、产品方案和相关治疗和诊断产品的有效性和安全性研究。审评临床试验证据时使用专门的数据提取和数据分析软件。统计人员还关注对于机体数据的理解和研究，并应用于临床试验和药品评价过程中。此外，对 CDER 的统计审评提供相关信息技术支持，包括提交的电子数据的处理和分析。

2. 临床药理办公室（Office of Clinical Pharmacology，OCP）

临床药理办公室包括 1 个首席办公室和 5 个临床药理部，分别负责不同的医疗产品。该办公室主要负责临床药理学和生物药剂学数据,支持 CDER 的研究性新药申请（IND）、新药上市申请（NDA）、生物制品许可申请（BLA）的审批过程，确保新药的安全、有效，主要包括：了解不同患者不同的风险效益，优化给药剂量和给药方案，将 NDA / BLA 审批信息转化成易于理解和接受的标签语言，继续开展研究以增加临床药理学方面的知识，从而更好地评估风险效益。

3. 计算科学办公室（Office of Computational Science，OCS）

促进 CDER 的监管审评程序现代化，使审评人员能够花更少的时间处理复杂的数据。使用集成的工具，服务和培训使他们有更多时间应用专业知识分析信息。OCS 与审评人员合作，为他们提供全面的工具、服务和培训以支持和完善审评过程。OCS 帮助审评人员理解、分析和应用数据，以便使他们有更多的时间关注数据分析的结果。

4. 研究完整性与监测办公室（Office of Study Integrity and Surveillance，OSIS）

指导生物利用度 / 生物等效性（BA/ BE）和非临床（GLP）研究，确保数据支持的监管决策具备可靠性，主要职责包括：对开展药代动力学,生物利用度 / 生物等效性（BA/ BE），非临床试验质量管理规范（GLP）和动物法规[23]（ Animal Rule，简称 AR）研究

---

[23] 9.11 恐怖袭击和炭疽邮件事件之后,为提升人类对战争和突发灾难的应变能力,加快军用和重大疫情防治药物的审批,美国食品药品管理局（FDA）制定了依据动物效应审批药物上市的动物（效应）法规 "Animal Rule",此法规主要适用于治疗或预防危及生命类的、因伦理道德或不可操作性等原因无法获得人临床数据的新药和新生物制品的审批和注册。

的企业进行指导。同时关注人类受试者安全和数据完整性，并通过国际会议、研讨会、联合检查和共享培训，与国际监管机构进行合作推广。

二、生物制品审评与研究中心

生物制品审评与研究中心（Center for Biologics Evaluation and Research，CBER）是 FDA 的一个重要的中心，主要负责审批新生物制品或已批准产品的新适应证，要求制药企业提交科学的临床数据以判断产品是否符合 CBER 的审评标准。对数据进行全面评估后，CBER 需根据产品的风险效益做出是否批准的决定。CBER 的权力来源于《公共健康服务法》（Public Health Service Act，PHSA）。CBER 监管多种不同的产品，包括生物制品（biologics），如过敏原产品（allergenics），血液和血液制品（blood and blood products），细胞和基因治疗产品（cellular and gene therapies），组织与基于组织的产品（tissue and tissue-based products），疫苗（vaccines）和异种移植产品（xenotransplantation products）。同时也监管一部分器械（devices），包括体外诊断器械（selected in vitro diagnostics），还有一小部分涉及血库（blood banking）或细胞治疗（cellular therapies）药物产品。

细胞治疗产品包括细胞免疫制品和用于治疗相关病症的两个自体和同种异体细胞，包括成人和胚胎干细胞。人类基因治疗是指引入遗传物质进入人体 DNA，取代有缺陷或缺失的遗传物质，从而治疗疾病或异常的医学病症的治疗方法。

CBER 对细胞治疗产品的监管主要涉及用于植入、移植、注入或转移到受体细胞或组织作为人细胞、组织和细胞性产品。例如骨、皮肤、角膜、韧带、肌腱、硬脑膜、心脏瓣膜、外周血和脐带血、卵母细胞和精液衍生的造血干/祖细胞。CBER 不监管人体器官移植,如肾、肝、心脏、肺或胰腺移植。卫生资源服务管理局(Health Resources Services Administration, HRSA)负责人体器官移植。虽然有些细胞治疗产品已获得批准,但 CBER 尚未批准对人类基因治疗性产品的销售。然而,对细胞和基因治疗有关的研究和开发在美国迅速发展。如今 CBER 已收到来自医学研究人员和制造商对细胞和基因治疗的研究请求,请求研发细胞和基因治疗产品。CBER 组织机构图见图 2-6。

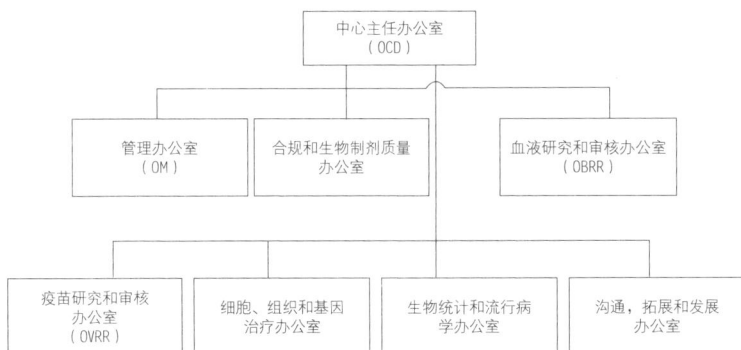

图 2-6 CBER 组织机构图

(一)中心主任办公室

中心主任办公室(Office of the Center Director, OCD)为其他办公室提供科学的政策和指导。主要包括制定有关生物制品监管政策,为各部门提供咨询与建议,保证审批生物制品的质量,负责协调整个中心有关生物制品的审批过程,并通过与公众和国际有关生物制品监管的交流与沟通,不断提高和创新科学监管。

（二）疫苗研究和审评办公室

疫苗研究和审评办公室（Office of Vaccines Research and Review，OVRR）主要负责监管过敏原产品、传染病疫苗和活生物治疗（益生菌）疗法。主要对细菌、寄生和过敏原产品、病毒、疫苗和相关产品的研究与申请上市进行监管和相关指导。

（三）细胞、组织和基因治疗办公室

细胞、组织和基因治疗办公室（Office of Cellular, Tissue and Gene Therapies，OCTGT）主要负责监管细胞、组织和基因疗法以及关于各种疾病适应证的治疗性疫苗。主要包括对细胞和基因治疗方法的临床效果以及药理学／毒理学进行评价和相关指导，同时还包括对人体相关组织的研究以更好地指导细胞和基因疗法的临床试验研究。

（四）血液研究和审评办公室

血液研究和审评办公室（Office of Blood Research and Review，OBRR）主要负责监管调节血液和血液制品，包括等离子衍生物及其重组类似物。主要包括对新兴疾病的研究与监管，同时对血液进行重点监管，并对血液相关产品的应用研究的进行指导与监管。

三、器械与放射卫生中心

器械与放射性卫生中心（Center for Devices and Radiological Health，CDRH）的使命是保护和促进公众健康，确保患者能够及时获得安全、有效、高质量的医疗器械和安全辐射产品。同时为消费者、患者、护理人员提供关于监管产品易于理解、科学的信息。CDRH 通过提高科学监管水平，为企业提供可预测的、一致的、透明的、有效的监管路径以保证消费者对美国市场的器械的信心，

以促进医疗器械的创新，并力求不断通过战略性计划和定期监测
工作提高工作效率。

CDRH 设有 8 个办公室，主要负责监管医疗器械和辐射性产品的
全生命周期的安全性和有效性。

（一）中心主任办公室

中心主任办公室（Office of the Center Director，OCD）为其他 7 个
办公室提供科学的政策和指导。OCD 为专员、其他 FDA 官员、
国会、HHS、公共卫生服务部（PHS）、其他政府机构、科学界、
学术界和制药企业代表提供关于医疗器械和辐射性电子产品健康
问题的政策建议和咨询。同时向消费者和制药企业宣传 CDRH 的
战略计划，发布指导文件以支持公众健康事业。OCD 也开展其他
活动，如协调 CDRH 监察专员、调查 CDRH 的投诉和解决纠纷以
及医疗器械奖励项目（the Medical Device Fellowship Program）等。

（二）沟通和教育办公室

沟通和教育办公室（Office of Communication and Education，OCE）
的职责是支持 CDRH 和 FDA，确保医疗器械和辐射性产品的安全
性和有效性。该办公室主要通过促进 CDRH 与公众沟通、培训和
规范制药企业和培训 CDRH 员工来完成职责。主要职责：

（1）沟通医疗器械和辐射性产品风险效益信息；

（2）向制药企业提供产品上市和合规性要求的监管和政策信息；

（3）培训 CDRH 员工，打造精益求精的团队；

（4）根据《信息自由化法案》（FOIA）回答公众信息和公开请求。

（三）合规办公室

合规办公室（Office of Compliance，OC）的职责是通过评估，增强和确保医疗器械的合规性，促进公众健康。同时采取有针对性的基于风险的合规行动以解决重大的违反器械法律行为，并通过促进创新和培养全球医疗器械市场质量文化以促进公众健康。

合规办公室（OC）包括五个分部门。各部门的职责如下：

1. 分析和项目运营部（Division of Analysis and Program Operations，DAPO）
分析数据、制定和起草政策、与 FDA 法规事务办公室（ORA）合作制定检查计划和任务分配、管理登记、支持产品召回处理。

2. 生物研究监察部（Division of Bioresearch Monitoring，DBM）
监管医疗器械 GCP、GLP 和伦理委员会，以支持产品上市前审批。该部门负责协调监管的各方和监督检查，必要时可采取行动。同时该部门还负责调查不规范科研行为。

3. 国际合规性运营部（Division of International Compliance Operations，DICO）
专注于国外器械制造商和进口商的评估、国际审计程序的开发、合规政策和指南文件的发布、出口业务和政策的推广以及与利益相关方的沟通。

4. 制造和质量部（Division of Manufacturing and Quality，DMQ）
主要负责国内执法活动、召回有质量和安全问题的器械、审评器械的生产和生产场地变更的补充申请、处理有关器械质量的投诉。
同时该部门还负责制定有关器械质量的相关政策。

5. 上市前和标签合规性部（Division of Premarket and Labeling Compliance，DPLC）

负责医疗器械上市前许可（premarket clearance）和上市申请要求（approval requirements）的合规性、医疗器械标签、促销和广告。

（四）器械审评办公室

器械审评办公室（Office of Device Evaluation，ODE）负责评价医疗器械临床试验申请和医疗器械上市申请。该办公室主要负责管理：

（1）上市前通知 [510（k）]（Premarket Notifications [510（k）]；

（2）上市前申请和补充申请 [Premarket Approval Applications（PMAs）and Supplements]；

（3）人道主义器械豁免（Humanitarian Device Exemptions，HDEs）；

（4）器械研究豁免、修正和补充（Investigational Device Exemptions，IDEs）；

（5）产品开发计划（Product Development Protocols，PDP）。

（五）体外诊断和辐射性健康办公室

体外诊断和辐射性健康办公室（Office of In Vitro Diagnostics and

Radiological Health，OIR）的前身是体外诊断器械审评和安全办
公室（OIVD），OIR 整合体外诊断器械和辐射性医疗器械的所有
监管活动，监管辐射性产品和负责开展乳腺辐射成像质量计划。
为了鼓励创新，确保患者获得安全、有效和高质量的医疗器械，
防止不安全或无效器械的上市，OIR 将上市前和上市后的责任集
中到一个多学科的办公室统一监管。该办公室的主要职责是监管
家庭和实验室诊断器械（体外诊断器械）、辐射性医疗器械、辐
射性非医疗产品和实施1992年《联邦乳腺X线摄影质量标准法案》
授权的乳腺辐射成像质量计划。此外，OIR 还负责监管临床试验
组织，确保临床试验组织的合法性和规范性。

OIR 内部包括七个分部门，各部门的主要职责如下：

1. 化学毒物器械部（Division of Chemistry and Toxicology Devices，DCTD）
主要负责有关化学药品的各种测试，包括：普通化学测试、专业
化学测试（新生儿生化筛查检测，内分泌检查，妇女健康检查）、
药物滥用测试、治疗药物监测试验、微创和无创性检查。

2. 免疫学和血液学器械部（Division of Immunology and Hematology Devices，DIHD）
主要负责有关免疫和血液的检查，包括：血液检查、病理检查、
流式细胞仪及凝血功能检查和免疫性疾病测试。

3. 微生物器械部（Division of Microbiology Devices，DMD）
主要负责有关微生物的检查，包括：通过化学、免疫学和核酸扩
增方法检测微生物（细菌、真菌、分枝杆菌、病毒）、新出现的
传染病。

4. 辐射健康部（Division of Radiological Health，DRH）

主要负责辐射性产品的安全，包括：辐射诊断器械（例如 X 射线
设备、磁共振成像系统、计算机断层扫描系统、超声系统、核医
学器械、图片归档及通信系统）、辐射治疗器械（例如直线加速器、
近距离辐射治疗系统）、医疗和非医疗电子产品的辐射控制（例
如超声产品和器械、激光产品和器械，以及微波产品和器械）。

5. 乳房造影质量标准部（Division of Mammography Quality Standards，DMQS）

主要职责为：实施 1992 年《联邦乳房造影术质量标准法案》（the
Federal Mammography Quality Standards Act）授权的乳房造影术质
量项目。

6. 分子遗传学和病理学部（Division of Molecular Genetics and Pathology，DMGP）

主要负责多种产品，包括：遗传性疾病分子测试、病理学和细胞
学测试和肿瘤分子测试。

7. 项目运营和管理部（Division of Program Operations and Management，DPOM）

主要职责包括：为 OIR 提供科学支撑，结合项目管理活动以及所
有必要的质量保证和质量控制机制共同监督 OIR 工作，以确保产
品上市前和上市后审评工作的平稳运行并对 OIR 提供行政支持，
包括人力资源管理、预算、差旅和培训管理等，使管理层和员工
有效运作。

（六）管理运营办公室

管理运营办公室（Office of Management Operations，OMO）针对所

有的管理和预算问题向中心主任提供建议。该办公室为 CDRH 的政策和计划的顺利实施提供管理服务，主要涉及财务和人力资源管理、合同和赠款管理、职业道德和诚信管理、委员会和会议管理、职业健康与安全管理以及设施的管理。同时 OMO 负责开发并实施 CDRH 战略性的运营计划并评估其计划的实施效果以及与 CIO 办公室合作制定政策。

（七）科学和工程实验室办公室

科学和工程实验室办公室（Office of Science and Engineering Laboratories）的职责是支持 CDRH 保护和促进公众健康，主要职责：

（1）开展基于实验室的监管研究，以促进安全、有效的医疗器械和辐射性产品的开发与创新；

（2）提供科学和专业工程知识、数据和分析以支持监管过程，包括上市前审评、上市研究与标准的制定；

（3）与学术界同仁、行业、政府部门和标准制定组织合作开发，转化和传播与监管产品工程相关的科学的信息。

（八）监测和生物统计学办公室

监测和生物统计学办公室（Office of Surveillance and Biometrics，OSB）是负责医疗器械上市后持续的安全性和有效性。OSB 为 CDRH 的上市许可决策提供统计和流行病学的专业知识；进行统计分析、设计和开展有针对性的流行病学研究；管理监测上市医疗器械性能的全国性监视系统，并协调解决多个不同中心合作出现的问题。上市前临床研究的统计分析是 CDRH 上市前审评过程中的一个关键部分，是上市后预设的器械性能的经验基础。对于高风险器械，流行病学帮助设计和监督上市后观察性研究。此外，OSB 监测所有器械的不良事件报告，发现和应对可能存在的器械问题。 OSB 的 MedSun 项目，即医院和其他器械用户的动态网络对上市后器械不良事件的监测起了重要作用。

当发现复杂的器械问题时，OSB 经常召集各中心的专家组成团队，对发现的问题进行分析并制定解决策略。关键的解决策略包括通知用户群发现的器械问题，并建议以公众健康通告（ Public Health Notification ）的形式发布补救措施。这些通知是由专家组和 OSB 工作人员共同制定，并由 FDA 发布，主要向特定的受众（例如医生、风险管理者、器械用户）提供建议，降低器械风险。

其他解决方法包括编写专业期刊、与专业协会合作创建宣传教育及与器械制造商协作了解器械的问题。必要时，OSB 与 ODE 和 OC 紧密合作解决问题。

四、食品安全和应用营养中心

食品安全和应用营养中心（Center for Food Safety and Applied Nutrition , CFSAN）是面向产品的六大中心之一，除此之外它可在全国领域内执行 FDA 职责。中心拥有超过 800 名员工，从秘书和其他工作人员到顶级专业人员，如化学家、微生物学家、毒理学家、食品技术学家、病理学家、分子生物学家、药理学家、营养学家、流行病学家、数学家、公共卫生学家、物理学家和兽医。

CFSAN 为消费者、国内外企业以及其他相关领域的外部组织提供服务；提供科学分析和支持；提出政策、计划和处理与食品和化妆品相关的重要问题。许多CFSAN 的工作人员在马里兰大学工作。

同时中心也在劳雷尔、马里兰州、贝德福德、IL 以及多芬岛、亚拉巴马州设有研究机构。

CFSAN 与 FDA 的工作人员协力，通过确保本国食品供应的安全、卫生、有益健康、标签真实以及化妆品的安全和标签合理，保护和促进公众健康。

消费者消费支出的 25% 用于 FDA 监管的产品上。其中约有 75% 消费在食品上。中心监管着跨州销售的价值 4170 亿美元的国内产品、490 亿美元的进口产品和超过 600 亿美元的化妆品。从产品的进口、加工到产品的销售都要进行监管。有超过 377 000 种已注册的食品设备（包括大约 154 000 种国内设备和 223 000 种国外设备）和上千家化妆品公司，它们生产、加工、包装或储存美国公众或动物所需要的食品。FDA 通过培训并引导政府对食品企业和零售商统一管理以促进其计划的有效执行。

美国食品产业的经济意义是巨大的。它约占美国国民生产总值的 20%，雇员约 1400 万，并为相关产业提供额外 400 万的工作机会。FDA 在食品领域的职责通常覆盖所有国内和进口食品，除由美国农业部监管的 [美国食品安全和检测局（FSIS）] 肉类、家禽类以及冰冻、干制和液态蛋制品，由美国财政部的酒精和烟草税务和贸易局监管的酒精饮料的标签（含 7% 以上酒精）和烟草，以及由美国环保局（EPA）建立的食品农药残留限值和饮用水要求。中心的主要职责包括：确保进口食品添加剂的安全性，如食品添加剂（包括电离辐射）和着色剂；确保生物技术开发的食品和佐料的安全性；海鲜和果汁的危害分析与关键控制点（HACCP）管理；制定监管和研究计划以解决与食源性、化学和生物污染物相关的健康危害问题；制定法规和行动以解决食品合理标签问题（如

佐料、营养品的健康要求)；制定法规和政策，以监管膳食补充剂、
婴儿配方奶粉和医疗食品；食品企业上市后的监测与合规性；企
业推广与消费者教育；与州、地方和部落政府的合作计划；国际
化食品标准的制定与安全性协调。

FDA 在化妆品领域的职责通常覆盖所有国进口产品。在化妆品方
面的主要职责包括：制定法规和政策以监管化妆品添加剂和成分；
制定法规、政策和行动以解决化妆品标签的问题；监管并制定研
究计划，以解决可能对健康产生危害的化学、生物污染相关的问
题；上市后的监管与相关合规性行动；企业推广与消费者教育；
国际化标准的制定与协调。

五、兽药中心

兽药中心（Center for Veterinary Medicine，CVM）是一个保护消费
者的组织机构，通过提供安全有效的动物产品和增强 FD&CA 条
款的应用性来保障公众和动物的健康。主要负责确保兽药和饲料
安全有效，动物制品可以安全食用，以及食品供应链的安全。教
育消费者以及所辖行业人员，在兽药上市前仔细评估兽药产品的
数据，通过监测来发现违规销售的产品，并开展执法行动。

（一）主任办公室

主任办公室（Office of the Centre Director，OCD）的主要职责有：

（1）指导全中心的行动并协调和建立在研究、管理、科学评价、
合规性和监测领域的相关政策；

（2）指导计划、项目和预算体系，并为中心提供管理和信息支持；

（3）计划并协调中心的平等雇佣机会计划；

（4）审批新兽药的申请（NADAS）、仿制兽药的申请（ANADAS）、当听证会机会被取消时发布批准新兽药的召回通知；

（5）审批食用产品和用试验药处理过的动物的使用，并终止临床试验的豁免；

（6）审批动物使用的食品添加剂；

（7）确保递交食用动物 NADAS 申请的企业已被审查并针对可能对人类健康产生的影响进行评价。同时主任也作为中心的代表和发言人出席有关 CVM 的活动。主任与公众、企业、其他政府机关和国家和国际组织进行联络；

（8）通过 CVM 监察员，对于 CVM 管辖内科学和以科学为基础的产品的政策决策相关的问题，调查并寻找解决问题的办法。

（二）管理办公室

管理办公室（Office of Management，OM）在资源和行政管理行动上提供服务、指导和教育，目的是保护人类和动物的健康。OM由 7 部分组成，分别是管理副主任直接办公室、规划和资源管理人员、商业信息团队、预算计划和评估人员、物流管理人员、人力资源管理人员、人才开发人员。在中心层面和机构层面，针对政策和管理性项目给予行政性指导。

（三）新兽药评价办公室

新 兽 药 评 价 办 公 室（Office of New Animal Drug Evaluation，

ONADE）主要负责审批申请人提交的新兽药申请。在批准新兽药时，ONADE 注重四个关键要素，即安全、有效、质量可控、有正确的标签。新兽药一经上市，就立即进行全程监控以确保持续满足这四个要素。

ONADE 的主要职责有：

（1）在会议提交前，与发起人见面，讨论推进计划并对审批要求达成协议；

（2）审查递交的管理实验工作的拟订协议书，确保试验研究提供支持审批的必要信息；

（3）确定已递交的审批信息充足；

（4）评价试验动物的安全性和新兽药产品的有效性；

（5）确保人用食品中药物残留的安全性；

（6）评价兽药对环境的影响；

（7）评价新兽药产品的生产方式及流程；

（8）审查产品标签以确保它是精确且不会令人误解；

（9）编写信息自由法（FOI）概要，FDA 依靠这些信息进行审批；

（10）协调与新兽药发展相关的法规和政策的推进和实施。

（四）监测和合规办公室

监测和合规办公室（Office of Surveillance and Compliance，OSC）与 FDA 驻外办事处合作，监测已上市的兽药和兽用医疗器械，确保其安全有效。

OSC 的主要职责有：

（1）执行并监督实验动物饲养；

（2）监控食用和非食用动物体内的药物，为法律案件提供科学的专家意见；

（3）监控已审批的兽药、宠物食品、未审批的药物和兽医设备的不良事件，以保障安全有效；

（4）OSC 所有部门之间的共同合作以增强企业的合规性；

（5）审批新型动物饲料的成分以及评价饲料污染物的危害确保动物饲料的安全性；

（6）向相关领域和企业进行教育推广；

（7）在被授权的情况下持续进行监管行动。

（五）研究办公室

研究办公室（Office of Research）的主要职责有：

（1）对动物组织和饲料中的药品、添加剂和污染物，进行定量定性分析；

（2）研究食用动物对药品、添加剂和污染物的吸收、分布、代谢和排泄（包括次要物种）；

（3）开发测定国内动物使用兽药和食品添加剂的安全性和有效性的模型；

（4）确定供动物使用的诊断剂和器械的安全性和有效性；

（5）研究药品、食品添加剂和污染物对国内动物免疫功能和生理功能的影响；

（6）评价食用动物体内药物残留的筛分试验；

（7）研究食用动物遗传因素和药物代谢 / 分布之间的相互作用；

（8）评价检测动物饲料和环境中食源性病原体的快速筛查试验；

（9）开发药敏试验和分子 / 遗传型细菌的计划；

（10）确定环境中耐药性病菌的特征；

（11）评价加工前和加工后饲料的微生物质量；

（12）研究动物疾病和对药物反应治疗潜在的生物标志物。

（六）较少使用和少数物种用兽药开发办公室

较少使用和少数物种用兽药开发办公室（Office of Minor Use and Minor Species Animal Drug Development，OMUMS）成立于 2004 年，授权于《较少使用与少数物种健康法案》，该办公室负责建立并维护未经审批的新兽药的合法上市的索引。

OMUMS 也参与 FDA 与美国农业部的国家研究支持计划 -7（NRSP-7），并作为 FDA 与美国农业部的 NRSP-7 的纽带。制药商可以使用 NRSP-7 计划的研究成果，目的是支持新兽药的审批，将新兽药用于在农业上有重要用途的罕见动物。

六、国家毒理学研究中心

国家毒理学研究中心（National Center for Toxicological Research，NCTR）是唯一坐落于华盛顿市区外的 FDA 中心。在 FDA 和 HHS 促进和保护公众健康的使命中起到重要作用。全世界的监管科学研究人员、学者和其他监管科学研究组织在联邦培训中心进行研究、学习和培训。在支持 FDA 产品中心及监管的过程中，NCTR 独特的科学专业知识起到关键作用。

NCTR[24] 始建于 1971 年，属于美国 FDA 的一个研究所。除接受 FDA 的任务外，还接受美国 NIH、美国职业安全与卫生研究所（NIOSH）、美国环保局（EPA）、美国药物滥用研究所（NIDA）、美国消费者安全委员会（CPSC）和美国国防部委托的有关毒理研究任务。NCTR 的主要目标是建立评价有毒物质对人类健康影响的有效方法，它以研究化学物质的作用机制，如在动物体内的吸

---

[24] 杜应秀 . 美国国家毒理研究中心简介 [J]. 毒理学杂志，1992,（04）.

收和排泄、生化和代谢，以及生殖、遗传、肿瘤、生化和代谢的
改变为主要内容，并解释对人类健康的影响。

NCTR 的主要职责是开展科学性研究和支持创新性工具以保障公
众健康。主要职责有：

（1）运用多学科研究团队来开发新的转化性研究方法，以拟定安
全评价方案，为 FDA 解决监管问题提供更准确和经济的方法；

（2）与 FDA、其他政府机构、研究院的科学家进行合作来夯实科
学基础，完善监管政策，促进监管科学的国际标准化和全球协调
发展；

（3）发起或参与国内和国际合作，为技术和风险评估方法制定统
一标准；

（4）提供并鼓励多学科的发展，促进 FDA 与来自政府、研究院的
国内外的科学家的合作。

NCTR 内设 4 个办公室，分别是中心主任办公室（Office of the
Center Director）、管理办公室（Office of Management，OM）、研
究办公室（Office of Research）和科学合作办公室（Office of
Scientific Coordination，OSC）。本节主要介绍研究办公室及科学
合作办公室。

（一）研究办公室

该办公室各部门密切合作,支持 FDA 保护和促进公众健康的职责,
使安全有效的产品尽快上市,同时确保上市产品的安全性。该办

公室内设部门如下：

1. 生化毒理学部（Division of Biochemical Toxicology）

该部门主要开展基础的毒理研究，针对特殊化学产品可能存在的毒性和致癌风险开展风险评估研究，同时为监管机构提供新的科学技术、更好的评价化学产品的风险、更加科学制定产品的上市配套措施，以降低产品的上市风险。

2. 生物信息学和生物统计学部（Division of Bioinformatics and Biostatistics）

该部门主要不断丰富和发展生物统计方法，促进生物标记物（biomarker）的发展，满足个性化医疗（personalized medicine）和风险评估（risk assessment）日益增长的需求。

3. 遗传和分子毒理学部（Division of Genetic and Molecular Toxicology）

该部门主要针对产品开展遗传毒性研究、开发、验证和调控遗传毒理学模型，针对特殊化学产品开展特殊毒理研究，开展涉及毒性生物标记遗传风险的研究。主要通过开发更多相关生物模型、更全面的遗传变异监测方法不断提高工作效率。

4. 微生物部（Division of Microbiology）

该部门主要开发检测、识别和鉴定食源性致病菌的方法，确定病原微生物耐药性和毒性机制，采用先进设备、最先进的分子生物学方法来监测人类微生物群。

5. 神经毒理学（Division of Neurotoxicology）

该部门主要针对关于神经系统药品的毒理学研究，使 FDA 更好理解神经系统药物的毒性，以便更好评价神经系统药物的风险。

6. 系统生物学部（Division of Systems Biology）

该部门主要关注于开发新技术和评估新生物标志物。该部门有三个分部门：

（1）生物标志物和替代模型（Biomarkers and Alternative Models Branch）：寻找新的生物标志物，更好地开展动物研究，提高疾病识别方法，以便更快实施有效的医疗干预，检测细胞培养模型的有效性；

（2）创新安全性和技术性（Innovative Safety and Technologies Branch）：开发和评估创新方法，检测不安全的产品，推进传染病的检测，增强疾病检测程序；

（3）个性化用药（Personalized Medicine Branch）：关注特定产品在不同群体之间的差异，并研究其差异在特定群体中的表现，以便更好评价产品的安全性和有效性。

（二）科学合作办公室

科学合作办公室（OSC）的职责是在毒理研究方面向 FDA 和 NCTR 提供必要的支持，包括基于动物的毒理学研究、病理学研究、纳米技术鉴定和检测，吸入毒理学研究对机构间协议（Interagency Agreement，IAG）的管理，与国家环境健康科学研究所（National Institute of Environmental Health Sciences，NIEHS）合作开展国家毒理学计划（National Toxicology Program，NTP）。为了完成此目标，许多责任落在 OSC 的肩上，并且 OSC 也是 FDA 与 NTP 人员之间沟通、协作的纽带。

NCTR 持有兽医病理学和组织病理学服务现场病理合同，负责该合同的职员隶属于 OSC。这项服务是开展毒理学研究的重要组成部分。与该合同相关人员是经 5 个委员会认证的兽医病理学专家和一名训练有素的员工，向 NCTR 提供的服务包括：尸检、临床病理学、病理组织学图片、严谨的病理检查和完整的病理报告。NCTR 持有设施的维护与修理合同，负责该合同官员隶属于 OSC。该合同主要针对以下三个方面：第一个方面是常规预防性维护和设施的校准，这对研究的开展是至关重要的；第二个方面是维修已不在保修期内的配套设施、小型设备，如天平、离心机、真空系统光谱仪、色谱仪等，最大限度地发挥设备的利用率。第三个方面是制造小型设备，主要针对专业领域的研究，包括当旧系统的部件不再可用时，或为特定应用合成新设备，如行为测试仪。

OSC 有 2 个组支持基于动物的研究，试验支持联络小组专门审评研究方案，制定动物使用计划，审评这该研究的科学家的计划，并通过计算机系统收集动物数据，并且将研究设计输入到系统中。文档支持组主要专门完成三个特定的任务来支持 NCTR 研究：①对有关动物数据系统进行确认和归档保存；②对动物数据系统所有标准操作程序文件进行归档保存；③为涉及动物数据系统的硬件和软件开发确认性方案。

FDA

第三章
美国食品药品管理局
咨询委员会

第一节 | 咨询委员会
设立与管理

在 FDA 促进和保护公众健康的使命中，咨询委员会起到了重要的作用。咨询委员会针对 FDA 监管产品的科学性、技术性和政策性问题向 FDA 提出独立的意见和建议。通过在现行的法律、法规下召开听证会，使 FDA 获得来自各利益相关者的意见和建议，也加强了 FDA 保护公众健康的能力。

对于是否召开咨询委员会会议，FDA 主要考虑的因素有：

（1）对于涉及公众利益性问题，召开咨询委员会会议所获得的建议是否有利于做出决策；

（2）对于争议性问题，召开咨询委员会会议所获得的建议是否有利于做出决策；

（3）咨询委员会是否向 FDA 提供特殊的专家建议，使 FDA 可以全方位考虑问题。

如果满足以上 1 或 1 个以上要素，则 FDA 会召开专家咨询委员会。[25]

一、咨询委员会的设立

（一）设立或延续咨询委员会

根据 21CFR14.40，当委员会认为有必要召开听证会，并针对 FDA 待解决问题进行审评以及提出建议时，FDA 将建立咨询委员会。除法律规定的咨询委员会外，建立或者延续咨询委员会需要经过总务管理局（General Services Administration，GSA）和 HHS 批准。

如果需要设立或延续咨询委员会，部长将在联邦公报上发布通知，声明设立或者延续咨询委员会符合公众利益，同时说明咨询委员会的构成、职责和目标。如果该委员会为常设委员会，应在常设委员会名单中加入新设立的咨询委员会。委员会的设立应在咨询委员会章程归档前 15 天发布，延续通知无需提前 15 天发布。只有向 FDA 提交咨询委员会章程后才可召开会议或者采取相关行动。如果法律未规定设立咨询委员会，则只有符合公众利益的情况下，且 FDA 或者现有的其他咨询委员会不能执行此委员会的职责时，FDA 才会设立并行使该委员会的职责。

咨询委员会必须满足以下标准：

（1）委员会的目标明确；

---

[25] Guidance for the Public and FDA Staff on Convening Advisory Committee Meetings［EB/OL］.（2013-05-15）http：/ /www. fda. gov /downloads /Regulatory Information /Guidances /UCM125651 . pdf

（2）鉴于代表的观点不同和履行的职责不同，委员会的成员组成应该相对平衡。尽管无需按严格比例组成，但在选拔委员会成员时应不分种族、肤色、国籍、宗教、年龄、性别等；

（3）委员会的组成及使用程序应确保咨询委员会提供的相关意见和建议是其独立判断的结果；

（4）委员会成员的数量应保证充足，局长在每个咨询委员会中任命一个 FDA 雇员作为指定的联邦雇员（Designated Federal Officer, DFO），如果无其他机构雇员行使该职责，则该官员负责所有雇员支持性工作；

（5）在尽可能或者法律规定的情况下，委员会成员应包括代表公众利益的人员。

（二）咨询委员会的终止

根据 21CFR 14.55，除非法律规定的永久性咨询委员会，如果常设咨询委员会无继续存在的必要或者在成立 2 年而无延续的情况下，则应终止该常设委员会。

咨询委员会可根据公众利益需求延续多个 2 年期限。

二、咨询委员会成员

（一）咨询委员会主席

根据 21CFR 14.30，咨询委员会主席有权管理听证会和相关会议。如果主席认为会议延期符合公共利益，则有权推迟召开听证会或相关会议，此外委员会主席有权终止讨论某项事务，有权结束或公开会议部分内容，有权采取保证听证会或相关会议公平快速进行的所有行动。

如果委员会主席不是 FDA 全职雇员，则指定的联邦雇员（DFO）、其他 FDA 指定雇员或其指定替代人员将作为咨询委员会的 DFO。如果 DFO 认为会议延期符合公共利益，那么其有权推迟听证会或相关会议召开。

（二）常设技术、政策咨询委员会成员资格

1. 政策咨询委员会成员

根据 21CFR 14.80，政策咨询委员会成员应代表不同的利益，具有不同的教育背景和丰富的经验，并接受过相关的培训，无需特殊的技术性专业知识。其作为特殊的政府雇员或者军队服务性人员，包括公共卫生部的军队人员，由于代表不同的利益，如劳工代表、工业界成员代表、消费者代表或者农业代表，都应服从利益冲突的相关法律法规，且该成员具有投票权。

2. 技术性咨询委员会成员

技术性咨询委员会成员具有投票权，该委员会成员必须具备相关领域的专业知识、具有不同的教育背景和丰富的经验，并接受过相关的培训，保证委员会成员具有不同知识背景，运用充足的专业知识解决 FDA 面临的各方面问题。

技术性电子产品放射安全标准委员会（TEPRSSC），其作为特殊的政府雇员或者军队服务性人员，都应服从对利益冲突的相关法律法规。

3.FDA 对委员会成员的任命

FDA 局长可任命技术性咨询委员会的无投票权成员，将其作为利益相关机构之间的纽带和代表。FDA 有投票权的成员和无投票权的成员只能在一个咨询委员会中任职，除非局长以书面形式发布指令，认为该成员担任 2 个咨询委员会成员有助于工作进展，同时符合公众利益。FDA 咨询委员会成员和主席既可以在部长提名的人员中选拔，也可以由局长直接任命。根据 21CFR 14.82，任何人都可以向咨询委员会提名 1 个或多个有资格人员，提名材料必须说明提名原因，并且包括被提名人员的完整履历，提名材料还需说明本人知晓被提名事宜以及自愿作为委员会成员，同时不具有相关的利益冲突。

当多次缺席委员会会议、存在个人偏见且未提供客观意见以及违反其他法律规定者，FDA 局长可剥夺咨询委员会成员的身份。

（三）常设技术性咨询委员会无投票权成员

1. 常设技术性咨询委员会无投票权成员的提名和选拔

根据 21CFR 14.84，当局长认为技术咨询委员会应包括无投票权的成员作为利益相关的个人之间或组织之间的纽带时，会进行提名和提拔无投票权成员。由消费者团体及相关机构选拔 1 名无投票权成员，工业界成员团体和相关机构选拔 1 名无投票权成员。

对于选拔 1 名无投票权成员代表消费者权益时，局长将在《联邦公报》上发布通知，征集对特定委员会或附属委员会的无投票权成员提名。相关委员会或附属委员会提名材料提交期限为 30 天。利益相关人员可以提名 1 个或多个有资格人员代表消费者权益。虽然允许个人提交相关报名材料，但是 FDA 鼓励个人通过消费者机构提交提名材料。利益相关人员随时可以提名有资格人员担任咨询委员会或附属委员会的无投票权成员。所有提名材料应以书面形式提交FDA的消费者事务办公室。

提名材料应包含被提名人全面的个人简历，并说明被提名人了解提名事宜，愿意作为咨询委员会成员，同时不具有利益冲突。而且提名材料必须说明被提名人是否与特定咨询委员会或附属委员会有利益关系，或者是否愿意成为任何咨询委员会或附属委员会成员。不符合要求的提名材料均不予考虑。

咨询委员会管理人员负责编写相关机构名单，这些机构的主要目标是促进、鼓励从事消费者教育工作和解决消费者问题。名单所列的所有机构均有权对被提名人进行投票。名单包括代表公共利益机构、拥护消费者团体以及联邦、州和地方政府的下属消费者 / 卫生机构。所有符合标准机构均可申请加入上述机构名单。

行政秘书或FDA其他指定雇员将审核被提名人名单，选拔3~5名有资格被提名的人进行投票。未被选中的被提名人仍保留在合格提名人名单上，由咨询委员会管理人员定期审核，以备后续使用。选拔出提名人后，上述被提名人的简历连同一张选票将发送给名单中的所有机构。选票回收期限到期后开始计票，得票数最多的被提名人将成为特定咨询委员会或附属委员会中代表消费者权益的无投票权成员。如果出现被提名人得票数相同的情况，局长将采用抽签决定的方式，从相同最高得票数的几位被提名人中选择无投票权成员。

如果在相关委员会终止前，代表消费者权益的某位成员辞职或被剥夺资格，则采用以下程序任命替代人员，完成前任委员的服务任期。

（1）局长将任命得票数最多的第二名提名人员填补空缺，如果第二名不愿担任委员，则按得票顺序由第三名担任。

（2）如果以往投票活动中所有被提名人都不愿担任委员，或者以前投票活动只有 1 名被提名人，则消费者事务办公室将通过电话联系以往提交的合格消费者权益代表候选人。FDA 负责准备希望成为咨询委员会成员的候选人名单，并将上述候选人的个人简历连同一张选票发送至具有代表性的消费者机构处。4 天后消费者事务办公室通过电话联系上述消费者机构，得出投票结果。得票数最多的候选人将作为委员会成员。如果出现最高得票数相同的情况，局长将采用抽签方式，从相同最高得票数的候选人中选拔委员会成员。

如果局长决定在每个委员会任命 1 名无投票权成员，为选拔代表行业权益的无投票权成员，局长将发布通知要求利益相关人员参加代表行业利益的无投票权成员的选拔活动，所有行业机构在 30 天内向通知中指定的 FDA 雇员发送说明参与意向信件。30 天后 FDA 向表达参与意向的每家机构都发送一封信，连同所有参与机构的完整名单，说明参与机构应彼此协商，在收到信件 60 天内选拔 1 名无投票权成员作为行业权益代表。如果在 60 天内参与机构未能选拔出非投票成员，则由局长任命代表行业权益的无投票权成员。

局长认为由于代表消费者和行业权益的无投票权成员在咨询委员会中代表各自利益，所以无投票权成员代表的利益必须与委员会成员提供服务无利益冲突。当其代表的经济利益与委员提供服务关联很小，不会影响委员服务的公正性时，则无需遵循上述规定。

2. 常设技术性咨询委员会无投票权成员的职责和权力

根据 21CFR 14.86，选拔出的咨询委员会的无投票权成员作为利益相关的个人、团体和组织的纽带，与其他委员会成员拥有同样的权力，除了以下几点：

（1）无投票权成员只能对与程序相关的事务进行投票，例如批准会议记录以及确定会议日期；

（2）代表工业界成员权益的无投票权成员只有在任命为特殊政府官员的情况下，方能获得与行业秘密、商业或财务保密信息相关信息的数据。

咨询委员会无投票权成员应服从并遵守 FDA 及委员会的所有法规规定。如果咨询委员会无投票权成员不能遵守规定，局长可以剥夺无投票权成员的委员资格。

在委员会所有审议活动中无投票权的成员作为消费者和工业界利益的代表，具有以下职责和权力。

（1）无投票权成员不能代表任何特定机构或团体，仅能代表此利益阶层。无投票权成员所代表的利益阶层内任何利益相关人员可以申请获得委员会所有书面声明或口头简报，其由相关无投票权成员准备，并可以分发给委员会外部人员。如果相关文件的筹备使用非政府资金，则获得文件副本人员需要支付适当的印刷及相关费用。

（2）非投票成员负责审查委员会所有正式会议记录，保证会议记录完整准确。

（3）无投票权成员作为利益相关人员代表与委员会之间的纽带，负责向委员会提交获取委员会信息的申请及传送相关信息和意见。无投票权成员主动联系其他利益相关人员代表，征集相关信息和意见，传达咨询委员会工作进展。

（4）代表工业界权益的无投票权成员是代表工业界全体成员，而不是代表任何特定协会、公司、产品。如果委员会处理的相关事务与代表工业界成员利益的无投票权成员的受雇公司有直接或间接关联，则该无投票权成员应通知委员会，但无需缺席讨论或拒绝参加讨论活动，代表工业界利益的无投票权成员不能讨论相关公司财务情况，但是可以概括讨论所有事务。代表某家公司进行的关于科学数据及其说明的所有陈述、讨论均需在公开会议上进行。

（5）咨询委员会无投票权成员不能在委员会召开的听证会上进行任何发言。

（6）虽然无投票权成员是相关利益阶层的代表，但是无投票权成员在履行上述职责时可以有所节制，不盲目拥护不正确观点，不向委员会其他成员施加不适当影响。

三、咨询委员会的会议程序

（一）咨询委员会召开听证会通知

根据 21CFR 14.20，每月 1 号前，同时至少在会议日程前 15 天，局长将在《联邦公报》上发布通知，宣布本月召开的所有咨询委

员会会议。在每月常规通知发布后，本月召开的所有咨询委员会
会议均需至少提前 15 天单独在《联邦公报》上发布通知。在紧
急情况下或由于其他原因需立即召开咨询委员会会议的情况下，
局长可以豁免提前 15 天发布召开会议的通知，此时应及时并且
采取最易获得的方式发布相关通知，包括在《联邦公报》上发布。
《联邦公报》通知包括以下几点。

（1）委员会名称；

（2）会议日期、时间和地点；

（3）委员会的常规职责；

（4）所有议程项目清单，无论该议程项目是在会议的公开部分讨
论或保密部分讨论；

（5）如果会议对某部分保密，则需对会议公开部分和保密部分的
具体时间进行声明；

（6）保密会议的讨论主题以及保密原因；

（7）口头陈述时间以及其他公众参与时间；

（8）咨询委员会指定的联邦雇员（DFO）以及所有负责为咨询委
员会提供行政支持的 FDA 职员的姓名、地址和电话号码；

（9）除非设定提交材料的截止日期，则可通过指定的联邦雇员
（DFO）随时向咨询委员会提交书面材料的声明；

（10）如果在《联邦公报》上发布的相关通知未能在会议日期前15天发布，则应包含通知推迟发布的原因；

如果咨询委员会召开的公开听证会用于代替正式举证公开听证会，则首次听证会通知应单独公布在《联邦公报》上。如果局长认为在《联邦公报》上发布通知有助于为公众提供信息，则咨询委员会举办的所有其他听证会也可以在《联邦公报》上发布通知。公共事务副局长负责将咨询委员会会议列表送交媒体。

（二）召开咨询委员会会议

根据 21CFR14.22，咨询委员会必须经指定的联邦雇员（DFO）提前批准并且批准其会议议程的情况下，才可召开咨询委员会会议。如果指定联邦政府雇员缺席，则咨询委员会会议不能召开。

如果在《联邦公报》上发表会议议程后添加其他议题，则应通知利益相关人员，同时在会议公开部分开始时宣布上述变动。咨询委员会会议按照经过批准的最终议程进行，并且咨询委员会会议的举办地点应方便公众到达。当满足以下 1 个或多个条件时，局长批准更改会议地点：

（1）政府召开会议的经费减少；

（2）出于某些原因（例如举办某专业协会会议），FDA 无需花费任何费用，大部分委员会成员即可到达会议召开地点；

（3）会议召开地点处于中心位置，方便委员会成员聚集；

（4）参加会议人数增多，新会议地点容纳人数更多；

（5）委员会希望在特定地点来执行相关使命；

（6）委员会关注的某些事件历史上或职责上在其他地点召开会议，例如茶叶出口委员会通常在纽约布鲁克林区附近召开会议，国家毒理学研究中心科学咨询委员会通常在阿肯色州小石城附近召开会议。

经过 FDA 批准，咨询委员会成员可进行与工作相关的现场检查。如果委员会章程未明确规定，则现任具有投票权成员的人数应占委员会法定人数的多半。除认定的联邦政府雇员（DFO）要求委员会的最终报告由所有现任具有投票权的委员投票通过外，咨询委员会的任何问题只需经过大多数出席的投票委员同意即可通过。当委员会所有现任有投票权成员有额外的观点或者少数观点，均可提交独立报告。

如果空间许可，则任何利益相关人员均可参加咨询委员会的非保密会议。在许可情况下，委员会会议可以在政府机构或公众花费最少的其他场所举行。会议场所大小必须适中，需要考虑诸多因素如委员会成员数量、预计出席会议人数以及可利用资源和设备等。

经局长批准可召开电话会议。召开电话会议时，在华盛顿哥伦比亚特区、马里兰州罗克维尔或邻近地点的会场中必须安装扬声器，允许公众参加委员会公开会议。上述电话会议通常简短，在以下情况下才允许举行。

（1）进行最终投票或批准委员会在其他会议上采取的相关行动。

（2）当没有时间在中心位置召开会议情况下。

当局长决定委员会会议讨论议题应在秘密会议中讨论时，委员会主席宣布会议所有部分均保密。如果会议某部分保密，在条件许可情况下，可在公开会议部分结束后举行秘密会议部分。

所有咨询委员会成员均可在会议召开过程中做笔记，在会议结束或者正式会议记录或报告公布前，讨论并报告委员会审议过程，但要根据 FDA 法规以及 FDA 与咨询委员会共同采用的法规规定，遵守以下规定。

（1）会议记录或报告未包含秘密会议上提出的个人意见或不公开的投票数据。

（2）委员会或 FDA 明确命令对于特别事务不予报告或讨论，例如审议过程不完整或涉及需要准备或执行的敏感监管决定。

（3）对于禁止公开信息不得予以报告或讨论。

（4）除非委员会正式会议记录或报告被采用，否则委员会成员所做笔记、会议记录或相关报告无效。委员会成员有责任确保出席会议的正式会议记录及会议报告内容完整准确，充分反映出席会议的真实情况。

（三）咨询委员会会议组成
咨询委员会会议包括如下组成部分。

1. 公开听证会
委员会所有会议均具有公开部分即公开听证会。在公开听证会上任何利益相关人员均可口头或以书面形式陈述相关信息或个人意见。

2. 委员会公开讨论

除非针对某些问题进行保密，否则委员会将在公开会议部分讨论
所有未决事务。委员会应尽最大努力在公开会议部分讨论未决事
务。除非委员会主席同意，否则公众不允许参加委员会公开讨论
部分。

3. 保密数据陈述

所有禁止公开信息都应在会议中保密的部分予以陈述。但是如果
保密信息采取可以公开的摘要形式，则可以在会议公开部分进行
陈述。

4. 委员会秘密商议

只有当局长做出相关决定时，咨询委员会对未决事务的商议工作
才能在会议保密部分进行。

（四）咨询委员会会议中保密部分的规定

根据 21CFR 14.27，委员会会议不能完全保密。只有当局长以书
面形式决定委员会会议某部分需要保密时才准许保密。

指定的联邦雇员（DFO）需要对会议保密部分进行确认，对会议
保密部分中所要讨论的问题进行初始申请并说明需要保密的理
由。局长将根据上述申请与首席顾问一同决定是否批准某部分会
议保密。依据有关规定，会议对某部分的保密原因将公布在《联
邦公报》通知上。会议保密部分的时间应尽可能短且只有当局长
认为某部分内容需要保密时才允许对会议部分内容进行保密。

如果会议内容涉及对草案、法规、指南文件或类似 FDA 内部文件
的审评、讨论和评价，而且公布的相关内容将严重影响 FDA 提议

的行动、商业秘密、交易状态或财务保密性信息、影响对执法行动的调查性文件的核查、公开后明显侵犯个人隐私，则该部分会议内容通常保密。

如果会议内容是关于某类药品或器械临床前和临床常规试验草案及程序的审评、讨论和评估，某类已上市药品和器械标签要求的问题、对特定调查或已上市药品和器械信息的审评，则该部分会议内容通常不用保密，咨询委员会向 FDA 提出的是相关问题可公开的意见和建议。

如果本应在会议公开部分讨论的事务与在会议保密部分讨论事务联系密切，或该事务在会议公开部分讨论将对在会议保密部分讨论事务造成损害，则本应在会议公开部分讨论的相关事务将在会议保密部分予以讨论。

参加保密会议需遵循以下法规规定。

（1）用于陈述或讨论行业秘密、商业或财务保密信息的相关会议只能允许以下人员参加：咨询委员会具有投票权成员、代表消费者利益的无投票权委员、指定的联邦雇员（DFO）、记录员、顾问、咨询委员会主席邀请的 FDA 正式雇员（包括首席顾问办公室人员）以及有权陈述保密信息的相关人员。

（2）对于会议保密的部分，如果对内部文件过早地泄露可能严重影响 FDA 拟议的行动，人事、医疗以及其他类似的文件泄露可能造成对个人隐私的侵犯或者与执法相关的调查性记录（investigatory records），则只有以下人员可以出席该保密会议：委员会委员（有投票权和无投票权）、指定的联邦雇员（DFO）、记

录员以及委员会主席邀请的 FDA 正式雇员（包括首席顾问办公室
人员）。顾问、履行私人劳务合同人员、其他联邦政府机构雇员
以及公众不能参加该保密会议。

（3）除上述人员外,在未获得委员会主席和指定的联邦雇员（DFO）
许可情况下参加保密会议人员一经发现立即被要求离开会场。

（4）任何其他利益相关人员必须在主席或者指定的联邦雇员
（DFO）的许可下方可参加保密会议。

（五）咨询委员会召开听证会

根据 21CFR 14.29，每次会议中公众参与的公开部分听证会至少
持续 1 小时（除非公众参与时间不能持续 1 小时），同时如果委
员会主席认为延长时间有助于委员会工作，则可延长时间。根据
21CFR 14.20，《联邦公报》公布的通知将说明听证会的具体时间。
有意愿在会议上进行口头发言的利益相关人员应在会议召开前以
口头或书面形式通知认定的联邦政府官员或其他指定 FDA 雇员，
同时，有意愿在会议上进行口头发言的利益相关人员需要说明发
言的大体内容以及预计所需时间。在可能的情况下，上述人员在
会议上讨论的所有事物书面资料均需提前送至认定的联邦政府官
员或其他指定 FDA 雇员。时间许可条件下，经由 FDA 将上述材
料提前送至或邮寄至委员会成员手中。如果时间来不及，则 FDA
在会议召开时将上述材料送至委员会成员手中。相关材料的邮寄
或送交尽量由 FDA 完成,除非 FDA 允许某人邮寄或送交上述材料。
会议召开前，指定的联邦雇员（DFO）或 FDA 其他指定雇员将限
制口头发言人员的时间以及确定开始发言的时间。FDA 将会以书
面（如果时间允许）或电话形式通知发言人上述信息。FDA 可能
要求具有共同利益的相关人员联合进行口头发言。

委员会主席负责主持会议，其他委员会成员作为陪审团负责管理听证会工作。

每个人可以使用所分配的时间，以保证听证会有序地进行。发言人可以与其他人员合作，可以发表任何书面信息或观点，而且发言内容将录入听证会记录中。如果某人在指定发言时间内缺席，则排在其后发言的相关人员按顺序补上。上述缺席人员可以在听证会结束时进行发言。同时没有口头发言机会但出席听证会的利益相关人员经委员会主席批准可获得发言机会。

委员会主席和其他成员可以向发言人员提出相关问题。但是其他人员不得向发言人员提问。在符合公众利益情况下，委员会主席可以延迟发言人员的发言时间，但是未经发言人员同意不得缩短其发言时间。听证会参与者仅能在委员会成员许可情况下，就委员会相关问题向该委员会成员提问。

咨询委员会召开的听证会为非正式会议，委员会成员不能对发言人所提出的信息和观点进行异议和反对，但其他参与者可以评论或者辩驳所提出的问题。任何听证会参与者均不能打断其他参与者的发言。

（六）咨询委员会的协商

根据 21CFR 14.31，咨询委员会可以与委员会未决事务相关信息或意见的人员进行协商，交换意见。

利益相关人员可以向委员会提交书面申请，要求委员会与特定人员协商委员会未决事务，交换相关意见。申请必须说明进行协商的充足理由。委员会可以自行决定是否批准申请。

委员会仅能就公开会议部分与非联邦政府行政机构雇员（Federal Government executive branch employee）进行协商，但可以向委员会提交书面意见，作为行政档案的部分内容，当局长任命上述人员作为特殊政府雇员，则上述人员可以参加保密会议部分。

为避免一时疏忽违反联邦利益冲突的有关法律及禁止公开行业秘密相关法律，非 HHS 雇员的联邦政府行政机构人员不得参与所有咨询委员会会议（除观察员外），不得在会议中作证、交换意见，除非局长将其任命为特殊政府雇员。局长也可以任命特殊政府雇员作为咨询委员会顾问。顾问通常负责向委员会成员提供与尚未解决的技术问题相关的专家意见，委员会顾问既可以来自政府外部，也可以来自 FDA 以外的其他政府机构。顾问需要向咨询委员会提交报告、数据、信息以及其他书面材料并且作为行政档案的部分内容。

（七）提供给咨询委员会成员材料

1. 提交给咨询委员会的书面材料
根据 21CFR 14.35，除非《联邦公报》相关通知或其他法规明确规定，否则向咨询委员会提交书面材料，应将相关材料的 10 个副本送至指定的联邦雇员（DFO）。

局长可以自行发起或应委员会要求在《联邦公报》上发布通知，要求向咨询委员会提交委员会需审查事务的书面信息和意见。通知需说明相关材料的提交方式。

在局长自行发起或者应委员要求的情况下，局长可以随时要求申请人在委员会常规的定期会议中陈述或讨论产品安全性、有效性或其他数据，这些相关申请人的产品正处于咨询委员会的审核中，且 FDA 尚未对其做出决策。局长既可以要求申请人进行口头陈述，也可以要求其在会议召开前提交委员会成员审核信息相关的简练、条理分明的书面摘要。除非明确规定，否则至少应在会议召开前 3 周向指定的联邦雇员（DFO）或 FDA 其他指定雇员提交书面摘要副本以及建议会议议程。建议的会议议程需说明会议讨论的主题、参加会议的行业人员或陈述主题的相关顾问。

利益相关人员可以向委员会提交与审查事务相关的书面信息或意见。如果信息容量较大，则还需提交相关摘要。利益相关人员应将相关材料送至指定的联邦雇员（DFO），而不是直接交给委员会成员。FDA 会将上述材料通过邮寄或在下次会议中分发给每位委员会成员。对于上述提交材料，委员会将在审核相关事务过程中予以参考。咨询委员会将设置并提前通知相关材料提交的截止日期，超过截止日期委员会将不再接受提交的任何材料。

局长为咨询委员会提供所有局长认为相关的信息。委员会成员也可以应 FDA 要求向提供有助于 FDA 对相关事务进行独立判断的所有材料，例如：摘要或报告依据的原始数据或者相关事务的法律知识简报。

2. 提供咨询委员会成员的材料

根据 21CFR 14.33，由局长编写并向所有委员会成员提供委员会成员职责的相关材料，内容如下。

（1）所有利益冲突相关法律法规及其主要条款摘要；

（2）所有关于禁止泄露行业秘密、商业或财务保密信息的相关法律法规及其主要条款摘要；

（3）所有咨询委员会事务相关的法律法规、指导文件及其主要条款摘要；

（4）所有相关法律法规及其主要条款摘要，包括发布召开听证会通知、咨询委员会章程、《联邦公报》通知、个人简历、咨询委员会召开法规以及关于委员会设立、组成和运作的相关材料；

（5）当出现问题时联络人员的相关说明；

（6）其他可促进委员会工作顺利进行的 FDA 和委员会事务相关材料。

（八）咨询委员会会议记录及报告

1. 咨询委员会编写的会议记录

根据 21CFR 14.60，咨询委员会中指定的联邦雇员（DFO）或者 FDA 其他指定雇员负责筹备委员会所有会议的详细会议记录。由咨询委员会审议会议记录的准确性，同时委员会主席进行确认。会议记录的审议及确认也可以通过电话或者邮件的形式完成。会议记录应包括以下内容：

（1）会议召开的时间和地点；

（2）出席会议的委员会成员以及 FDA 雇员、公众参与者的姓名和隶属关系或者所代表的利益；

（3）委员会在会议进程中使用的所有书面信息副本和所参考的文件；

（4）关于会议讨论的事务以及所得出的结论全面准确的说明；

（5）委员会接受、发布或者批准的所有报告副本或所参考的文件；

（6）会议对公众的开放程度；

（7）公众参与程度，包括进行口头或者书面陈述的人员名单。

如果会议包含保密部分，则会议记录应分以下两种情况公布：

（1）由主席或者指定的联邦雇员（DFO）认为可以公开；

（2）如果不能立即公布会议记录，则应筹备会议讨论问题的相关摘要，并以公报的形式向公众提供会议信息。

2.FDA 编写的会议记录

根据 21CFR 14.61，由 FDA 负责抄写或记录公开的会议部分无需非常详细。FDA 将安排人员记录会议所有组成部分，由 FDA 完成的公开会议部分副本或记录将保存在委员会会议记录档案中。由 FDA 完成的所有保密会议部分副本或记录将不会保存在委员会记录行政档案中。上述副本或记录由 FDA 负责保密，不可丢弃或删除，且只有 FDA 才可记录会议的保密部分。

参加公开会议部分的相关人员可以在不影响会议有序进行的前提下，记录或抄写会议内容，但这类副本不能作为行政档案的部分内容。

四、咨询委员会中美国食品药品管理局的职责与权力

1.FDA 在咨询会议召开前的职责

至少在会议开始前 1 天分发会议材料；联系咨询委员会的工作人员，开始安排会议；确定具有出席权利和投票权力的委员，对要求的事项进行公布和披露；准备议程、问题、背景材料、简报；至少在会议开始之前 15 天内撰写和发布《联邦公报》；确定委员会交流时需要讨论的问题。

2.FDA 在咨询会议召开时的职责

为会议的进行提供各种便利条件；介绍要讨论的专题和提供信息；回答委员会关于监管方面的问题。

3.FDA 在咨询会议召开后的职责

整理咨询会议上提出的建议并在网站上公布；回答媒体的问题；内部讨论咨询委员会提出的建议，并继续审批该产品的申请；完成审查并采取行动。[26]

---

[26] 张萍萍，陈永法. 美国食品药品管理局咨询委员会的作用及对我国的启示[J]. 医药导报，2012（31）5：688 — 690.

第二节 | **咨询委员会的职责**

一、概述

FDA 咨询委员会（Advisory Committee）以会议研讨的形式就存在争议的问题，为 FDA 提供技术咨询意见，补充并充实 FDA 的科学性论点和论断，增加 FDA 对药品管理方面所做出的最终决定的技术性，是 FDA 获得专家意见最主要的方式。FDA 在药品的管理工作中广泛借助药品专家咨询委员会的作用[27]，专家咨询委员会可以通过提供独立的意见和建议，协助 FDA 解决复杂的科学、技术问题，增加 FDA 药品审评过程的可信性，加速药品审评速度，同时咨询委员会也为公众提供了参与 FDA 决策的机会和平台。因此 FDA 非常重视咨询委员会在审评方面的意见与建议。FDA 专家咨询会议的召开，一般基于三个因素的考虑，即是否涉及重大公众利益问题、是否存在争议、是否需要特殊专业知识判断。目前 FDA 共有 33 个咨询委员会，涵盖了人用药品、生物制品、医

---

[27] 张象麟，刘璐，叶祖光．简介美国药品专家咨询委员会及我国药品专家审评委员会［J］．中国新药杂志，2003，12（10）：789 — 791．

疗器械、儿科研究、烟草等各个领域，是一个在联邦法律法规所指导下的针对各方的利益冲突向 FDA 提出建议的团队。

美国以多个法律、法规文件构建和确保了专家咨询制度的合法性。首先以《联邦咨询委员会法》为核心的专家咨询制度体系，确保各种形式专家咨询活动的规范性；《政府阳光法案》则规定咨询委员会的公开性和公众的知情权等。以此为基础，FD&CA 505（n）（1）部分专门提出了对于药品和生物制品的临床试验或药品的批准上市，专家应向部长提供科学建议的规定，部长应设立专家咨询委员会或利用在《1997 年食品药品管理局现代化法》颁布之前设立的专家小组，或二者并行；同时 FDA 还制定了一系列的指导原则以保证咨询委员会的有效运行。美国 2007 年通过的 FDAAA 规定了咨询委员会必须参与的审评事项，即对于所有新分子实体 NDAs 和原创性 BLAs 必须召开咨询会议。通过制定指导原则，对其他需要专家咨询委员会介入的情况，提供建议和解释。

二、局长办公室下设的咨询委员会

（一）FDA 科学委员会

科学委员会（Science Board）由包括主席和联合主席在内的 21 名有投票权的成员组成。该委员会成员、主席和联合主席由局长直接任命或者在食品科学，安全和营养，化学，药理学，转化和临床医学及研究，毒理学，生物统计学，医疗器械，影像学，机器人技术，细胞和组织产品，再生医学，公共健康和流行病学，国际卫生和法规，产品安全，产品生产科学和质量及其他 FDA 监管产品相关科学领域（如系统生物学、信息学、纳米技术等）的权威专家中指派。委员会成员最多可连任 4 年。这些非联邦政府成员在委员会中都作为特殊的政府雇员。在有投票权的成员中可能包含一名合格的技术人员，他与消费者利益相关，是由财团、消费者权益组织或其他利益相关人员推荐，由局长或被指派的专家选出。该委员会也可能包括技术合格的联邦成员。

当需要额外的专家来提供相关专业知识或者基于法定人数的需要，局长或者指派人员有权临时挑选其他科学和技术性咨询委员会成员（一般不超过 10 人）来作为该委员会的有投票权的成员。鉴于委员会的规模和待解决问题的类型不同，FDA 会指定少于委员会现有的有投票权成员数且符合法定人数的人员参加委员会的特别会议。

该委员会的主要职责是向局长和其他有关的官员，对有关 FDA 使命重要的科学和技术问题提供意见，包括科学界的新兴问题，同时委员会向 FDA 局长或被指派的专家提出建议，并督促其履行监管责任，保证 FDA 所监管的人用药品或其他产品安全有效。此外，科学委员会向 FDA 提供意见，支持该机构跟上科技的发展，包括在监管科学方面、机构的研究议程的投入、升级科研设施和提供培训机会。如果有要求，它也将向机构主办的内部及外部的科研项目提供专家评审。

该委员会每年大约召开 3 次会议。用于运营该委员会每年所需费用约为 108 063 美元，其中包括成员薪酬和差旅费。

（二）风险沟通咨询委员会

风险沟通咨询委员会（Risk Communication Advisory Committee）由包括主席在内的 15 名有投票权的成员组成。该委员会成员和主席由局长直接任命或者在社会营销、健康素养和其他相关领域的权威专家中指派。成员包括风险沟通方面的专家、新上市药物风险方面的专家以及患者、消费者、健康专业机构工作经验丰富的专家。委员会中非联邦政府成员在委员会中都作为特殊政府雇员。一些成员被选拔是由于 FDA 所监管产品的不同使用人群进行沟通，并提供经验性的见解。该成员可能包括患者及其家庭成员、健康专家、健康、医学和科学的沟通人员，以及与消费者、特殊疾病或患者安全性宣传小组有关的人员。局长和被指派专家有权在被提名的工业界成员中选择与工业界成员利益相关的人员作为临时非投票成员。会议临时成员的数量取决于会议主题。

当需要额外的专家提供相关专业知识或者基于法定人数的需要，局长或者指派人员有权临时挑选其他科学和技术性咨询委员会成员（一般不超过 10 人）作为该委员会的有投票权的成员。鉴于委员会的规模和待解决问题的类型不同，FDA 会指定少于委员会现有的有投票权成员人数且符合法定人数的人员参加委员会的特别会议。

该委员会的主要职责是向 FDA 局长或被指派的专家提出建议，使 FDA 监管产品的风险沟通方法更为有效，并督促其履行监管责任，以保证 FDA 所监管的人用药品或其他产品安全、有效。委员会审查和评估 FDA 监管产品的风险效益策略和方案，以及与公众沟通的方式，使这些产品得到最佳使用。该委员会还审查和评估与公众沟通相关的研究，以及向公众传达风险和效益的信息，使人们在使用 FDA 监管产品时能够做出明智的独立判断。

该委员会每年大约召开 4 次会议。用于运营该委员会每年所需费用约为 262 200 美元，其中包括成员薪酬和差旅费。

（三）儿科咨询委员会

儿科咨询委员会（Pediatric Advisory Committee）由包括主席在内的 14 名有投票权的成员组成。该委员会成员和主席由局长直接任命或者在儿科研究、儿科专业、统计学或生物医学伦理领域的权威专家中指派。委员会成员任时 2 年，最多可连任 4 年。委员会中的非联邦政府成员在委员会中都作为特殊的政府雇员。在有投票权的成员中可能包含 1 名合格的技术人员，他与消费者利益相关，是由财团、消费者权益组织或其他利益相关人员推荐，由局长或被指派的专家选出。

当需要额外的专家提供相关专业知识或者基于法定人数的需要，局长或者指派人员有权临时挑选其他科学和技术性咨询委员会成员（一般不超过 10 人）作为该委员会的有投票权的成员。鉴于委员会的规模和待解决问题的类型不同，FDA 会指定少于委员会现有的有投票权成员人数且符合法定人数的人员参加委员会的特别会议。

该委员会的主要职责是在以下方面向 FDA 局长提出建议：

（1）儿科研究；

（2）与儿科治疗相关研究的优先审评的认定、儿童群体的医疗器械、特殊儿科疾病的额外诊断和治疗；

（3）儿科治疗相关临床实验的设计和分析、伦理性问题以及医疗器械；

（4）儿科标签争议；

（5）儿科标签修改；

（6）在市场独占期内儿科用药的不良事件报告和任何可能出现的
安全问题；

（7）任何其他儿科问题或 FDA 监管产品对儿科标签的争议；

（8）以儿童为主体的研究；

（9）FDA 监管的其他任何涉及儿科的问题。

该委员会还直接或通过局长向 HHS 以儿科为主体的研究提出建议。

FDA 将成立一个儿科咨询委员会下属的儿科伦理附属委员会
（Pediatric Ethics Subcommittee），就儿科伦理问题向儿科咨询委员
会（Pediatric Advisory Committee）提供建议。附属委员会将包含
两个或者更多儿科咨询委员会的成员和其他专家解决各自领域内
的具体问题。

附属委员会就具体事件为全委员会的后续行动做出初步建议。每
个附属委员会的设立都应通知部门委员会管理主任（Department
Committee Management Officer），并向其提供附属委员会名称、成员、
目的和预计会议频率的信息。

该委员会每年大约召开 4 次会议。用于运营该委员会每年所需费
用约为 326 349 美元，其中包括成员薪酬和差旅费。

三、药品审评与研究中心（CDER）下设的咨询委员会

外部专家组成的咨询委员会针对新药的上市申请，向 FDA 提供独立的意见或建议。外部专家会收到药品申请和 FDA 对申请审评的副本，他们主要根据药品申请中有关安全性和有效性数据资料和 FDA 的审评结果向 FDA 建议批准或者不批准该上市申请，FDA 一般会采纳咨询委员会的建议，但咨询委员会的建议并不起到决定性作用。

专家咨询委员会成员主要有 4 类人员，分别为专家 / 临床医生（academician/practitioner）、消费者代表（consumer representative）、患者代表（patient representative）和工业界代表（industry representative）等。各领域的专家就提起讨论的问题在各自的知识范围内做客观公正的科学评价，提供独立的技术意见；工业界代表阐述行业关注的各种问题，在这里他们并不代表雇主，而是表达自己对这一问题的观点和看法。例如，对于某一类新药做额外的动物试验是否必要这一问题，工业界代表可能认为研究成本太高，现有的信息也不能提供足够的成本效益支持，而且还可能导致产品的上市延迟。消费者代表是与消费者保护组织有特定关系的技术专家，他们代表着消费者的利益，促进委员会充分考虑有关消费者利益问题。[28]

（一）麻醉和镇痛药咨询委员会

麻醉和镇痛药咨询委员会（Anesthetic and Analgesic Drug Products

---

[28] 伍红艳，董江萍，孙利华. 美国 FDA 对药品专家咨询委员会的管理及对我国的启示 [J]. 中国药事，2009，（23）3：303 — 306.

Advisory Committee）由包括主席在内 11 名有投票权的成员组成，委员会成员和主席由局长直接任命或者在麻醉学、镇痛药、流行病学及相关领域的专业人员中指定。成员应邀任期 4 年，这些非联邦政府成员在委员会中都作为特殊的政府雇员。在有投票权的成员中可能包含 1 名合格的技术人员，代表消费者利益成员由财团、消费者权益组织或其他利益相关人员推荐，由局长或指定的专家选出。除了有投票权成员外，该咨询委员会还包括 1 名无投票权的代表工业界利益的人员。

当需要额外的专家提供相关专业知识或者基于法定人数的需要，局长或者指定的专家有权临时挑选其他科学和技术性咨询委员会成员（一般不超过 10 人）作为该委员会有投票权的成员。鉴于委员会的规模和待解决问题的类型不同，FDA 会指定少于委员会现有的有投票权成员人数且符合法定人数的人员参加委员会的特别会议。

该委员会的主要职责是审评和评估临床试验阶段或已上市者镇痛药安全性和有效性数据，如禁止滥用的阿片类药物、新型镇痛药及麻醉用药，并向局长提出合适的建议。

该委员会每年大约召开 4 次会议。用于运营该委员会每年估计所需费用约为 134 206 美元，其中包括有关成员薪酬和差旅费。

（二）抗菌药物咨询委员会

抗菌药物咨询委员会（Antimicrobial Drugs Advisory Committee）由包括主席在内 13 名有投票权的成员组成，委员会成员和主席由局长直接任命或者在传染病学、内科、微生物学、儿科、流行病学、统计学以及相关领域的专业人员中指定。成员应邀任期 4 年，这些非联邦政府成员在委员会中都作为特殊政府雇员。在有投票权的成员中可能包含 1 名合格的技术人员，代表消费者利益成员由财团、消费者权益组织或其他利益相关人员推荐，由局长或指定的专家选出。除了有投票权成员外，该咨询委员会还包括 1 名无投票权的代表工业界利益的人员。

当需要额外的专家提供相关专业知识或者基于法定人数的需要，局长或者指定的专家有权可临时挑选其他科学和技术性咨询委员会成员（一般不超过 10 人）来作为该委员会的有投票权的成员。鉴于委员会的规模和待解决问题的类型不同，FDA 会指定少于委员会现有的有投票权成员人数且符合法定人数的人员参加委员会的特别会议。

该委员会的主要职责是审评和评估临床试验阶段或已上市的传染性疾病药品的安全性和有效性数据并向局长提出合适的建议。

该委员会每年大约召开 4 次会议。用于运营该委员会每年估计所需费用约为 118 099 美元，其中包括有关成员薪酬和差旅费。

（三）关节炎咨询委员会

关节炎咨询委员会（Arthritis Advisory Committee）由包括主席在内 11 名有投票权的成员组成，委员会成员和主席由局长直接任命或者在关节炎、风湿病、骨科、流行病学、统计学、镇痛药以及相关领域的专业人员中指定。成员应邀任期 4 年，这些非联邦政府成员在委员会中都作为特殊政府雇员。在有投票权的成员中可能包含 1 名合格的技术人员，代表消费者利益成员由财团、消费者权益组织或其他利益相关人员推荐，由局长或指定的专家选出。除了有投票权成员外，该咨询委员会还包括 1 名无投票权的代表工业界利益的人员。

当需要额外的专家提供相关专业知识或者基于法定人数的需要，局长或者指定的专家有权临时挑选其他科学和技术性咨询委员会成员（一般不超过 10 人）来作为该委员会有投票权的成员。鉴于委员会的规模和待解决问题的类型不同，FDA 会指定少于委员会现有的有投票权成员人数且符合法定人数的人员参加委员会的特别会议。

该委员会的主要职责是审评和评估临床试验阶段或已上市的关节炎、风湿病及相关疾病药品的安全性和有效性数据并向局长提出合适的建议。

该委员会每年大约召开 4 次会议。用于运营该委员会每年估计所需费用约为 116 125 美元，其中包括有关成员薪酬和差旅费。

（四）心血管和肾脏药物咨询委员会

心血管和肾脏药物咨询委员会（Cardiovascular and Renal Drugs Advisory Committee）由包括主席在内 11 名有投票权成员组成，委员会成员和主席由局长直接任命或者在心脏病、高血压、心律失常、心绞痛、充血性心力衰竭、利尿剂和生物统计学领域的专业人员中指定。成员应邀任期 4 年，这些非联邦政府成员在委员会中都作为特殊政府雇员。在有投票权的成员中可能包含 1 名合格的技术人员，代表消费者利益成员由财团、消费者权益组织或其他利益相关人员推荐，由局长或指定的专家选出。除了有投票权成员外，该咨询委员会还包括 1 名无投票权的代表工业界利益的人员。

当需要额外的专家提供相关专业知识或者基于法定人数的需要，局长或者指定的专家有权临时挑选其他科学和技术性咨询委员会成员（一般不超过 10 人）来作为该委员会的有投票权的成员。鉴于委员会的规模和待解决问题的类型不同，FDA 会指定少于委员会现有的有投票权成员人数且符合法定人数的人员参加委员会的特别会议。

该委员会的主要职责是审评和评估已上市或者临床试验阶段的心血管和肾脏疾病药品的安全性和有效性数据并向局长提出合适的建议。

该委员会每年大约召开 4 次会议。用于运营该委员会每年估计所需费用约为 57 937 美元，其中包括有关成员薪酬和差旅费。

（五）皮肤科和眼科咨询委员会

皮肤科和眼科药物咨询委员会（Dermatologic and Ophthalmic Drug Advisory Committee）由包括两名主席在内的 9 名有投票权成员组成，委员会成员和主席由局长直接任命或者在皮科、眼科、内科学、病理学、免疫学、流行病学、统计学和相关领域的专业人员中指定。成员应邀任期 4 年，这些非联邦政府成员在委员会中都作为特殊的政府雇员。在有投票权的成员中可能包含 1 名合格的技术人员，代表消费者利益成员由财团、消费者权益组织或其他利益相关人员推荐，由局长或指定的专家选出。除了有投票权成员外，该咨询委员会还包括 1 名无投票权的代表工业界利益的人员。

当需要额外的专家提供相关专业知识或者基于法定人数的需要，局长或者指定的专家有权临时挑选其他科学和技术性咨询委员会成员（一般不超过 10 人）来作为该委员会的有投票权的成员。

鉴于委员会的规模和待解决问题的类型不同，FDA 会指定少于委员会现有的有投票权成员人数且符合法定人数的人员参加委员会的特别会议。

该委员会的主要职责是审评和评估临床试验阶段或已上市的皮肤和眼科疾病药品的安全性和有效性数据，并向局长提出合适的建议。

该委员会每年大约召开 4 次会议。用于运营该委员会每年估计所需费用约为 45 866 美元，其中包括有关成员薪酬和差旅费。

（六）药品安全和风险管理咨询委员会

药品安全和风险管理咨询委员会（Drug Safety and Risk Management Advisory Committee）由包括主席在内的 11 名有投票权成员组成，委员会成员和主席由局长直接任命或者在风险沟通、风险管理、药物安全、与风险管理相关的医疗、行为和生物科学、药物滥用领域的专业人员中指定。成员应邀任期 4 年，这些非联邦政府成员在委员会中都作为特殊的政府雇员。在有投票权的成员中可能包含 1 名合格的技术人员，代表消费者利益成员由财团、消费者权益组织或其他利益相关人员推荐，由局长或指定的专家选出。除了有投票权成员外，该咨询委员会还包括 1 名无投票权的代表工业界利益的人员。

当需要额外的专家提供相关专业知识或者基于法定人数的需要，局长或者指定的专家有权临时挑选其他科学和技术性咨询委员会成员（一般不超过 10 人）来作为该委员会的有投票权的成员。鉴于委员会的规模和待解决问题的类型不同，FDA 会指定少于委员会现有的有投票权成员人数且符合法定人数的人员参加委员会的特别会议。

该委员会的主要职责是审评和评估人用药品风险管理、风险沟通及 FDA 监管的其他产品的自发报告（spontaneous reports）。委员会针对由 HHS 和司法部收集的所有关于药物或其他物质的安全性、有效性和滥用的信息以及关于药品和其他物质的营销、调查和控制问题向 FDA 局长提出建议。

该委员会每年大约召开 4 次会议。用于运营该委员会每年估计所需费用约为 158 162 美元，其中包括有关成员薪酬和差旅费。

（七）内分泌和代谢药物咨询委员会

内分泌和代谢药物咨询委员会（Endocrinologic and Metabolic Drugs Advisory Committee）由包括主席在内的 11 名有投票权成员组成，委员会成员和主席由局长直接任命或者在内分泌、代谢、流行病学、统计学和相关领域的专业人员中指定。成员应邀任期 4 年，这些非联邦政府成员在委员会中都作为特殊的政府雇员。在有投票权的成员中可能包含 1 名合格的技术人员，代表消费者利益成员是由财团、消费者权益组织或其他利益相关人员推荐，由局长或指定的专家选出。除了有投票权成员外，该咨询委员会还包括 1 名无投票权的代表工业界利益的人员。

当需要额外的专家提供相关专业知识或者基于法定人数的需要，局长或者指定的专家有权临时挑选其他科学和技术性咨询委员会成员（一般不超过 10 人）来作为该委员会的有投票权的成员。鉴于委员会的规模和待解决问题的类型不同，FDA 会指定少于委员会现有的有投票权成员人数且符合法定人数的人员参加委员会的特别会议。

该委员会的主要职责是审评和评估临床试验阶段或已上市的内分泌和代谢性疾病药品的安全性和有效性数据，并向局长提出合适的建议。

该委员会每年大约召开 4 次会议。运营该委员会每年估计所需费用约为 127 754 美元，其中包括有关成员薪酬和差旅费。

（八）骨骼，生殖泌尿系统药物咨询委员会

骨骼，生殖泌尿系统药物咨询委员会（Bone, Reproductive and Urologic Drugs Advisory Committee）由包括主席在内的 11 名有投票权成员组成，委员会成员和主席由局长直接任命或者在骨质疏松和骨代谢疾病、产科、妇科、泌尿科、儿科、流行病学、统计学以及相关领域的专业人员中指定。成员应邀任期 4 年，这些非联邦政府成员在委员会中都作为特殊的政府雇员。在有投票权的成员中可能包含 1 名合格的技术人员，代表消费者利益成员由财团、消费者权益组织或其他利益相关人员推荐，由局长或指定的专家选出。除了有投票权成员外，该咨询委员会还包括 1 名无投票权的代表工业界利益的人员。

当需要额外的专家提供相关专业知识或者基于法定人数的需要，局长或者指定的专家有权临时挑选其他科学和技术性咨询委员会成员（一般不超过 10 人）来作为该委员会的有投票权的成员。鉴于委员会的规模和待解决问题的类型不同，FDA 会指定少于委员会现有的有投票权成员人数且符合法定人数的人员参加委员会的特别会议。

该委员会的主要职责是审评和评估临床试验阶段或已上市的骨质疏松和骨代谢疾病、产科、妇科、泌尿科及相关疾病药品的安全

性和有效性数据并向局长提出合适的建议。

该委员会每年大约召开 4 次会议。运营该委员会每年估计所需费用约为 100 112 美元，其中包括有关成员薪酬和差旅费。

（九）胃肠道药物咨询委员会

胃肠道药物咨询委员会（Gastrointestinal Drugs Advisory Committee）由包括主席在内的 11 名有投票权成员组成，委员会成员和主席由局长直接任命或者在胃肠道学、内分泌、外科、临床药理学、生理学、病理学、肝功能、运动功能、食管炎、统计学领域的专业人员中指定。成员应邀任期 4 年，这些非联邦政府成员在委员会中都作为特殊的政府雇员。在有投票权的成员中可能包含 1 名合格的技术人员，代表消费者利益成员由财团、消费者权益组织或其他利益相关人员推荐，由局长或指定的专家选出。除了有投票权成员外，该咨询委员会还包括 1 名无投票权的代表工业界利益的人员。

当需要额外的专家提供相关专业知识或者基于法定人数的需要，局长或者指定的专家有权临时挑选其他科学和技术性咨询委员会成员（一般不超过 10 人）来作为该委员会有投票权的成员。鉴于委员会的规模和待解决问题的类型不同，FDA 会指定少于委员会现有的有投票权成员人数且符合法定人数的人员参加委员会的特别会议。

该委员会的主要职责是审评和评估临床试验阶段或已上市的胃肠疾病药品的安全性和有效性数据并向局长提出合适的建议。

该委员会每年大约召开 4 次会议。运营该委员会每年估计所需费用约为 82 032 美元，其中包括有关成员薪酬和差旅费。

（十）抗肿瘤药物咨询委员会

抗肿瘤药物咨询委员会（Oncologic Drugs Advisory Committee）由
包括主席在内的 13 名有投票权成员组成，委员会成员和主席由
局长直接任命或者在肿瘤学、儿科肿瘤学、血液肿瘤学、免疫学、
生物统计学和其他相关领域的专业人员中指定。成员应邀任期 4
年，这些非联邦政府成员在委员会中都作为特殊的政府雇员。在
有投票权的成员中可能包含 1 名合格的技术人员，代表消费者利
益成员相关是由财团、消费者权益组织或其他利益相关人员推荐，
由局长或指定的专家选出。除了有投票权成员外，该咨询委员会
还包括 1 名无投票权的代表工业界利益的人员。

当需要额外的专家提供相关专业知识或者基于法定人数的需要，
局长或者指定的专家有权临时挑选其他科学和技术性咨询委员
会成员（一般不超过 10 人）来作为该委员会的有投票权的成员。
鉴于委员会的规模和待解决问题的类型不同，FDA 会指定少于委
员会现有的有投票权成员人数且符合法定人数的人员参加委员会
的特别会议。

该委员会的主要职责是审评和评估临床试验阶段或已上市的抗肿
瘤药品的安全性和有效性数据并向局长提出合适的建议。

该委员会每年大约召开 4 次会议。运营该委员会每年估计所需费
用约为 206 111 美元，其中包括有关成员薪酬和差旅费。

（十一）周围和中枢神经系统药物咨询委员会

周围和中枢神经系统药物咨询委员会（Peripheral and Central

Nervous System Drugs Advisory Committee）由包括主席在内的 9 名有投票权成员组成，委员会成员和主席由局长直接任命或者在神经病学、神经药理学、病理学、耳鼻咽喉科、流行病学、统计学和相关领域的专业人员中指定。成员应邀任期 4 年，这些非联邦政府成员在委员会中都作为特殊的政府雇员。在有投票权的成员中可能包含 1 名合格的技术人员，代表消费者利益成员是由财团、消费者权益组织或其他利益相关人员推荐，由局长或指定的专家选出。除了有投票权成员外，该咨询委员会还包括 1 名无投票权的代表工业界利益的人员。

当需要额外的专家提供相关专业知识或者基于法定人数的需要，局长或者指定的专家有权临时挑选其他科学和技术性咨询委员会成员（一般不超过 10 人）来作为该委员会的有投票权的成员。鉴于委员会的规模和待解决问题的类型不同，FDA 会指定少于委员会现有的有投票权成员人数且符合法定人数的人员参加委员会的特别会议。

该委员会的主要职责是审评和评估临床试验阶段或已上市的神经病学药品的安全性和有效性数据并向局长提出合适的建议。

该委员会每年大约召开 4 次会议。运营该委员会每年估计所需费用约为 80 522 美元，其中包括有关成员薪酬和差旅费。

（十二）抗精神药物咨询委员会

抗精神药物咨询委员会（Psychopharmacologic Drugs Advisory Committee）由包括主席在内的 9 名有投票权成员组成，委员会成员和主席由局长直接任命或者在精神药理学、精神病学、流行病学、统计学和相关领域的专业人员中指定。成员应邀任期 4 年，

这些非联邦政府成员在委员会中都作为特殊的政府雇员。在有投
票权的成员中可能包含 1 名合格的技术人员，代表消费者利益成
员由财团、消费者权益组织或其他利益相关人员推荐，由局长或
指定的专家选出。除了有投票权成员外，该咨询委员会还包括 1
名无投票权的代表工业界利益的人员。

当需要额外的专家提供相关专业知识或者基于法定人数的需要，
局长或者指定的专家有权临时挑选其他科学和技术性咨询委员
会成员（一般不超过 10 人）来作为该委员会的有投票权的成员。
鉴于委员会的规模和待解决问题的类型不同，FDA 会指定少于委
员会现有的有投票权成员人数且符合法定人数的人员参加委员会
的特别会议。

该委员会的主要职责是审评和评估已上市或者临床试验阶段的精
神药品的安全性和有效性数据并向 FDA 局长提出合适的建议。

该委员会每年大约召开 4 次会议。运营该委员会每年估计所需费
用约为 64 366 美元，其中包括有关成员薪酬和差旅费。

（十三）肺部变态反应药物咨询委员会

肺部变态反应药物咨询委员会（Pulmonary-Allergy Drugs Advisory
Committee）由包括主席在内的 11 名有投票权成员组成，委员会
成员和主席由局长直接任命或者在肺部用药、变态反应、临床免
疫学、流行病学、统计学领域的专业人员中指定。成员应邀任期
4 年，这些非联邦政府成员在委员会中都作为特殊的政府雇员。
在有投票权的成员中可能包含 1 名合格的技术人员，代表消费者
利益成员是由财团、消费者权益组织或其他利益相关人员推荐，
由局长或指定的专家选出。除了有投票权成员外，该咨询委员会

还包括 1 名无投票权的代表工业界利益的人员。

当需要额外的专家提供相关专业知识或者基于法定人数的需要，局长或者指定的专家有权临时挑选其他科学和技术性咨询委员会成员（一般不超过 10 人）来作为该委员会的有投票权的成员。鉴于委员会的规模和待解决问题的类型不同，FDA 会指定少于委员会现有的有投票权成员人数且符合法定人数的人员参加委员会的特别会议。

该委员会的主要职责是审评和评估临床试验阶段或已上市的肺部疾病和变态反应疾病和（或）免疫机制药品的安全性和有效性数据并向 FDA 局长提出合适的建议。

该委员会每年大约召开 4 次会议。运营该委员会每年估计所需费用约为 148 019 美元，其中包括有关成员薪酬和差旅费。

（十四）医学影像咨询委员会

医学影像咨询委员会（Medical Imaging Drugs Advisory Committee）由包括主席在内的 12 名有投票权成员组成，委员会成员和主席由局长直接任命或者在核医学、放射学、流行病学、统计学和相关领域的专业人员中指定。成员应邀任期 4 年，这些非联邦政府成员在委员会中都作为特殊的政府雇员。在有投票权的成员中可能包含 1 名合格的技术人员，代表消费者利益成员由财团、消费者权益组织或其他利益相关人员推荐，由局长或指定的专家选出。除了有投票权成员外，该咨询委员会还包括 1 名无投票权的代表工业界利益的人员。

当需要额外的专家提供相关专业知识或者基于法定人数的需要，

局长或者指定的专家有权临时挑选其他科学和技术性咨询委员会成员（一般不超过 10 人）来作为该委员会的有投票权的成员。鉴于委员会的规模和待解决问题的类型不同，FDA 会指定少于委员会现有的有投票权成员人数且符合法定人数的人员参加委员会的特别会议。

该委员会的主要职责是审评和评估临床试验阶段或已上市的放射诊断使用的放射性药品和造影剂的安全性和有效性数据并向局长提出合适的建议。

该委员会每年大约召开 4 次会议。运营该委员会每年估计所需费用约为 74 087 美元，其中包括有关成员薪酬和差旅费。

（十五）药学科学和临床药理学咨询委员会

药学科学和临床药理学咨询委员会（Pharmaceutical Science and Clinical Pharmacology Advisory Committee）由包括两名主席在内的 14 名有投票权成员组成，委员会成员和主席由局长直接任命或者在药学（医药制造、生物等效性研究，实验室分析技术、药物化学、物理化学、生物化学、分子生物学、免疫学、微生物学）、临床药理学（剂量、药代动力学的建模、药效学、药物基因组学、临床试验设计、药物开发中的儿科、特殊人群和创新方法）、生物统计学、生物医药相关的药理专业，cGMP、质量体系的实施领域的专业人员中指定。成员应邀任期 4 年，这些非联邦政府成员在委员会中都作为特殊的政府雇员。在有投票权的成员中可能包含 1 名合格的技术人员，代表消费者利益成员由财团、消费者权益组织或其他利益相关人员推荐，由局长或指定的专家选出。除了有投票权成员外，该咨询委员会还包括 1 名无投票权的代表工业界利益的人员。

当需要额外的专家提供相关专业知识或者基于法定人数的需要，局长或者指定的专家有权临时挑选其他科学和技术性咨询委员会成员（一般不超过 10 人）来作为该委员会的有投票权的成员。鉴于委员会的规模和待解决问题的类型不同，FDA 会指定少于委员会现有的有投票权成员人数且符合法定人数的人员参加委员会的特别会议。

该委员会的主要职责是审评和评估临床试验阶段或已上市的广泛治疗人类疾病药品和其他 FDA 监管的产品安全性和有效性数据并向局长提出合适的建议。委员会对 FDA 发起的，用来提高药品安全性和有效性，同时提高药品开发的有效性的关键路径行动（critical path initiatives）进行审评。

该委员会每年大约召开 4 次会议。运营该委员会每年估计所需费用约为 63 656 美元，其中包括有关成员薪酬和差旅费。

（十六）非处方药咨询委员会

非处方药咨询委员会（Nonprescription Drugs Advisory Committee）由包括主席在内的 10 名有投票权成员组成，委员会成员和主席由局长直接任命或者在内科学、家庭医学、临床毒理学、临床药理学、药学、牙科和相关领域的专业人员中指定。成员应邀任期 4 年，这些非联邦政府成员在委员会中都作为特殊的政府雇员。在有投票权的成员中可能包含 1 名合格的技术人员，代表消费者利益成员由财团、消费者权益组织或其他利益相关人员推荐，由局长或指定的专家选出。除了有投票权成员外，该咨询委员会还包括 1 名无投票权的代表工业界利益的人员。

当需要额外的专家提供相关专业知识或者基于法定人数的需要，

局长或者指定的专家有权临时挑选其他科学和技术性咨询委员会成员（一般不超过 10 人）来作为该委员会的有投票权的成员。鉴于委员会的规模和待解决问题的类型不同，FDA 会指定少于委员会现有的有投票权成员人数且符合法定人数的人员参加委员会的特别会议。

该委员会的主要职责是审评非处方药的安全性和有效性数据，针对公认安全有效并且未存在错误标签的药品或者经批准的药品专论向局长提出建议，同时作为处方药和非处方药相互转换的意见沟通平台。

该委员会每年大约召开 4 次会议。运营该委员会每年估计所需费用约为 54 070 美元，其中包括有关成员薪酬和差旅费。

（十七）复方制剂咨询委员会

复方制剂咨询委员会（Pharmacy Compounding Advisory Committee）由包括主席在内的 9 名有投票权成员组成，委员会成员和主席由局长直接任命或者在复方制剂、制药、药剂学、药学和相关领域的专业人员中指定。这些成员包括来自国家药房联合会（NABP）的专家、美国药典（USP）的专家、复方制剂方面有经验和专业知识的药剂师、有复合制剂专业背景和知识的医生、患者和公共卫生倡导性组织的代表。成员应邀任期 4 年，这些非联邦政府成员在委员会中都作为特殊的政府雇员。在有投票权的成员中可能包含 1 名合格的技术人员，代表消费者利益成员由财团、消费者权益组织或其他利益相关人员推荐，由局长或指定的专家选出。除了有投票权成员外，该咨询委员会还包括 1 名无投票权的代表工业界利益的人员。

当需要额外的专家提供相关专业知识或者基于法定人数的需要，局长或者指定的专家有权临时挑选其他科学和技术性咨询委员会成员（一般不超过 10 人）来作为该委员会的有投票权的成员。鉴于委员会的规模和待解决问题的类型不同，FDA 会指定少于委员会现有的有投票权成员人数且符合法定人数的人员参加委员会的特别会议。

委员会应在与复方制剂有关的科学、技术和医疗问题向 FDA 局长提出合适的建议。

该委员会每年大约召开 4 次会议。运营该委员会每年估计所需费用约为 125 603 美元，其中包括有关成员薪酬和差旅费。

四、生物制品审评与研究中心（CBER）下设的咨询委员会

（一）过敏原性产品咨询委员会

过敏原性制品咨询委员会（Allergenic Products Advisory Committee，APAC）由包括主席在内的 9 名有投票权的成员组成，该委员会成员和主席由局长直接任命或者在免疫学、儿科学、内科学、生物化学或相关领域的权威专家中指派。成员应邀可连任 4 年，作为特殊的政府雇员。有投票权的核心成员包括 1 名由局长或者被指派的权威专家所选拔的代表消费者利益的技术性人员，此外，还包括 1 名无投票权的代表工业界成员利益的成员。

当需要额外的专家提供相关专业知识或者基于法定人数的需要，局长或者指派人员有权临时挑选其他科学和技术性咨询委员会成员（一般不超过 10 人）来作为该委员会的有投票权的成员。鉴

于委员会的规模和待解决问题的类型不同，FDA 会指定少于委员会现有的有投票权成员人数且符合法定人数的人员参加委员会的特别会议。

该委员会的主要职责是审评和评估与已上市的或者研究性过敏原性生物制品的安全性和有效性以及标签信息的充分性相关的数据，以及与人用诊断、预防或治疗过敏性疾病相关的信息。具体包括审评和评估产品的安全性、有效性和标签信息、产品的临床试验或者实验室研究、主要法规的修订条款、过敏原性生物制品的检测、FDA 在科学方面支持监管机构的研究项目。当该委员会发现对某一生物制品的许可应该批准或者撤销时，将向 FDA 的局长提出合理的建议。

该委员会每年召开 1 次会议。运营该委员会每年估计所需费用约为 135 051 美元，其中包括成员薪酬和差旅费。

（二）血液制品咨询委员会

血液制品委员会（Blood Products Advisory Committee）由包括主席在内的 17 名有投票权的成员组成，委员会成员和主席由局长直接任命或者在临床和管理医学、血液学、免疫学、血液库、外科学、内科学、生物化学、工程学、生物和物理科学、生物技术、计算机技术、统计学、流行病学、社会学 / 伦理学以及其他相关领域的权威专家中指派。成员应邀可连任 4 年，作为特殊的政府雇员。有投票权的核心成员包括 1 名由局长或者被指派的权威专家所选拔的代表消费者利益的技术性人员，此外，还包括 1 名无投票权的代表工业界成员利益的成员。

当需要额外的专家提供相关专业知识或者基于法定人数的需要，

局长或者指派人员有权临时挑选其他科学和技术性咨询委员会成员（一般不超过 10 人）来作为该委员会的有投票权的成员。鉴于委员会的规模和待解决问题的类型不同，FDA 会指定少于委员会现有的有投票权成员人数且符合法定人数的人员参加委员会的特别会议。

该委员会的主要职责是审评和评估从血液和血浆或用于诊断、预防或治疗相关疾病的生物技术中制得的产品的安全性、有效性和血液的适当用途，具体包括审评和评估相关产品的临床试验和实验室研究、生物制品上市许可确认或撤销、FDA 为监管机构提供科学性支持的研究项目、委员会针对产品的标签和血液捐献者的监测结果，根据审评和评估结果向 FDA 局长提供建议。该咨询委员会也经常作为医疗器械小组履行职责，包括：对器械的分类提出建议、对分类标准或上市前批准的器械类别或者优先审评器械提出建议、针对器械开发方案的标准化提出建议并且审评器械的上市前申请以提出该器械类别是否需要做出适当的改变、针对器械的申请是否可豁免减免 FD&CA 部分规定以及禁止某些器械的决定是否必要等方面提出建议、关于器械的安全性和有效性等特殊问题进行审评并提出建议。

该委员会每年大约召开 4 次会议。运营该委员会每年估计所需费用约为 342 266 美元，其中，包括成员薪酬和差旅费。

（三）细胞、组织和基因治疗咨询委员会

细胞、组织和基因治疗咨询委员会（Cellular, Tissue and Gene Therapies Advisory Committee）由有包括主席在内的 13 名有投票权的成员组成，委员会成员和主席由局长直接任命或者在细胞治疗、组织移植、转基因疗法和异种移植、生物统计学、生物伦理

学、血液学／肿瘤学、人体组织和器官移植、生殖医学、全科医学和专科医学，包括外科和肿瘤学、免疫学、病毒学、分子生物学、细胞生物学、发育生物学、肿瘤生物学、生物化学、rDNA 的技术、核医学、基因治疗、感染性疾病和细胞动力学以及其他相关领域的权威专家中指派。成员应邀可连任 4 年，作为特殊的政府雇员。有投票权的核心成员包括 1 名由局长或者被指派的权威专家所选拔的代表消费者利益的技术性人员，此外，还包括 1 名无投票权的代表工业界成员利益的成员。

当需要额外的专家提供相关专业知识或者基于法定人数的需要，局长或者指派人员有权临时挑选其他科学和技术性咨询委员会成员（一般不超过 10 人）来作为该委员会的有投票权的成员。鉴于委员会的规模和待解决问题的类型不同，FDA 会指定少于委员会现有的有投票权成员人数且符合法定人数的人员参加委员会的特别会议。

该委员会的主要职责是审评和评估与人体细胞、转基因疗法、异种移植相关产品的安全性、有效性及合理使用的数据，这些产品主要在组织的修复和重建方面运用移植、注入的方式预防和治疗疾病。委员会也考虑 FDA 为监管机构提供科学性支持的研究项目的质量和关联性，并且向局长提出相关建议。

该委员会每年召开 3 次会议，运营该委员会每年估计所需费用约为 340 864 美元，其中包括成员薪酬和差旅费。

（四）疫苗和相关生物制品咨询委员会

疫苗与 FDA 监管的所有产品一样，必须经过严格的实验室和临床数据的审评确保产品的安全性、有效性和纯度。疫苗上市批准要求针对疫苗的安全性、有效性以及可能出现的副作用的特殊问题进行额外的研究，旨在对疫苗开展进一步的评价。

疫苗和相关生物制品咨询委员会（Vaccines and Related Biological Products Advisory Committee）由包括主席在内的 15 个有投票权的成员组成，委员会成员和主席由局长直接任命或者在免疫学、分子生物学、rDNA、病毒学、细菌学、流行病学和生物统计学、疫苗政策、疫苗安全性科学、联邦免疫接种活动，包括疫苗临床前研究和临床评价程序的疫苗开发、过敏、预防医学、传染病、儿科、微生物学和临床、生物化学以及其他相关领域的权威专家中指派。成员应邀可连任 4 年，作为特殊的政府雇员。有投票权的核心成员包括 1 名由局长或者被指派的权威专家所选拔的代表消费者利益的技术性人员，此外，还包括 1 名无投票权的代表工业界成员利益的成员。

当需要额外的专家提供相关专业知识或者基于法定人数的需要，局长或者指派人员有权临时挑选其他科学和技术性咨询委员会成员（一般不超过 10 人）来作为该委员会的有投票权的成员。鉴于委员会的规模和待解决问题的类型不同，FDA 会指定少于委员会现有的有投票权成员人数且符合法定人数的人员参加委员会的特别会议。

该委员会主要职责是审评和评估与预防、治疗或诊断人类疾病的疫苗和相关的生物制品的安全性、有效性及合理使用的数据。委员会也考虑 FDA 为监管机构提供科学性支持的研究项目的质量和关联性，并且向局长提出相关建议。

该委员会每年大约召开 4 次会议。运营该委员会每年估计所需费用约为 190 831 美元，其中包括成员薪酬和差旅费。

五、器械与放射卫生中心（CDRH）下设的咨询委员会

器械与放射性卫生中心（Center for Devices and Radiological Health，CDRH）设立 4 个咨询委员会，针对可产生放射的电子产品和医疗器械的开发、安全性、有效性、监管性问题向 FDA 提供独立的专业知识和技术性帮助。包括医疗器械质量管理规范咨询委员会（Device Good Manufacturing Practice（GMP）Advisory Committee）、医疗器械咨询委员会（Medical Devices Advisory Committee）、国家乳房 X 光检查质量保证咨询委员会（National Mammography Quality Assurance Advisory Committee）和技术性电子产品放射安全标准委员会（Technical Electronic Product Radiation Safety Standards Committee），每个咨询委员会由特定领域的权威专家组成，且每个委员会成员需要进行必要的培训，旨在能客观地评价产品信息和阐述其重要意义。委员会成员不是正式的 FDA 雇员，其作为特殊政府雇员执行其职责，向 FDA 提供建议，但最终决定权属于 FDA。

咨询委员会会议向公众开放，并给予公众针对会议主题进行评论的时间，若想参会，需要与 FDA 行政秘书提前联系。

（一）医疗器械质量管理规范咨询委员会

医疗器械质量管理规范咨询委员会 [Device Good Manufacturing Practice（GMP）Advisory Committee] 由包括主席在内的 9 名有投票权的成员组成，主席由卫生部助理部长（Assistant Secretary for Health）任命，其中的 3 名成员是正式联邦政府官员或者州或当

地政府官员，2 名成员是代表医疗器械工业界利益人员，2 名成员是代表医生或者其他卫生专业人员，其他 2 名是代表一般公众利益的人员。每位成员可连任 4 年，但每年都需进行重新任命。该委员会的职责是审评拟议的医疗器械质量管理规范法规，器械的生产、包装、储存和安装所使用的设施及控制方法，以及针对所拟议的法规的灵活性和合理性向 FDA 局长提供建议。该咨询委员会也针对工业界成员所提交的对医疗器械质量管理规范的豁免或者与医疗器械质量管理规不一致的请求向局长提供建议。

医疗器械质量管理规范咨询委员每年召开大约 1 次会议，所有会议在召开前需经主席的批准，政府官员可出席所有会议，并且该会议向所有公众公开，除非根据规定会议需对公众进行保密。该委员会需不迟于每年 11 月 1 日准备会议报告，报告包括委员会的指南、成员名单和他们的办公地址、会议时间和地点、对前一年委员会的活动和建议的总结。该报告的副本应提供给委员会管理部的职员。

运营该委员会每年估计所需费用约为 18 271 美元，其中包括成员薪酬和差旅费。

（二）医疗器械咨询委员会

医疗器械咨询委员会由 18 个小组构成，分别是麻醉和呼吸治疗器械组、循环系统器械组、临床化学和临床毒理学器械组、牙科产品组、耳鼻喉器械组、消化和泌尿科器械组、普通外科和整形外科器械组、综合医院和个人使用器械组、血液学和病理学器械组、免疫学器械组、医疗器械争议解决组、微生物学器械组、临床和分子遗传学组、神经系统学器械组、妇产科器械组、眼科器械组、骨科和康复学器械组、放射性器械组，最多有 159 名成员。

成员由局长直接任命或者在临床及管理医学、工程学、生物及物理科学和其他相关领域中的权威专家中指派。医疗器械咨询委员最多可有 122 名成员具有投票权，37 名成员无投票权（包括 18 名代表消费者利益的成员和 19 名代表工业界利益的成员）。

除了牙科产品组和医疗器械争议解决组，每个小组最多有 7 名有投票权的成员（包括主席）和 2 名无投票权的成员。

牙科产品组应由最多不能超过 7 名有投票权的成员（包括主席）和 3 个无投票权成员。无投票权成员中 1 名是代表消费者利益的成员，另外 2 名是代表工业界利益的成员。针对具体问题，一般只需要 1 名代表工业界成员利益的成员参会，除非是复合产品（医疗器械和药品都涉及），则 2 人都需要参会。

医疗器械争议解决组应由 6 个有投票权的成员及另外 2 名无投票成员构成。在有投票权的成员中包括 3 个常设成员，其中 1 名是主席，另外 3 名是临时有投票权的成员，主要是针对有争议的问题提供跨领域的科学性的专业知识。无投票权成员分别是代表消费者利益的成员和代表工业界利益的成员。

医疗器械咨询委员的主要职责是对已上市或者研究性器械的安全性和有效性数据进行审评和评估，并且针对器械的监管向 FDA 提供建议。除了医疗器械争议解决组，每个小组根据自己的专业领域，在器械分类、使用器械对健康造成的风险、产品开发协议的制定、医疗器械上市前批准申请、审评指南、建议某些医疗器械可豁免 FD&CA 部分规定、禁止某些器械、针对某些器械的安全性及有效性问题等方面向局长提供建议，并且确保已上市或者研究性器械的安全性和有效性，对医疗器械的临床试验设计向 FDA

局长提供建议。

牙科产品组主要评价牙科处方药是否可转变成非处方药，针对新的人用牙科产品评估数据提供建议。

医疗器械争议解决组主要针对 FDA 与医疗器械发起人、申请人或生产商之间直接、复杂、有争议的问题，向局长提供建议。该小组主要针对缺少解决方法的问题，以及复杂的或者决策或执行时有挑战的问题向 FDA 局长提供建议。

所有委员会或者咨询小组都是在 FDA 要求的情况下召开，每个小组每年至少召开 1 次会议，所有会议至少有 1 名联邦官员参会，并向公众公开，除非根据规定会议需向公众进行保密。

运营该委员会每年估计所需费用约为 1324 365 美元，其中包括成员薪酬和差旅费。

（三）国家乳房 X 光检查质量保证咨询委员会

国家乳房 X 光检查质量保证咨询委员会由包括主席在内的 15 名成员组成，委员会成员和主席由局长直接任命，或者指派有临床实践经验或掌握乳房 X 光检查专业知识的医生或者其他卫生专业人员。成员应邀任期 4 年，这些非联邦政府成员在委员会中作为特殊的政府雇员。有投票权的核心成员应包括 4 名掌握乳腺 X 光检查专业知识的来自国家乳腺癌组织或消费者健康组织人员，以及至少有 2 名提供乳房 X 光检查服务人员。除了有投票权成员外，该咨询委员会还包括 2 名无投票权的代表工业界利益的人员，还可能包含 1 名代表消费者利益的有技术性人员，该人员可以是经 FDA 局长或者被指派的专家选拔出来的。

当需要额外的专家提供相关专业知识或者基于法定人数的需要，局长或者指派人员有权临时挑选其他科学和技术性咨询委员会成员（一般不超过 4 人）作为该委员会的有投票权的成员。鉴于委员会的规模和待解决问题的类型不同，FDA 会指定少于委员会现有的，有投票权成员人数且符合法定人数的人员参加委员会的特别会议。

国家乳房 X 光检查质量保证咨询委员会主要职责有：

（1）制定乳房 X 光检查器械相应的质量标准和法规；

（2）制定乳房 X 光检查器械使用机构适当的标准和规章；

（3）制定有关违规惩罚法规；

（4）制定监测合规性标准程序；

（5）建立调查消费者的投诉情况机制；

（6）报告乳腺成像的新发展，监督乳房 X 光检查设施；

（7）确定在乡村和卫生资源短缺地区是否存在乳房 X 光检查设施短缺的问题，统计分析配置这些设施对该地区的作用；

（8）确定 1999 年 10 月 1 日后是否会有足够数量的医学物理学家；

（9）确定达到这些要求的成本和效益。

该委员会每年召开会议。运营该委员会每年估计所需费用约为
38 844 美元，其中包括成员薪酬和差旅费。

（四）技术性电子产品放射安全标准委员会

技术性电子产品放射安全标准委员会是根据 1968 年的《放射控
制健康和安全法案》(Radiation Control for Health and Safety Act)
成立的，该委员会主要针对放射性电子产品所拟议的执行标准向
FDA 提供建议。对电视接收器、阴极气体放电管、X 射线诊断
系统及其主要部件、照相设备、影像设备、CT 设备、机柜的 X
射线系统、微波炉、激光产品、日光灯产品和高强度紫外线灯，
汞蒸气放电灯，超声疗法产品执行强制性标准，该标准被编入
21CFR 1020 部分。

该委员会由包括主席在内的 15 名有投票权的成员组成，委员会
成员和主席由局长直接任命或者在电子产品放射安全科学和工程
学领域的权威专家中指派。成员应邀可连任 4 年，在超过 2 年时
可进行适当的重建队伍。有投票权的核心成员包括联邦政府机构
以及州和联邦政府选拔的 5 名成员，5 名来自有影响力的工业界
成员，另外 5 名来自普通群众成员，且其中至少有 1 名成员来自
劳工组织代表。

该咨询委员会主要职责是对电子产品放射控制的标签在技术上的
可行性和合理性向 FDA 提供建议，并且可以针对电子产品放射的
安全性标准向 FDA 提供建议。

该委员会每年召开会议。运营该委员会每年估计所需费用约为
8962 美元，其中包括成员薪酬和差旅费。

六、国家毒理学研究中心（NCTR）下设的咨询委员会

国家毒理学研究中心（NCTR）是国际公认的研究中心，在FDA使命中起着至关重要的作用。国家毒理学研究中心（NCTR）与FDA其他研究人员、其他政府机构、学术界和工业界成员进行合作，提供创新技术、发展方法、科学培训和专业技术。国家毒理学研究中心（NCTR）特有的科学技术是支持FDA产品中心发挥作用的关键。

国家毒理学研究中心（NCTR）的科学咨询委员会（Science Advisory Board，SAB）由包括主席在内的9名有投票权的成员组成。该委员会成员和主席由局长直接任命或者在毒理学研究领域的权威的专家中指派。委员会成员最多可连任4年。这些非联邦政府成员在委员会中都作为特殊的政府雇员。在有投票权的成员中可能包含1名合格的技术人员，他与消费者利益相关，是由财团、消费者权益组织或其他利益相关人员推荐，由局长或被指派的专家选出。

当需要额外的专家提供相关专业知识或者基于法定人数的需要，局长或者被指派的专家有权临时挑选其他科学和技术性咨询委员会成员（一般不超过10人）作为该委员会的有投票权的成员。鉴于委员会的规模和待解决问题的类型不同，FDA会指定少于委员会现有的有投票权成员人数且符合法定人数的人员参加委员会的特别会议。

该委员会的主要职责是向局长或被指派的专家提供建议，确保人用药品和其他FDA监管产品的安全有效。同时委员会建议国家毒

理学研究中心（NCTR）主任在研究项目的建立、实施和评价中协助 FDA 局长履行监管职责。该委员会也会提供额外的审查确保国家毒理学研究中心（NCTR）的研究项目的科学性和合理性。

该委员会每年大约召开 1 次会议。运营该委员会每年所需费用约为 71 740 美元，其中包括成员薪酬和差旅费。

七、食品安全和应用营养中心（CFSAN）下设的咨询委员会

食品安全和应用营养中心（CFSAN）下设的食品咨询委员会（Food Advisory Committee）由包括主席在内的 17 名有投票权的成员组成。该委员会成员和主席由局长直接任命或者在自然科学、生物和生命科学、食品科学、风险评估、营养学、食品技术、分子生物学等领域的权威的专家中指派。委员会成员最多可连任 4 年。这些非联邦政府成员在委员会中都作为特殊的政府雇员。在有投票权的成员中可能包含 2 名合格的技术人员，他们与消费者利益相关是由财团、消费者权益组织或其他利益相关人员推荐，由局长或从被指派的专家选出。此外，委员会还包含 2 名无投票权的与工业界成员利益相关的成员。

当需要额外的专家提供相关专业知识或者基于法定人数的需要，局长或者指派人员有权临时挑选其他科学和技术性咨询委员会成员（一般不超过 10 人）作为该委员会的有投票权的成员。鉴于委员会的规模和待解决问题的类型不同，FDA 会指定少于委员会现有的有投票权成员人数且符合法定人数的人员参加委员会的特别会议。

该委员会的主要职责是向局长或被指派的专家提出建议，确保人用食品或其他 FDA 监管产品的安全有效，包括在食品安全、食品科学、营养学和其他 FDA 认为重要的与食品有关的健康问题上，向 FDA 局长和其他相关的官员提供建议。委员会还负责审评和评估数据并对有关事项提出建议，例如：

（1）食品或化妆品相关的科学性和技术性问题；

（2）新食品和新食品配料的安全性问题；

（3）食品和化妆品的标签问题；

（4）营养的需求和营养的充足性问题；

（5）食品污染物的安全暴露值。

该委员会可能被要求针对此类问题提供建议，并向公众说明这些问题潜在风险和提供解决问题的方法。

该委员会每年大约召开 2 次会议。运营该委员会每年所需费用约为 137 790 美元，其中包括成员薪酬和差旅费。

FDA 的咨询委员会见表 3–1。

表 3-1 FDA 咨询委员会

	名称	成员数	职责	每年会议次数	经费
局长办公室	FDA 科学委员会	21	对科学技术问题提出意见	3	108063
	儿科咨询委员会	14	在儿科方面提出建议	4	326349
	风险沟通咨询委员会	15	向公众传达风险和效益信息	4	262200
CBER	过敏原性产品咨询委员会	9	审评过敏原性的制品安全性、有效性数据并向局长提供建议	1	135051
	细胞、组织和基因治疗咨询委员会	13	审评与人体细胞、转基因疗法、异种移植相关产品的安全性、有效性数据并向局长提供建议	3	340864
	血液制品咨询委员会	17	审评生物制品的安全性、有效性数据并向局长提供建议	4	342266
	疫苗和相关生物制品咨询委员会	15	审评疫苗和生物制品的安全性、有效性数据并向局长提供建议	4	190831
CDER	麻醉和镇痛药咨询委员会	11	审评麻醉和镇痛药的安全性、有效性数据并向局长提供建议	4	134206
	抗菌药物咨询委员会	13	审评抗菌药的安全性、有效性数据并向局长提供建议	4	118099
	关节炎咨询委员会	11	审评关节炎相关药物的安全性、有效性数据并向局长提供建议	4	116125
	心血管和肾脏药物咨询委员会	11	审评心血管和肾脏药物的安全性、有效性数据并向局长提供建议	4	57937
	皮肤科和眼科药物咨询委员会	9	审评皮肤和眼科药物的安全性、有效性数据并向局长提供建议	4	45866
	药品安全和风险管理咨询委员会	11	审评风险管理、风险沟通信息；就 HHS 提供的信息提出建议	4	158162

（续表）

	名称	成员数	职责	每年会议次数	经费
CDER	内分泌和代谢药物咨询委员会	11	审评内分泌和代谢药物的安全性、有效性数据并向局长提供建议	4	127754
	骨骼，生殖泌尿系统药物咨询委员会	11	审评骨骼、生殖泌尿药物的安全性有效性数据并向局长提供建议	4	100112
	胃肠道药物咨询委员会	11	审评胃肠道药物的安全性、有效性数据并向局长提供建议	4	82032
	抗肿瘤药物咨询委员会	13	审评抗肿瘤药物的安全性、有效性数据并向局长提供建议	4	206111
	周围和中枢神经系统药物咨询委员会	9	审评神经病学药物的安全性、有效性数据并向局长提供建议	4	80522
	抗精神药物咨询委员会	9	审评精神病药物的安全性、有效性数据并向局长提供建议	4	64366
	肺部过敏性药物咨询委员会	11	审评肺病药物和过敏药物的安全性、有效性数据并向局长提供建议	4	148019
	医学影像咨询委员会	12	审评放射性诊断使用药品的安全性、有效性数据并向局长提供建议	4	74087
	药物科学和临床药理学咨询委员会	14	审评广泛治疗人类疾病药品和其他 FDA 监管的产品的安全性和有效性数据并向局长提供建议	4	63656
	非处方药咨询委员会	10	审评非处方药的安全性和有效性并向局长提供建议，同时作为处方药和非处方药相互转换的意见沟通平台	4	54070
	复方制剂咨询委员会	9	对复方药有关问题提出建议	4	125603
CDRH	医疗器械质量管理规范咨询委员会	9	审评拟议的 GMP 法规，器械生产、包装、储存和安装所使用设施及控制方法	1	18271

（续表）

	名称	成员数	职责	每年会议次数	经费
CDRH	医疗器械咨询委员会	122	审评医疗器械的安全性和有效性，针对器械的监管提供建议	1	1324365
	国家乳房 x 光检查质量保证咨询委员会	15	制定、完善乳房 x 光检查相关法律、程序	1	38844
	技术性电子产品放射安全标准委员会	15	对电子产品放射控制技术上的可行性和合理性提供建议	1	8962
NCTR	科学咨询委员会	9	向局长针对其履行监管职责提供建议，确保人用药品和其他 FDA 监管产品的安全有效	1	71740
CFSAN	食品咨询委员会	17	向局长针对其监管职责提出建议，以确保人用食品或其他 FDA 监管产品的安全有效	2	137790

FDA

第四章
与食品相关的
职责与权力

第一节 | 概述

一、美国食品监管有关部门

美国的食品供应被认为是世界上最安全的，主要原因是联邦政府负责食品安全的部门与地方政府的相关部门共同构成了一个互相制约、综合有效的安全保障体系，这个体系实现了 FDA 对食品从生产到销售各个环节的严格监管。目前，美国监管食品的政府机构主要有美国食品药品管理局（FDA）、美国农业部（the U.S. Department of Agriculture，USDA）的美国食品安全和检测局（Food Safety and Inspection Service，FSIS）、美国农业部动植物卫生监测服务中心（Animal and Plant Health Inspection Service，APHIS）以及美国环境保护局（EPA）。其他一些政府机构也承担食品安全研究、教育、预防、监测、标准制定和应急事件反应等保障食品安全的使命，例如负责所有食源性疾病调查与防治的疾病预防与控制中心（Centers for Disease Control and Prevention，CDC）。[29]

---

[28] 刘雯,方晓阳. 美国 FDA 食品管理模式 [J]. 中国药品监管,2004,03:56-59.

二、食品监管范围

根据 FD&CA 201（f），食品是指人或其他动物食用的食物或饮料、口香糖以及组成食品的物质。

FDA 负责食品监管的部门主要是食品安全和应用营养中心（CFSAN）。CFSAN 对食品安全进行包括生产、进出口、运输和销售各个环节的全程监管，监管对象包括国内生产企业、国外生产企业以及消费者。食品安全和应用营养中心与 FDA 地区办公室合作，确保全国食品供应的安全、卫生（sanitary）以及食品标签的真实性。

美国 FDA 在食品安全监管方面发挥着重要的作用。FDA 在食品领域的职责通常覆盖所有国内和进口食品，但不包括肉类和家禽，以及冰冻、干制和液态蛋制品。这些食品的监管权归属于美国农业部的美国食品安全和检测局（FSIS）；含酒精的饮料（酒精含量高于 7%）和烟草的标识，由美国酒精和烟草税务和贸易局（the Treasury's Alcohol and Tobacco Tax and Trade Bureau，TTB）监管；美国环境保护局（EPA）负责制定食物中杀虫剂残留的限量，并保证饮用水的安全。除肉类和加工蛋制品的供应由美国农业部负责外，其余所有的国产食品和进口食品均由 FDA 负责监管，消费者消费 FDA 监管产品的费用占总支出的 25%，其中约有 75% 消费在食品上。CFSAN 每年监管跨州销售的价值 4170 亿美元的国产食品和 490 亿美元的进口食品。CFSAN 对食品进行全程监管，从进口或加工到销售。如今在 CFSAN 注册的食品设施已超过 377000种，包括约 154000 种国内设施和 223000 种国外设施。[30]

---

[30] FDA. CFSAN - What We Do, Scope of Responsibility [EB/OL]. [2016-07-23]. http://www.fda.gov/AboutFDA/CentersOffices/OfficeofFoods/CFSAN/WhatWeDo/default.htm.

三、食品监管法律法规

在美国，有关食品安全的法律法规非常繁多，既有综合性的，也有单项的。这些法律法规涵盖了所有食品，为食品安全制定了非常具体的标准以及监管程序，如表4-1。[31]

时间	法规中文名称	法规英文名称
1906 年	联邦食品和药品法	the Federal Food and Drugs Act
1927 年	联邦进口牛奶法	the Federal Import Milk Act
1928 年	联邦食品药品和化妆品法	the Federal Food Drug and Cosmetic Act
1944 年	公共卫生服务法案	the Public Health Service Act
1966 年	公平包装与标识法	the Fair Packaging and Labeling Act
1980 年	婴儿配方法	the Infant Formula Act
1990 年	营养标识与教育法	the Nutrition Labeling and Education Act
1994 年	膳食补充剂健康与教育法	the Dietary Supplement Health and Education Act
2004 年	食品过敏源标识和消费者保护法	Food Allergen Labeling and Consumer Protection Act
2007 年	食品药品管理法修正案	Food and Drug Administration Amendments Act
2011 年	食品安全现代化法案	Food Safety Modernization Act

---

[31] FDA. CFSAN — What We Do, Statutory Authority [EB/OL]. [2016-07-23]. http://www.fda.gov/AboutFDA/CentersOffices/OfficeofFoods/CFSAN/WhatWeDo/default.htm

食品设施注册登记和
检查及产品检查

一、食品设施登记制度

2002 年颁布的《公共卫生安全和生物恐怖主义预防和应对法》
（Public Health Security and Bioterrorism Preparedness and Response
Act，简称 the Bioterrorism Act）指导 FDA 采取保护公众免受有关
食品供应和食品紧急情况威胁和恐怖袭击的措施。为执行该法案
的要求，FDA 发布要求食品企业向 FDA 登记有关食品设施的规
定，该规定于 2003 年 12 月 12 日正式实施。2011 年 1 月 4 日，
美国总统奥巴马签署了期待已久的《食品安全现代化法案》（Food
Safety Modernization Act, FSMA），该法案对 FD&CA415 进行了修订，
完善了食品企业设施的登记要求。

根据 FD&CA 415，用于生产、加工、包装或储存在美国消费的食
品的设施应向 FDA 登记，对于国内企业，应由负责该设施的所有
者、经营者或代理人向 FDA 提交登记；对于国外企业，应由负责
该设施的所有者、经营者或代理人向 FDA 提交登记，并且登记中
应包含该设施在美国的代理人姓名。从 2020 年 1 月 4 日起，FDA

将开始要求食品企业以电子形式提交食品设施的登记，登记中应包含必要的信息，包括通知 FDA 其从事经营的每一设施的名称和地址、所有商号名称、经营业务、企业联系人的邮箱地址，若是国外食品企业则为该企业在美国代理人的联系信息，以确保 FDA 按照规定的时间和方式检查食品企业和食品设施。

同时根据法案要求，FDA 实行两年一次的延续登记制度，并授权 FDA 暂停登记的权利。在偶数年的 10 月 1 日至 12 月 31 日期间，按照规定提交登记的登记人应向 FDA 提交延续登记申请。如果登记的相关企业先前的登记信息或者已更新的登记信息未做任何改动或者更新，则 FDA 将向登记人提供简化的登记程序。如果 FDA 认为按照规定登记的食品企业所生产、加工、包装、配送或储存的食品可能会对人类或动物构成严重的健康问题甚至死亡，则 FDA 可以通过发布指令暂停这些食品企业的登记，这些食品企业可能会产生或导致上述问题，或以其他方式对上述问题负责，或了解并有理由了解上述问题，或包装、接收、储存上述食品。如果某个食品企业被暂停登记，则任何个人不能通过此食品企业向美国进口或出口食品，或者以其他方式通过此食品企业把食品提供给美国州际或州内的贸易活动。FDA 在发布暂停登记指令的同时，会向相关食品企业提供参加非正式听证会的机会，此听证会要求在暂停登记指令下达后两天内，或者在 FDA 与登记人协定的其他时间内尽快举行，内容主要是关于恢复登记所需采取的行动以及应该恢复被暂停登记的理由。如果 FDA 根据所提供的证据认为不再具有充分的理由继续暂停该食品企业的登记，则 FDA 应恢复此食品企业的登记；听证会后如果 FDA 认为仍有必要继续决定暂停该食品企业的登记，则 FDA 会要求登记人提交一份整改行动计划方案，这个方案用于说明其将如何纠正 FDA 发现的情况及问题。FDA 会在整改行动方案提交后的 14 天内或其他时间审核该计划，一旦 FDA 认为不再需要暂停登记，则应立即撤销暂停指令。

二、食品设施检查制度

根据 FD&CA 421，FDA 将从食品本身的风险、企业合格的历史记录、执行预防控制措施情况、采纳标准情况、通过认证情况等方面对企业进行分析、评估和分类，根据已知的食品设施安全风险识别高风险设施，并分配设施检查资源，确定相应的检查频率。对于国内高风险企业，规定在《食品安全与现代化法案》颁布后 5 年内至少接受检查 1 次，以后至少每 3 年接受检查 1 次；对于国内非高风险企业，要求在《食品安全与现代化法案》颁布后 7 年内至少接受检查 1 次，此后至少每 5 年接受检查 1 次。对于国内食品设施的检查，FDA 可以依赖其他联邦、州或地方机构，根据机构间协议、合同、谅解备忘录或其他义务进行检查；对于外国食品设施的检查，明确规定在《食品安全与现代化法案》颁布之日起的第 1 年内，FDA 应检查不少于 600 家外国食品企业的食品设施，随后 5 年中每年 FDA 检查企业的数量不得少于上一年的两倍。同时根据 FD&CA 807，为加强对国外食品企业设施的检查，FDA 可以和外国政府达成协议，以便更易于美方检查人员检查相应的食品厂，检查人员包括 FDA 检查人员和指定的其他人员。对已登记的国外食品企业进行检查，FDA 应重点检查高风险外国企业、供应商和食品，若需复查，企业还应支付必要的复查费用。同时 FDA 应当对国外设施、供应商和食品类别的检查资源进行管理，特别是存在高风险的外国设施、供应商和食品类别，以便确保美国食品供应的安全。检查完毕后，FDA 应将检查报告交给被检企业或其所在国家政府主管部门，如有异议，应在 30 天内提出反证或其他意见。凡企业拖延、限制、拒绝 FDA 检查某些产品，则这些产品将被视为"掺假食品"，FDA 应增加对这些产品的查验次数。同时美方应根据食品的风险，不定期检查出口企业的食品。若有证据显示某食品设施生产的产品可能会导致人畜严重健康问题甚至死亡，FDA 有权吊销该食品设施的登记，被暂停登记资格的企业有要求举行听证会的权利，暂停登记的企业在完成整改后，可恢复登记资格。

根据 FD&CA 704，食品设施的具体检查程序和流程授权 FDA 指定的官员或雇员在向所有权人、运营人及其代理人出示执法证件及书面通知后，有权在合理时间内，进入任何制造、加工、包装或者为投入州际运输而持有、进入州际运输后而持有食品的工厂、仓库或者机构，或者进入正被用于运输或者载有前述食品的车辆，并在合理的时间和范围内，以合理方式检查工厂、仓库、机构、车辆及所有相关的原材料、包装箱及标签。在完成对工厂、仓库、咨询试验室或者其他机构的检查后，并在离开有关机构之前，负责检查工作的官员或雇员应当交给该机构的所有人、运营人或者他们的代理人一份书面文件，书面文件应载明其观察到的相关机构的环境条件以及操作实践中存在的有关食品的以下问题：①存在全部或者部分腐败以及腐烂的物质；或者②在不卫生的条件下包装或者保存，并且可能已经受不洁之物污染，或者已经对健康造成危害。负责检查工作的官员或雇员也应向 FDA 递交一份该书面文件。在对制造、加工、包装食品的工厂以及其他机构进行检查的过程中，只要从事检查工作的官员或雇员对有关食品取样，并对取样的食品进行分析，以判断该食品是否全部或者部分含有不洁、腐败或者腐烂的物质，或者判断其是否已经不宜作为食品，则分析结果的副本应当迅速送交有关机构的所有权人、运营人或者他们的代理人。

三、食品产品检查制度

根据 FD&CA 422，FDA 应在《食品安全与现代化法案》颁布的两年内，建立食品检测实验室认可机构，制定食品检测实验室认可标准，并建立记载获得 FDA 认可的认证机构及实验室的登记簿，只有获得认可的实验室才可从事食品检查活动。在美国境外运营的实验室如果符合美国国内实验室的认可标准，同样可以获得认可。未经美方认可的境外食品分析实验室，不得从事输美食品的检测活动，美方不承认其检测报告。对于食品检测机构，FDA 也需定期进行检查，但无论如何检查频率不得低于五年一次，承担检测任务的实验室所使用的检测方法必须通过 FDA 已认可实验室的认可；FDA 对实验室认可机构及由其认可的检测实验室要进行实地检查。

根据 FD&CA 414，如果 FDA 有理由相信某一食品是掺假食品，或食用及接触该食品对人类或动物造成严重的健康问题甚至死亡，以及 FDA 有理由认为可能存在类似的受到影响的任何其他食品时，在 FDA 指定的官员或者雇员的要求下，任何从事生产、加工、包装、配送、接收、储存或者进口这些食品的个人（农场和餐馆除外）都应允许该官员或雇员在出示有效证件并持有写给其本人的书面通知的情况下，在合理的时间和权限内，以合理的方式检查并拷贝所有与该食品相关的记录，帮助 FDA 判断食用或接触该食品是否会对人类或动物造成严重的健康问题甚至死亡。同时根据 FD&CA 420，FDA 应对食品系统进行脆弱性评估，包括考虑对国土安全部的生物、化学、放射学或其他恐怖主义风险的评估，在防范脆弱环节的蓄意掺假方面，FDA 应考虑不确定性、风险、费用和利益的最佳认知，并对已查出明确漏洞的食品，例如保质期较短的食品，或在关键控制点易受到蓄意污染的食品，以及在最终包装好以供消费者购买之前为散装或批量形式的食品，确定防范食品蓄意掺假必要的科学策略或措施。

对于进口到美国的食品，根据 FD&CA 421，FDA 应当在和国土安全部部长沟通后，根据已知的食品产品安全风险分配资源，对进口到美国的食品进行检查，检查应当考虑进口食品的已知安全风险、食品的原产国或者原产地。食品运输途经国的已知安全风险、食品进口商的合规性历史，包括食品召回、突发食源性疾病、违反食品安全标准等方面的合规性历史、食品进口商为满足外国供应商验证计划要求所开展的活动的严格性以及有效性、食品进口商是否参与自愿合格进口商计划，食品是否符合优先标准，食品或制造、加工、包装或储存这类食品的设施是否已取得相关证书等因素。同时根据 FD&CA 801（h），HHS 部长应优先考虑增加进口食品的检查次数，应最优先考虑对掺假食品的检查，以确保部长能够在美国内的进口港检查进口食品。而且部长应优先考虑改进 FDA 有关进口或拟进口到美国的食品信息管理系统，以便提高监管自愿的分配 效率、检测食品掺假行为的能力及监管进口食品的能力。

四、与食品相关的违规行动

（一）一般违规行动

1. 警告信

当 FDA 对食品工厂进行检查时发现食品的生产严重违反相关规定，或是对食品进行检查时，发现食品的成分含量、包装、标签等不符合相关规定，FDA 会发布警告信，通知相关食品生产企业其食品生产的过程不符合相关规定，并指出具体食品不合规定的现象，以及需要采取的纠正措施等内容。同时应 FDA 执法透明倡议，食品安全与应用营养中心从 2011 年 12 月起开始发布无标题信（untitled letters），该信件主要是陈述关于食品生产控制以及标签不符合 FDA 相关规定的违规行为，当违规程度没有达到发布警告信的程度时，FDA 才会发布该信件。

2. 行政扣留

根据 FD&CA 304，在对州际贸易流通中的食品进行检查时，对于任何将掺假或错误标识的食品引入州际贸易，或在州际贸易中使掺假或错误标识食品处于以待销售状态的食品企业，无论是否属于第一次销售违规食品，FDA 可在州际贸易中或其后任一时间，以信息虚假宣传罪，在该食品发现地有管辖权的美国任一地区法院或准州的美国法院起诉相关食品企业并将其定罪，这些受到起诉的食品，应根据虚假宣传诉讼程序被查封。根据 FD&CA 304（h），在 FDA 官员或雇员对食品进行检查或调查过程中，如果其有理由认为所发现的食品属于掺假或错误标签食品，这些食品会对动物或人的健康产生极为不利的影响，或可导致人或动物的死亡，FDA 官员或雇员可以命令扣留所发现的食品，但扣留期限不得超过 20 天，必要时可以适当延长扣留期限，但也不可超过 30 天，同时 FDA 可以对易腐烂的食品进行加速处理。

根据 FD&CA 801（j），在对国外进口食品进行港口检查时，如果 FDA 的官员或者雇员有理由认为某一食品会导致严重的不良后果，或者存在导致人与动物死亡的危险，并且 FDA 又不能在美国进口该食品的港口检查、检验或者研究该食品时，则 FDA 可以要求财政部长在该食品进入美国港口时，对这些食品实施不超过 24 小时的扣留，以便 HHS 部长能够采取适当的方式对该食品进行检查、检验或者研究。在将被扣留食品转移至适当的安全处所期间，任何人不能够转移该食品，且在扣留要求提出后，部长应尽快通知有关食品进入美国时的港口所在州，通知其扣留要求并按规定扣留该食品。同时对于正进口或将进口某一食品至美国的进口商、所有权人或者其受托人，如果这些人属于被禁止进口食品的不适合主体，或者该食品是由未按照注册登记要求向FDA提交注册登记的外国机构进口的，则FDA应在该食品进入美国港口时扣留该食品，且不得将该食品运送至上述不适合主体处。

（二）特殊违规行动

1. 黑名单制度

根据FD&CA 306，对于国外进口食品，如果某人因实施有关进口食品到美国的行为而被判重罪，或参与将严重危害人或动物健康，或致人或动物死亡的掺假食品，进口或要进口到美国，则这两种情况适用许可性禁止。许可性禁止将禁止这类人进口食品到美国，禁止期限不超过5年。若某人因数起违法行为而被禁止将食品进口到美国，FDA可以决定一并执行或连续执行其禁止期限。FDA会在《联邦公报》上公布被禁止人的名字、禁止生效日及禁止期限，同时FDA还保留一份列有禁止生效日期、最低禁止期限及禁止终止名单，名单向公众开放，并至少每季度更新一次，而且按照规定，被禁止的人可以向FDA申请终止禁止，FDA应在180天内批准或拒绝申请人的终止禁止申请。

2. 进口禁令

根据FD&CA 801，财政部长应美国HHS部长的要求，应当向FDA提供进口或拟进口至美国的食品样品。如果对样品的审查或者通过其他方式显示，这些食品是在不卫生的条件下制造、加工、包装的，或者这些食品在其制造或出口国家是禁止或限制销售的，或者这些食品是掺假或错误标识食品，则这些食品均不被批准入境。同时，对于正在进口或者要进口到美国的某一食品，美国 HHS 部长在与财政部长协商后，应制定法规，要求财政部长向 HHS 部长提供一份包括以下信息的通知，以便 FDA 能对这些食品在进入美国港口时予以检查：①食品名称；②食品的制造商和运输商；③食品原产国；④食品装船国；⑤食品拟进入的港口。未按照要求提交有关通知而进口或者要进口的食品将被拒绝进入美国，而且如果食品被拒绝入境，除了被要求销毁外，部长可以要求该食品的所有权人或者其委托人在食品包装箱上贴上"不得进入美国境内"的醒目标签。

五、进口食品特定项目计划

（一）进口食品第三方审查机构的认可

FDA 在《食品安全与现代化法案》颁布后建立了认可机构的认可系统，根据 FD&CA 808，FDA 将直接或通过其指定的机构来认可第三方审查机构（accreditation of third-party auditors），再由第三方审查机构根据 FDA 制定的标准和程序对输美食品相关企业进行认可。第三方审查机构对其审核合格的企业和产品开具合格证明，作为 FDA 确定企业及产品是否符合法案要求的依据之一。第三方审查机构可分为两类，一是外国政府及机构，二是国外合作机构或其他第三方机构。第三方审查机构的审核工作分为咨询性审查和监管性审查。对于境外向美国出口的食品企业需出具第三方审查机构对食品生产企业和食品审查结果的证书。FDA 将对审查机构和审查代理人（audit agent）进行实地检查。FDA 有权在审查机构或审查代理人在场或者不在场的情况下，随时对已经第三方审查机构和审查代理人认可的企业实施现场检查。

（二）国外供应商核查计划

根据 FD&CA 805，为强化美国进口商的责任意识，FDA 推行国外供应商核查计划（foreign supplier verification program），要求美国进口商对其国外的供货商进行核查。进口商须实施基于风险的国外供应商核查计划，以确认进口食品是按规定生产的，且不是掺假或错误标识的。法案同时要求国外供应商向美国进口商提供其供应食品符合相关要求的保证，并规定凡未参与国外供应商核查计划的美国进口商不得进口食品。根据 FD&CA 806，为鼓励进口企业自觉遵守相关法律法规，强化企业加强食品安全的责任主体意识，FDA 在《食品安全与现代化法案》颁布后的 18 个月内制订了自愿合格进口商计划（voluntary qualified importer program），从拟进口食品的已知安全风险，国外供应商的合规性记录，确保相关食品符合美国食品安全标准能力的出口国管理体系，执行国外供应商核查计划的情况，食品故意掺杂的潜在危险等多个方面，对申请企业进行资格确认。对经审核获得自愿合格进口商资质的企业，FDA 将提供进口食品快速审查和通关便利的政策；每三年至少进行一次重新评估，如发现其不符合要求，FDA 将撤销其资质。

（三）进口食品进口证明

根据 FD&CA 801，如果食品进口商没有随附进口食品的进口证明或证明进口食品符合要求的其他证明，则此类食品不得入境，即为加强输美高风险食品安全监管的高效性，要求输美高风险食品应当附有有关机构开具的进口证明。FDA 将主要根据以下因素确定哪些进口食品需随附进口证明：

（1）该类食品存在已知的安全性风险；

（2）食品原产国、原产区或原产地存在已知的安全性风险；

（3）食品原产国、原产区或原产地的食品安全性计划、体系和标准不足以确保此类食品与依据本法的要求制造、加工、包装或者储存的美国境内的同类食品一样安全。

上述证明文件应由 FDA 指定的食品原产国政府机构或其代表，或者经 FDA 认可的其他机构或人员签发，而且如果 FDA 认为食品原产国、原产区或原产地的食品安全计划、系统和标准不足以确保此食品与美国境内制造、加工、包装或者储存的同类食品一样安全，则食品原产国、原产区或原产地的食品负责人应在可行的情况下改进不足之处，并证明改进后的食品安全计划足以确保此食品与美国境内同类食品一样安全。

第三节 | 食品安全事件监测及召回制度

一、食品安全事件

2011 年美国《食品安全现代化法案》颁布后，为落实该法案突出预防的理念，凸显应急处置中食品安全事件所占比重高的特点，FDA 于 2011 年 8 月成立了专职的食品突发事件协调处置与评价队伍（Coordinated Outbreak Response and Evaluation，CORE），[32] 旨在第一时间监测食品安全事件信号，快速控制并提出相应措施，预防类似事件再次发生。[33]

在 FDA 成立专职的食品突发事件协调处置与评价队伍（CORE）之前，当暴发食品安全事件后，FDA 一般会组成临时的响应工作

---

[32] FDA. Coordinated Outbreak Response & Evaluation （CORE） Network [EB/OL]. [2016-08-15]. http://www.fda.gov/Food/RecallsOutbreaksEmergencies/Outbreaks/ucm310260.htm

[33] FDA.Recalls,Outbreaks&Emergencies[EB/OL].[2016-08-15].http://www.fda.gov/Food/RecallsOutbreaks Emergencies/default.htm

组，召集相关领域的工作人员处理食品安全事件。当食品安全事件处理完成后，这些工作人员将回到自己原先的工作岗位。虽然这种临时的响应工作组具有灵活性，但缺乏对食品安全事件的预防作用，同时也不利于高质量、高效率应对食品安全事件。如今专职应对食品安全事件的工作组可以从各个方面监测食品安全事件信号，并实施相应的应对措施，而且可以预防新的食品安全事件发生。这种新的工作结构能够缩短食品安全事件的反应时间，并确保持续和标准的工作程序，应对食品安全事件。

CORE 隶属于 FDA 的食品与兽药办公室（OFVM），CORE 设置了监测组（signals and surveillance team）、善后组（post-response team）以及 3 个响应组（three response teams）。CORE 的工作人员由流行病学、微生物学、兽医学、环境卫生、政策分析和信息沟通等专业人员组成，[34] CORE 的主要目标是及时发现，快速应对，有效预防食品安全事件。

FDA 局长办公室下设的应急管理办公室（OEO）是 FDA 应急管理的责任部门。CORE 成立后，应急管理办公室（OEO）与 CORE 就食品安全事件的分工进行了明确的划分。食品安全事件中涉及故意投毒、营养补充剂和自然灾害的事项由应急管理办公室（OEO）负责，其余事项由 CORE 负责。

（一）食品安全事件信息监测

CORE 通过 FDA 内部和外部多种途径获取食品安全事件信息。食品安全事件信息的监测是应对食品安全事件的开始。在获取内部

---

[34] 王三虎. FDA 食品安全事件处置概况及启示 [J]. 中国食品药品监管,2014,07:49-52.

信息方面，FDA 的法规事务办公室（ORA）、食品安全与应用营养中心（CFSAN）、公众投诉受理及地区办公室等部门会及时向食品突发事件协调处置与评价队伍（CORE）报告在日常工作中发现的食品安全事件信息。在获取外部信息方面，监测组人员还可以进入疾病预防与控制中心（CDC）的 PulseNet 等食源性疾病监测系统，筛查可能由食物引起的中毒事件。监测组人员主要通过地方和一些州的健康部门的各种数据库，甚至通过新闻报道，收集食品安全事件信息，希望通过寻找的信号在食品安全事件暴发的初期对食品安全事件进行控制和应对，而且工作人员会定期与疾病预防与控制中心（CDC）、美国农业部（USDA）食品安全监测人员、FDA 地区办公室及州的健康部门沟通有关情况，互通信息。此外，监测组人员也可收集和分析传统新闻媒体以及互联网上的食品安全信息，[35] 而且，监测组人员也可在 FDA 数据库中查询企业的历史信息，例如以前的食品检查或抽样的结果，以便识别有关食品安全事件信号及时发现相关问题。

监测组人员在对相关信息进行严格的评估筛选后，会决定是否将有关信息转交给处置组。监测组人员需要考虑可能造成食品安全事件的产品是否属于 FDA 监管范畴、该产品是否还流通于市场中、事件涉及的严重程度和范围以及媒体关注度等因素。如果可能造成食品安全事件的产品已不在市场上流通，但确实存在需要改善监管的必要，监测组应直接将相关信息交给善后组处理，由善后组提出监管建议，预防事件的再次发生。

---

[35] FDA. CORE Investigation Process [EB/OL]. [2016-08-19]. http://www.fda.gov/Food/RecallsOutbreaks Emergencies/Outbreaks/ucm272351.htm

（二）食品安全事件处置

一旦确定爆发的食品安全事件与 FDA 监管的产品有关，则所有可获得的信息应交给 3 个响应组的其中一个响应组。响应组的共同目标是控制并阻止已爆发的食品安全事件。首先，响应组必须找出造成食品安全事件的源头食品，并且必须确保这些被污染的、造成食品安全事件的食品已不在市场上流通销售，以免造成更大范围的食品安全事件。为了确保及时准确地找出食品安全事件的源头食品，并阻止其继续在市场流通销售，响应组将直接与 FDA 的地区办公室以及他们的调查员沟通合作，共同制定响应战略。CORE、地区办公室、州和地方政府部门共同合作追踪源头食品的销售渠道及市场的分配销售情况，收集有关源头食品的信息，收集的这些信息将与暴发的食源性疾病有关信息进行对比，确保调查员的调查计划是正确有效的。FDA、CDC、州和地方监管部门、公共健康专家以及农业部门的紧密合作对于阻止食品安全事件的爆发是十分重要的，CORE 是 FDA 在应对食品安全事件方面的主要负责人员，他们主要负责协调 FDA 的所有资源，应对突发的食品安全事件。

CORE 与 CDC 在食品安全事件处理过程中密切配合。CDC 主要负责调查有关患者的流行病学，CORE 则主要负责追踪和控制导致食源性疾病的食物。在事件处理过程中，两个部门十分注重信息共享，以便了解对方的最新进展，并计划下一步工作。CDC 和 CORE 的信息人员将全程参与事件的处理过程，共同协调两部门的有关工作，确保相关工作的一致性，及时在各自官方网站公布有关事件的信息，并提醒消费者不要再食用相关的问题产品，以免造成更严重的健康问题。对于涉及由进口食品引起的食品安全事件，CORE 将通过食品安全和应用营养中心（CFSAN）的外事办公室与 FDA 设在境外的相应办公室取得沟通联系，之后由境外办公室与出口国的食品监管部门沟通有关食品安全事件的具体问题。当食品安全事件十分复杂，涉及 FDA 多个部门，且造成的损害十分严重时，FDA 将会集结内部多个领域的专家，启动局内的食品安全事件管理组以应对该事件。在 FDA 食品安全事件管理组启动后，应急管理办公室（OEO）将取代 CORE，承担事件处理的领导职责，CORE 人员将作为食品安全事件管理组的一部分参与到具体的处理工作中，应对食品安全事件的主要办公地点也将从 CORE 转移到 OEO 的应急指挥中心。

CORE 从 2011 年 8 月开始运行，到 2014 年总共评估了 477 起潜在的食源性疾病事件，识别并调查了 97 起疑似与 FDA 监管产品有关的暴发的安全事件。[36] 每年评估、识别及调查的具体数据见表 4-2。

表 4-2 2011~2014 年 CORE 评估与调查食品安全事件数

年份	事件评估数 （incidents evaluated）	疫情调查数 （outbreaks investigated）
2011	78（8 月 ~12 月）	32
2012	130	22
2013	157	22
2014	112	21

FDA 已针对这些食品安全事件发布了 600 多项建议，这些建议涉及具体食品问题的预防、研究、行业推广及食品工艺改进。例如 2016 年 8 月，FDA 在官方网站发布了波及大范围的苜蓿芽

---

[36] FDA. Outbreak Investigations [EB/OL]. [2016-08-13]. http://www.fda.gov/Food/RecallsOutbreaksEmergencies/Outbreaks/ucm272351.htm.

沙门菌感染事件，介绍了苜蓿芽沙门菌感染事件的具体情况以及FDA、CDC 及相关部门采取的措施；沙门菌感染的症状，并发症及感染后的处理方法；最易感染人群；有关产品的召回；餐馆及零售商应采取的措施；消费者应采取的措施；发现问题时应联系的部门。FDA 通过在官方网站上发布这些信息帮助消费者、相关零售商及餐饮行业及时了解沙门菌感染事件，并控制疫情的蔓延，同时将 FDA 及相关部门采取的措施向消费者公布，一方面有利于相关措施的快速实施以控制疫情，另一方面可以稳定消费者情绪，避免恐慌。

（三）食品安全事件的善后

在应对组的调查、控制工作完成后，FDA 会将后继工作移交善后组处理。善后组将仔细研究食品安全事件的各个方面和因素，从食品原料的来源到产品再到分销，包括涉及有关国外食品原料的供应及产品的销售情况。善后组成员需要共同合作找出导致食品安全事件的原因，并找出预防未来突发该类食品安全事件的方法。这些工作将有可能需要 FDA 开展新的研究，研究关于如何预防类似食品安全事件的发生，或者要求相关的食品企业、其他的食品安全部门研究新的方法，避免食品安全事件的再次发生。与此同时，CORE 的关键目标之一是优化 FDA 内部处理食品安全事件的程序，不断从食品安全事件中总结经验教训，不断完善工作流程，确保及时、有效地应对突发的食品安全事件。最后善后组将完成尚未了结的各项工作，完善总结材料，针对应对组所提出的建议开展研究，总结教训，积累经验，并正式向监管事务办公室（ORA）提出确需改善的监管建议，争取使 ORA 将确需改善的监管建议纳入日常监管重点，避免由于同一原因再次引起类似事件的发生。

二、食品召回制度

（一）应通报食品注册制度

根据 FD&CA 417，"应通报食品（reportable food）"是指除了婴儿配方食品和膳食补充剂以外，有合理可能性认为食用或接触某一食品会对人或动物造成严重的不良健康后果甚至死亡的所有食品。对于应通报注册的食品，食品企业的登记注册人需要根据规定向 FDA 通报注册的食品。

应通报食品注册制度（Reportable Food Registry，RFR）是根据 2007 年《食品药品管理法修正案》（FDAAA）制定的，旨在提供一个可靠的机制跟踪食品掺假形式，支持 FDA 通过有限的监管资源保护公众健康。该制度要求 FDA 建立电子门户网站，食品相关责任方在有合理的证据表明使用或接触某一食品会对人类或动物造成严重不良健康后果，甚至死亡时，应在 24 小时以内通过该电子网站向 FDA 报告该食品。相关责任方是指向 FDA 提交食品设施注册信息的个体，这些食品设施用于生产、加工、包装或零售美国人或动物所消费的食品。联邦、州和地方公共卫生官员也可以使用电子门户网站自愿报告应通报食品的相关信息。

首先，FDA 审查并评估（review and assess）责任方通过电子门户网站提交的应通报食品注册初始报告，识别出需要通报注册的食品。当 FDA 认为有必要对通报的注册食品采取相关措施时，应发布警告（alert）或通知（notification），要求责任方提交应通报食品注册完整报告。该报告内容包括食品设施注册号码、食品被确定通报的日期、对食品的描述，包括数量和金额、掺假程度和性质、对掺假根本原因的调查结果、食品的处置、食品包装上通常足以识别该食品的产品信息、食品的供应商或接收方的联系信息等，主要用于及时确认应通报的食品。但是对于食品掺假的责任源于责任方，而且责任方在将食品转移给其他人之前，检测到掺假并纠正了掺假或销毁食品的情况，责任方不需要向 FDA 提交应通报食品注册报告。其次，FDA 将对责任方提交的应通报食品报告进行审评（review），若责任方提交的报告不完整，FDA 将要求其修改报告。若报告包含了规定的内容，则 FDA 将向食品责任方发布通知（notification），要求责任方向供应商、接收方发出关于通报食品的通知并与其共享信息；同时责任方应根据通报食品调查活动的进展情况，对掺假原因的调查以及应通报食品的处理结果修订通报，必要时要与 FDA 进行协商，并跟进有关食品的通报。最后 FDA 将要求责任方提供以消费者为中心的有关通报食品的信息，主要包括对食品的描述、受影响食品的识别码或者足以让消费者识别此商品的批号、责任方的联系方式等，FDA 将在其官网上发布此信息，并要求杂货店打印此信息告知消费者。

（二）食品强制召回制度

2011 年 1 月 4 日，美国总统奥巴马签署了期待已久的《食品安全现代化法案》（Food Safety Modernization Act，FSMA）。该法案标志着这个历时两年多的提案正式被确立为法律，其对现有的 FD&CA 做出了 70 年来最为重大的修正。该法律强调，在食品安全问题上应以预防为主，政府要对食品生产设施加强监管，FDA 拥有强制召回权，将更加严格地监管进口食品，食品行业应对食品安全承担更多责任。

根据 FD&CA 423，如果 FDA 根据应通报食品注册制度或者其他方式采集的信息，认为某些食品（除婴儿配方食品外）存在掺假或者贴错标签的合理可能性，且使用或者接触此类食品将造成严重不利健康的影响，或者造成人或动物死亡，则 FDA 应发布停止销售并召回此类食品的指令。如果责任方拒绝，或者没有在 FDA 规定的时间内按照规定的方式停止销售或者召回此类食品，FDA 可以根据需要，以命令的形式要求当事人立即停止销售此类食品，若可行的话，同时通知制造、加工、包装、运输、经销、接收、储存或者进口并销售此类食品的经销、运输或者销售商，立即停止销售此类食品。

FDA 为责任方提供举办停止销售和召回此类食品听证会的机会，此听证会应在停止销售和召回此类食品指令发布后的 2 天内尽快举行。听证会的主要内容是关于召回食品所应采取的措施以及责任方认为食品不应被召回的原因。若听证会后 FDA 认为仍然需要召回此食品，则 FDA 应规定食品召回时间，要求责任方向 FDA 报告食品召回进展的定期报告，并通知已经买到或可能买到此类食品的消费者；若听证会后 FDA 认为没有足够的理由继续实施停止销售和召回指令，FDA 将撤销此指令。

在按照规定进行食品召回时，FDA 应根据实际情况，发布有关召回、警示和公告的新闻稿，以便向已经买到或者可能买到此类商品的消费者和零售商提供召回通知。通知的主要内容包括有关召回食品的名称以及此食品有关的风险描述，如可行的话，FDA 应为消费者提供有关不受召回影响的同类食品的信息。同时咨询农业部应为公众提供接收召回产品零售人员的名单，并考虑在合理时间向公众提供此名单。

应通报食品注册制度是指责任方在得知食品存在缺陷后，主动从市场上撤回食品的制度，而食品强制召回制度属于 FDA 发现食品存在问题时，要求责任人按照规定召回食品的制度，两种制度共同构成了美国食品召回制度。

第四节 | **对食品添加剂的监管**

FDA 严格管理着全美范围内使用的食品添加剂。食品添加剂必须经过 FDA 的批准后才可使用。根据 21CFR 170，食品添加剂是指包括所有未被 FD&CA 201（s）豁免的，具有明确的或认为合理的预期用途，直接或间接地，或者成为食品的一种成分，或者会影响食品特征的所有物质。用于生产食品容器和包装物的材料如果直接或间接地成为被包装在容器中食品的成分，或影响其特征，则这类材料也符合食品添加剂的定义。

为确保食品添加剂使用的安全性，美国国会早在 1958 年通过了《食品添加剂修正案》（Food Additives Amendment），授权 FDA 对所有列为新的"食品添加剂"的食品成分进行安全性审查。法规规定任何没有列入 FDA 公布的"公认安全的物质"清单内的食品成分均属于新的食品添加剂，其必须经过 FDA 审批方可上市，否则按假冒伪劣或含有"不安全食品添加剂"处理。FDA 有权扣押并从市场取缔未经申请批准的含有"食品添加剂"产品。

一、食品添加剂申请

具有明确的或有理由认为合理的预期用途、直接或间接地，或者成为食品的一种成分，或者会影响食品特征的所有物质，这类食品添加剂需要进行上市前的申请。根据21CFR 171，食品添加剂生产商为了使其产品可上市，必须向FDA提出申请，报送大剂量、长期动物试验研究资料及其他可信的研究资料，以确保人用等量上述食品添加剂时没有不良反应；同时申请人应提供生产该食品添加剂所使用方法及设施的全面描述，如果有需要的话，申请人还要提供所涉及的食品添加剂或其作为成分使用的物品，以及计划使用该食品添加剂的食品样品，以供FDA检验。

根据FD&CA 409（c），在申请人提交申请后的90天内，FDA要考虑和评价申请品种的组成成分的性质、使用量、该食品添加剂在人或动物食品中的累积效应、经科学培训且有经验的评估食品添加剂安全性的专家普遍认可、适用于动物实验数据的安全因素、可能的长期效应、在拟使用方法下的安全状况，然后方可决定是否批准申请品种，并将审评结果以书面形式通知申请人。若是拒绝申请还需要将拒绝原因以书面形式通知申请人。

FDA拒绝申请的原因包括：不能确定该食品添加剂在拟使用条件下的安全性，如发现人或动物摄入申请品种后患有癌症；该食品添加剂的使用会欺骗消费者或导致掺假食品或错误标识食品的出现。

FDA在批准每一种食品添加剂的同时，应根据相关食品添加剂的一种或多种用途，规定这种食品添加剂可被安全使用的条件，包括但不限于，该食品添加剂可用于特定食品的标注，可用于或允许保留在该食品中的最大数量，这种食品添加剂加入特定食品的方式，所有必要的保证安全使用的指示或其他标识、包装条件，以及其使用的有关规定，例如如何在食品说明书上加以说明。拟用于肉制品的食品添加剂，还必须经过美国农业部的批准。

根据 FD&CA 409（d）特定情况下，部长可以随时主动发布某种食品添加剂的使用规定，不需要申请人提出申请，部长主动规定特定食品添加剂可被安全使用的条件及其理由，在公布此规定的30天后，部长可确定并实施该指令。

二、食品接触物质上市前通知

用于生产食品容器和包装物的材料如果直接或间接地成为被包装在容器中食品的成分，或影响其特征，这类食品添加剂需要进行上市前通报。根据 FD&CA 409（h），食品接触物质的制造商或供应商应在该食品接触物质引入州际贸易之前至少120天，向部长递交包含该食品接触物质的特性和预期用途，以及证明使用该食品接触物质安全性的信息，以及部长要求的其他所有信息。在部长收到该通知之日的120天内，如果部长没有拒绝其通知，则该食品接触物质可以进入州际贸易，除非部长认为其提交通知中的信息不能证明该食品接触物质在预期使用条件下是安全的。

在部长收到通知后120天内，会对通知中所提供的信息保密。120天后，利益相关者人可以获得通知中的信息，商业秘密或机密的商业信息除外。

三、公认安全使用物质通知程序

根据 FD&CA 201（s），FDA 规定了两类食品添加剂是免于审批的：

一是"已批准"食品添加剂，这些食品添加剂已在 1958 年《食品添加剂修正案》颁布前经 FDA 或农业部（USDA）确定其安全性，如午餐肉中使用的亚硝酸钠及亚硝酸钾。二是"公认安全（Generally Recognized As Safe，GRAS）"食品添加剂，即通常所称的公认安全使用物质。专家们根据这类食品添加剂在 1958 以前的安全使用历史及发表的科学论文证实其安全性，例如：盐、糖、调味品、维生素、味精等物质。当然，这样的豁免不是绝对的，如果有证据证明 GRAS 类添加剂或者"前批准"食品添加剂是不安全的，联邦政府可以采取行动禁止使用这些添加剂或要求进一步确定其安全性。

（一）GRAS 物质与食品添加剂的区别

GRAS 物质[37]是一类庞杂的体系，包括碳水化合物、蛋白质、脂肪、化合物（合成或天然）、酶制剂、发酵产物和提取物等。GRAS 物质的重要性主要体现在，它与食品、食品成分以及食品添加剂形成了重要的互补关系。首先，它不是常规的食品或食品成分，因而不能随意使用；另一方面，它也不是食品添加剂，因而不需要像食品添加剂那样必须在上市销售前得到 FDA 的批准。GRAS 的确定与食品添加剂的审批具有本质上的不同之处。GRAS 的确定是由食品工业界根据相关法律法规、公开的科学证据或长期使用的历史以及得到专家们的普遍认可的在特定使用条件下的安全性等做出的。而食品添加剂则是由 FDA 依据食品添加剂法规，对申请人提供的公开或不公开的科学证据进行评估做出的决定。从美国的食品法律意义上说，向 FDA 通报 GRAS 是自愿性的行为。依

---

[37] FDA. How U.S. FDA's GRAS Notification Program Works [EB/OL]. [2005-11]. [2016-08]. http://www.fda.gov/Food/Ingredients Packaging Labeling/GRAS/ucm083022.htm

据相关法规确定的 GRAS 物质可以合法地进行销售，无需向 FDA
通报或得到其批准；而食品添加剂则必须向 FDA 申报，并得到其
批准后才能上市销售。

（二）GRAS 法规发展历史

FDA 的 GRAS 法规发展历史分为三个阶段。

1. 1958 年 ~1972 年

GRAS 的第一阶段。在 1958 年的《食品添加剂修正案》通过后，
FDA 对 1958 年之前已在食品中使用的大部分物质的监管状况进
行了整理和规范，其中包括一系列具有特定用途并符合 CGMP
的 GRAS 物质，FDA 将这些 GRAS 物质整理成列表清单；同
时 FDA 也修订了相应的法规。"联邦法规汇编"（Code of Federal
Regulation）中的 21CFR 182 部分和 582 部分即包括这些 GRAS 物
质，通常被称为"GRAS 列表清单"。后来又在 GRAS 物质中增加
了其他类别的物质，例如：香辛料、调料和香料等。

2. 1972 年 ~1997 年

GRAS 发展的第二阶段。FDA 开始对 GRAS 进行审批和确认，同
时也鼓励工业界向 FDA 提出 GRAS 申请，由 FDA 进行确认，并
将其汇编成法规。

3. 1997 年 ~ 至今

GRAS 发展的第三阶段。1997 年 FDA 提出使用新的、简化的
GRAS 通报程序来代替 GRAS 审批和确认程序。

（三）GRAS 通知程序内容

根据 21CFR 170，新的通知程序允许任何人或机构，将在特定

条件下安全使用的物质确定为 GRAS 物质，并向 FDA 进行通报。GRAS 物质的确定是由生产商、个人或机构自行完成的，他们只需将 "GRAS 豁免声明" 通报 FDA。FDA 不会对通报提交人在认定 GRAS 物质时所依据的具体数据和信息进行评估，也不会对通报物质是否属于 GRAS 进行确认，也不会提供所谓的 "意见书"，而是主要评估通报是否对 GRAS 物质的认定提供了充分的依据，以及评估通报中所提供的信息，或其他 FDA 可以获取的信息是否使 FDA 对通报的 GRAS 物质产生质疑或疑问。FDA 将会对 GRAS 的认定是否符合相关法律要求进行监管。监管方式主要是对通报人存档的数据和信息进行随机抽查。

FDA 在收到通知的 30 天内，需要以书面形式回复通知人 FDA 已经收到了该通知。FDA 不要求通知人提供支持其 GRAS 认定的具体数据和信息，因此，FDA 没有责任对通知人通报的 GRAS 物质认定进行确认，并无需制定相应 GRAS 物质的法规条款。FDA 仅仅是对通知人提交的通知中是否包含认定 GRAS 的证据进行评估。例如，FDA 在下列情况下可能会就通知人的 GRAS 物质认定提出疑问：①通知没有提供安全性评价所需的技术性证据；②数据和信息不具备普遍可利用性；③无法使 FDA 相信专家对在特定使用条件下物质的安全性方面达成了共识；④对 GRAS 确定基础的说明混乱且不明确等。

FDA 将在收到通知的 90 天内对通知人提交的通知进行书面回复，回复结果包括：FDA 对 GRAS 物质的认定没有疑问。但是这类回复并不是说明 FDA 对 GRAS 的确认；FDA 提出通知中存在的问题。但是否向通知人提供所发现的具体问题，则由 FDA 来决定。

同时，FDA 对在食品工业中使用物质的安全性需要进行持续性评估。在某些情况下，FDA 会考虑一些新出现的科学证据是否会对食品添加剂或 GRAS 物质（经 FDA 确认的 GRAS 物质和食品工业界自我认定的 GRAS 物质）的安全使用产生影响。此外，FDA 也会对一些团体和个人提出的相关信息进行分析和评估。有时，FDA 向通知人发出 90 天回复函后，如果收到通知有关物质可能产生安全性问题的新信息，FDA 会将这些问题通过书面函的方式通知通报人和其他相关团体。从 1998 年至 2016 年，每年 GRAS 物质的通知数量如下图 4-1。[38]

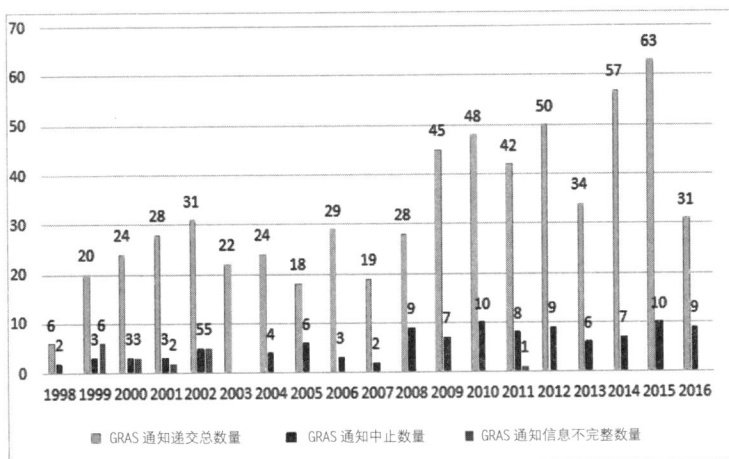

图 4-1 1998~2016 年 GRAS 通知数量

[38] 数据来源：FDA 的 GRAS Notices 数据库 http://www.accessdata.fda.gov/scripts/fdcc/index.cfm?set=GRASNotices&sort=Date_of_closure&order=ASC&startrow=51&type=basic&search=Notice.

第五节 | **对膳食补充剂的监管**

根据 1994 年美国国会通过的《膳食补充剂健康与教育法案》（Dietary Supplement Health and Education Act，DSHEA），膳食补充剂（dietary supplements）是指含有一种或多种人体所需营养成分，包括维生素、矿物质、草药或其他植物类、动物类提取物、氨基酸、蛋白质等其他可以添加到饮食中的物质。膳食补充剂不是食品添加剂，也不是药品，而是除烟草外，介乎于食品和药品之间的一种特殊产品，粗列在食品类别中。膳食补充剂虽然不能标明具体的适应证，但可以声称对人体功能结构的保健作用。膳食补充剂不作为传统的食品或饮食正餐，而是仅以餐中一部分的形式提供给人们，以弥补饮食摄取量的不足。而且膳食补充剂必须是口服剂，可以以丸剂、胶囊、软胶囊、片剂、散剂或溶液及茶等形式供应给人们。

一、膳食补充剂法规回顾

FDA 对膳食补充剂的监管始于 1938 年 FD&CA 的颁布，当时市场上具有保健性质的产品不断增多，FDA 怀疑这类产品的健康效益宣传，并最终在 1941 年第一次颁布膳食补充剂管理法规 FD&CA 403（j）部分。该部分确定了"特殊饮食用途"的食品类别，即中国俗称的保健品或营养品类的天然产品。法规虽未限制"特殊饮食用途"的品种范围，却为含有维生素和矿物质的"特殊饮食用途"食品规定了每日摄取量参照标准（recommended daily allowance,RDA）。FDA 在 20 世纪 60 年代和 70 年代初就试图限制维生素和矿物质等产品的实质纯度，如今基于饮食补充剂标签的保健效益声明，根据 FD&CA 条款对产品的实质纯度进行监管，即提议超过限定含量的特殊饮食用途食品按非处方药管理。例如，如果维生素和矿物质含量超过日摄取量的 150%，则必须按照"药品"对待（维生素 A 和维生素 D 除外，其上限各为 200% 和 100%）。同时，FDA 还禁止维生素和矿物质混合产品的销售。

美国国会在 1976 年通过了《维生素和矿物质修正案》（Vitamins And Minerals Amendments），又称"Proxmire 修正案"，该法案取消了维生素和矿物质含量上限的规定；废除了食品因维生素和矿物质含量超过上限而被定为"药品"的规定；放宽了维生素和矿物质的销售条件及允许的效益声明；并允许维生素和矿物质以任何剂型销售，包括组合产品在内。"Proxmire 修正案"颁布后，FDA 原则上放弃了将膳食补充剂作为"药品"管理，但实际上并没有放弃继续增强对膳食补充剂的监管。FDA 换了一个方式间接地对膳食补充剂进行监管。当时 FDA 坚持认为膳食补充剂也有可能是不安全的食品添加剂，并需要进行安全性审批。因此膳食补充剂如果想要获得 FDA 的注册，就必须经过严格的审批，要按照食品添加剂的程序申请上市，即遵照严格的上市前审批规定。在 1990 年前，膳食补充剂在 FDA 严格的监管下仅包括有限的人体基本营养物质：维生素、矿物质和蛋白质。

为了规范越来越多保健品保健功能的声明，美国国会在 1990 年通过了《营养标签与教育法》(Nutrition Labeling and Education Act，NLEA)。该法案对包括膳食补充剂在内的食品标签进行了重新规定，要求食品标签标注产品的营养成分和含量，并首次将草药及类似的营养物质纳入膳食补充剂范围。该法允许标签上包含膳食补充剂的保健声明，即允许声明体内因缺少该营养物而患有的疾病与该营养物之间的关联，如钙与骨质疏松症有关、食物纤维与肿瘤有关、脂肪与心血管疾病有关、脂肪与肿瘤有关、钠与高血压有关，以及食物纤维与心血管疾病有关等，并建立保健声明的审批程序。《营养标签与教育法》允许 FDA 审查膳食补充剂的保健效益声明是否是根据牢固的科学基础做出的，并对未经 FDA 批准的功能声明采取措施。FDA 随即建议用"重要科学认可"的标准来衡量膳食补充剂和食品的保健声明。即在没有"重要科学认可"的证据时，保健声明便被认为是不可靠的。"重要科学认可"是指现有科学依据表明确实存在某种关系。FDA 评定是否达到"重要科学认可"的依据是相关科学证据的充分完整性，以及不同科学领域或不同专家的探讨是否都能取得一致结果。

膳食补充剂的营养效益对促进健康体制、预防疾病十分重要。克林顿总统于 1994 年 10 月 25 日签署了《膳食补充剂健康与教育法案》，该法案为膳食补充剂制定了新的监管模式。《膳食补充剂健康与教育法案》废除了 FDA 将膳食补充剂作为"食品添加剂"或"药品"监管的规定，明确了膳食补充剂的定义，并扩大了其范围，减免了上市前审批程序等一系列针对膳食补充剂的监管规定。[39]

---

[39] 王建英 . 美国药品申报与法规管理 [M]. 北京：中国医药科技出版社，2005.

二、膳食补充剂监管方式

《膳食补充剂健康与教育法案》减免了膳食补充剂上市前的审批规定，制造商只需在膳食补充剂第一次上市后的 30 天内向 FDA 提交通知。如果 FDA 接到通知后不同意某些产品的标签声明，将会以信件的形式通知制造商，但此信件不具有任何法律效力，仅仅是通知制造商以后可能会采取的监管行动。根据 FD&CA 413 (d)，FDA 将膳食补充剂中的膳食成分按年限分为两类，并对这两类膳食成分区分管理。1994 年 10 月 15 日前，从未在美国上市的膳食成分为新膳食成分。根据 21CFR 190，如果膳食补充剂中含有新膳食成分（New Dietary Ingredient，NDI），则制造商必须在产品上市前至少 75 天将安全性资料递交给 FDA，FDA 对新膳食成分的安全性加以审查，对说明书标签宣称的健康功效进行科学性、真实性地审查、确认、批准。审查结果分为：同意归档（归类为新膳食成分）、有条件归档（可归类为新膳食成分，但存在需要进一步研究的要求及遗留的问题）、不能证明安全性、不是膳食成分、要求进一步补充资料等几种结论。制造商根据审查结果指导产品的市场行为。FDA 在接收到资料的 90 天后，可将非保密信息公开。如果制造商没有将新膳食成分的资料上报给 FDA，产品将被作为假冒伪劣产品从市场上取缔。

虽然膳食补充剂的上市不需要经过 FDA 的注册与审批，但制造商仍要确保膳食补充的安全性、标签的真实性，并具有必要的科学性依据和研究资料。FDA 在对膳食补充剂上市后监督管理的过程中，一旦要求膳食补充剂制造商证实其产品的安全性，制造商则必须递交充分的科学性依据及研究资料。换言之，制造商上市一个膳食补充剂前，虽不用向 FDA 报送审批资料，但也必须进行并完成安全性研究。

FDA 对膳食补充剂的监管主要是上市后的产品安全性监管，即监测市场上潜在的非法产品，一旦发现任何膳食补充剂不安全或标签不真实、有误导性、声称药物功效，FDA 有权采取包括扣押和禁止假冒伪劣产品的法律行动，并及时向公众发布通知，向制造商发出警告。同时 FDA 鼓励制造商、消费者或医护人员上报膳食补充剂不良事件，相关人员可以通过 MedWatch 系统或安全报告门户网站（The Safety Reporting Portal）递交不良事件报告。安全报告门户网站是专门用于报告膳食补充剂不良事件的网站，并提供 MedWatch 的 3500，3500A，3500B 表格的电子版形式。这种新的报告方法安全、方便、高效。[40]

三、膳食补充剂标签管理

根据 21CFR 111，FDA 规定，膳食补充剂标签及说明书必须包含一定的必要信息，FDA 和生产企业共同对标签、说明书负责；膳食补充剂广告由美国联邦贸易委员会（Federal Trade Commission，FTC）管理。

说明书的内容包括：①膳食补充剂名称；②生产企业、包装企业、经销商的营业地址；③滋补成分；④其他成分；⑤处方成分量。FDA 规定膳食补充剂说明书中必须列出其全部组成成分，如果未列在"膳食成分"项下，则要写在"其他成分"项下，成分来源（如玫瑰花蕾为维生素 C 的来源）、食品成分（水、糖）、生产技术上的辅料等可以列在"其他成分"内。

---

[40] FDA. Dietary Supplements — Adverse Event Reporting [EB/OL]. [2016-08-17]. http://www.fda.gov/Food/DietarySupplements/ReportAdverseEvent/default.htm

根据《营养标签与教育法》规定，膳食补充剂说明书可以使用三种"功效"说明：健康功效、功能功效、营养功效。

"健康功效"描述的是物质与疾病或症状的关系，它必须是科学事实、科学结论。膳食补充剂说明书中的"健康功效"要经过FDA的审评和批准，审评多以有效的科学文献为基础，或以国家科学院的研究为依据，在严格、一致公认的标准上，事实存在并成立的疾病物质关系才会被批准作为有关健康功效的内容。如"高钙饮食能降低骨质疏松的风险"，这属于健康功效。

"功能功效"是指使用该产品的可能益处，或某营养成分对机体功能的支持作用和影响。功能功效不需要经过FDA审批，生产企业自负其责，并保证功能功效的准确性、真实性。法规明确规定，含有功能功效的膳食补充剂标签上必须注明：本功效说明未经FDA批准，本产品不用于任何疾病的诊断、治疗和预防。生产具有功能功效膳食补充剂的企业还必须在该膳食补充剂上市后的30天内通知FDA。

"营养功效"是指组成该膳食补充剂的各营养成分及滋补成分组成及其含量。只有符合FDA标准要求，并建立了日用量标准的营养成分及滋补物质，才能在标签上使用"营养功效"。对于没有日用量标准的滋补成分，含量应以百分量和总重量表示。

FDA

第五章
与药品相关的
职责与权力

第一节 | **概述**

一、定义

根据 FD&CA 201（g），"药品"定义为《美国药典》《美国顺势疗法药典》《国家处方集》或任何其增补所认定的物品；或者用于诊断、治疗、缓解、处理或预防人或其他动物疾病或病症的物品；或者用于影响人或其他动物机体结构和功能的物品（食品除外）。

二、美国食品药品管理局（FDA）针对药品的职责分工

美国消费者受益于全世界最安全和最先进的医药体系，其主要的监管部门是 FDA 的药品审评与研究中心（CDER），并且药品审评与研究中心下的各个部门针对不同类别的药品具有明确的职责分工。其中药品审评与研究中心下的新药办公室（OND）主要负责对新药申请（NDA）的审评，包括与药品审评与研究中心其他部门和制药企业及时沟通，审评药品效益是否大于风险以做出是否予以批准的决定。而仿制药申请（ANDA）则主要由仿制药办

公室（OGD）进行审评，包括对仿制药的生物等效性的审评，建立与企业及其他利益相关者的沟通渠道，使 ANDA 审评程序更加透明化。

第二节 | **新药与仿制药**

FDA 通过批准安全有效的产品进入美国市场以促进和保护公众健康。药品的批准过程包括对临床前研究、临床试验数据、化学、生产及控制的审评和药品上市后的监管,保证药品的特性、剂量、质量和纯度,对药品生产厂家进行现场检查,确保药品生产符合美国现行药品生产质量管理规范(Current Good Manufacture Practices,cGMP)。[41]

一、美国食品药品管理局在研究性新药申请（IND）阶段的职责与权力

根据 FD&CA 505（o），药品临床试验的主要目的是评价药品已知的严重风险、识别药品的严重风险信号、根据有效数据说明潜在的严重风险,以及识别未预料到的严重风险。

---

[41] 顾自强．美国 FDA 药品申报注册批准前检查 [J]．中国处方药,2009,02:43-45.

根据 21CFR 312.21，临床试验分为三期，向 FDA 提交的研究性新药申请（Investigational New Drug，IND）分为以下三期。

Ⅰ期临床试验：研究性新药首次用于人体。其主要目的是确定药物在体内的代谢情况和药理作用，并且确定提高剂量所产生的副作用。Ⅰ期临床试验需获得有关药代动力学和药理学的相关信息，用于制定科学有效和检验完备的Ⅱ期临床试验计划。

Ⅱ期临床试验：为对照性临床试验，主要用于评价药品对于特定患者的药效，以及确定该药品常见的副作用以及相关风险。

Ⅲ期临床试验：为扩展性对照或对照性试验，主要用于收集与药品安全性和有效性相关的其他信息，用于评价药品整体的风险与效益。

根据 21CFR 312.22（a），在所有研究阶段，FDA 审评 IND 的主要目标是保证受试者的安全和权利。在Ⅱ期、Ⅲ期临床试验阶段，FDA 审评 IND 的主要目标是确保对药品进行高质量的科学评价，从而正确评价药品效力和安全性。因此 FDA 对Ⅰ期临床试验的审评主要集中于安全性评价，对Ⅱ期、Ⅲ期临床试验所提交资料的评价内容还包括评价临床试验的科学质量以及获得药品上市批准的可能性。

（一）IND 生效

根据 21CFR 312.40，所有研究人员进行临床试验必须按照 21CFR 312 部分 IND 申请、50 部分受试者保护、56 部分伦理委员会的规定进行临床试验操作，研究用新药方可用于临床试验。FDA 在收到 IND 30 日后，若未通知临床试验暂缓，则 IND 生效；或 FDA

提前通知发起人可以开始临床试验。FDA 将以书面形式通知发起人 FDA 接到 IND 具体日期。IND 生效后，发起人方可向研究人员提供研究用新药。

（二）FDA 对 IND 的建议

根据 21CFR 312.41，在研究过程中当发现有关 IND 缺陷或者需要更多数据和信息时 FDA 可随时与研究人员进行口头或者书面的沟通。

应发起人要求，FDA 可以针对 IND 的具体问题提出建议。如支持研究计划所需的技术性数据、临床试验设计、研究计划是否满足上市申请所要求的数据等相关建议。

除非按照规定需要进行临床试验暂缓外，FDA 与发起人之间进行的沟通仅为建议，无需更改计划或正在进行的临床试验项目，发起人也无需答复 FDA。

（三）暂缓临床试验和修改申请

根据 21CFR 314.42，FDA 可对临床试验施行暂缓（clinical holds）决定。暂缓临床试验是指根据 FDA 的指令延缓拟议的临床试验或暂停正在进行的试验。暂缓临床试验指令可以用于暂缓 IND 中的一项或多项试验。如果 FDA 发布暂缓某项拟议的临床试验指令，则研究人员不可以使用该研究性药品；不得增加该研究性药品的受试者；已参加研究项目的患者应立即停止使用该研究性药品，除非出于对患者安全的考虑时，FDA 才会特别允许其继续使用研究性新药。

1. 暂缓 I 期临床试验

如果 FDA 发现以下情形，则可以暂缓拟议的或正在进行的 I 期临床试验：

（1）受试者正在或将会面临罹患严重疾病或受到严重伤害的巨大风险；

（2）IND 的指定临床试验人员执行 IND 研究项目的科学知识培训和经验不足；

（3）研究人员手册出现错误和标识错误，或者资料不完整；

（4）IND 信息未满足相关规定所需的信息数量，导致不能评估受试者面临的风险；

（5）IND 是用于治疗危及生命的疾病或影响男女两性疾病的研究项目。如果研究药品具有生殖毒性（即影响生殖器官）或发育毒性（即影响未来后代），具有生殖能力的男性或女性不得参与研究。

2. 暂缓 II 期、III 期临床试验

如果 FDA 发现以下情况，则 FDA 可以暂缓拟议或正在进行的 II 期、III 期临床试验：

（1）暂缓 I 期临床试验的任何情况；

（2）研究计划或试验方案明显不能满足其预期目标。

3. 扩大使用（expanded access）IND 或试验方案执行临床试验暂缓

如果 FDA 认为扩大使用 IND 或者试验方案不符合相关标准或者不符合提交标准，则 FDA 有权实施暂缓临床试验的决定。

4. 临床试验设计不全面、不能进行良好对照的临床试验施行暂缓

如果 FDA 认为出现了以下情形，则可以暂缓某项设计不全面、不能进行良好对照的拟议的或正在进行临床试验：

（1）出现对 I 期、II 期、III 期临床试验施行暂缓的任何一种情况；

（2）有证据显示设计不全面、不能进行良好对照的临床试验项目正在妨碍同种或其他研究性新药进行注册、执行或完成；

（3）由于研究性新药的数量不足；

（4）一项或多项研究显示该药品缺乏效果；

（5）对于相同的患者，其他研究性药品或者其他相同用途药品有更好的风险效益平衡；

（6）相同用途、用于相同患者的其他研究性新药已经获得了上市批准；

（7）临床试验发起人并未积极寻求研究性新药获得上市批准的途径；

（8）FDA 认为继续执行该临床试验不符合公众利益。

5. 豁免知情同意要求的临床试验执行暂缓

（1）出现对Ⅰ期、Ⅱ期、Ⅲ期临床试验施行暂缓的任何一种情况；

（2）FDA局长并未下令放弃研究性新药的事先知情同意的要求。

6. 临床试验缺陷的讨论

如果FDA认为某项临床试验存在足以暂缓临床试验的缺陷，同时患者也并未面临严重的风险，则FDA将在发布暂缓临床试验指令前与发起人讨论并圆满解决上述问题。

7. 强制执行暂缓临床试验指令

暂缓临床试验的指令可以采用书面形式、电话或其他快速通讯方式予以通知。暂缓临床试验指令会明确其适用的IND研究项目，同时简要说明FDA做出上述指令的具体原因。由负责IND审评工作的部门主任或其代表做出暂缓临床试验命令。部门主任在发布强制执行临床试验暂缓命令的30日内，以书面的形式向发起人告知执行暂缓临床试验命令的原因。

8. 恢复临床试验

只有在FDA（通常为负责审评IND的部门主任或主任指定人员）通知发起人可以继续研究项目后，上述临床试验方能恢复。当发起人改正研究项目的缺陷或者满足FDA继续进行临床试验的要求，FDA才会批准恢复临床试验。FDA可以采用电话或其他快速通讯方式通知发起人暂缓临床试验决定。如果暂缓临床试验的IND发起人以书面形式请求FDA终止暂缓临床试验指令，并提交对暂缓临床试验指令所列问题的完整答复，则FDA将在收到申请之日起30天内给予发起人完整的书面答复。FDA将给予发起人终止或继续执行暂缓临床试验指令答复，同时说明做出上述决定的具体理由。直到 FDA 通知发起人可继续进行临床试验，发起人方可继续进行研究。

如果发起人不赞同 FDA 给予的暂缓临床试验决定，发起人应按照规定申请争议解决程序使 FDA 重新考虑上述决定。如果 IND 的所有研究项目处于暂缓临床试验状态 1 年或更长时间，则 FDA 可以将 IND 转入静止状态。

（四）终止 IND

根据 21CFR 312.44，如果 FDA 终止某项 IND，则发起人应结束该 IND 下属的所有临床试验项目，回收或处理所有未使用的研究性药品。FDA 发布终止命令的原因可能是 IND 研究项目执行过程中存在缺陷。在发布终止 IND 指令前 FDA 首先提出终止建议，并给予发起人回应机会。FDA 通常只会在首次试图非正式解决问题后，或在适当情况下，通过暂缓临床试验程序来进行终止临床试验的行动。

1. 终止临床试验的根据

如果出现以下情形，FDA 可终止 I 期临床试验：

（1）受试者面临罹患严重疾病或遭受严重伤害的巨大风险；

（2）IND 不具备评价临床试验受试者安全性所需的充足信息；

（3）制造、加工和包装研究性药品所使用的方法、设施及管理信息不足以制定确保受试者的安全所需的药品特性、浓度、质量和纯度相关标准；

（4）临床试验的执行方法与提交 FDA 的 IND 试验方案中的规定有很大差异；

（5）药品未经许可或未满足临床试验相关要求即进行商业促销或销售；

（6）IND、IND 修正案或 IND 报告存在虚假的成分说明或遗漏本部分要求的有关信息；

（7）发起人未能积极调查并通知 FDA 和所有研究人员严重不良反应或者未能提交任何报告；

（8）发起人未提交准确的年度研究报告；

（9）发起人未能遵守受试者知情同意要求或伦理委员会规定的任何相关要求；

（10）IND 处于静止状态长达 5 年或更长时间；

（11）发起人未按规定执行暂缓临床试验指令，继续进行临床试验；

如果出现以下情形，FDA 可终止Ⅱ期、Ⅲ期临床试验：

（1）出现了对Ⅰ期临床试验终止的任何一种情况；

（2）临床试验计划或试验方案不能作为确定药品是否可以安全有效地使用的科学性计划；

（3）有力证据显示药品在特定的研究用途方面没有效果；

2.FDA 给予发起人回应的机会

（1）如果 FDA 提出终止 IND，则 FDA 将以书面形式通知发起人，同时邀请发起人在 30 日内提出更正或说明；

（2）接到上述通知后，发起人可以向 FDA 提交书面说明或更正，或者要求 FDA 召开会议，在会议上进行说明或提出更正。如果在特定时间内发起人不做答复，则 FDA 会终止相关 IND；

（3）如果发起人做出答复，但 FDA 不赞同其提交的说明或更正信息，则 FDA 应以书面形式通知发起人拒绝采纳上述信息的原因，同时也允许发起人召开 FDA 听证会，以便确定是否应该终止发起人的 IND。发起人需在收到 FDA 拒绝采纳通知 10 天内申请召开听证会。

3.FDA 直接终止 IND

如果 FDA 认为继续进行临床试验会对患者健康构成巨大的直接风险，则 FDA 的 CDER 主任或 CBER 主任应立即以书面形式通知发起人终止 IND。如果发起人向 FDA 提交消除上述风险的相关资料，则 CDER 主任或 CBER 主任可以恢复已终止的 IND。如果 FDA 直接令发起人终止 IND，则 FDA 允许发起人召开听证会，以便确定是否应该恢复 IND。

（五）IND 的静止状态

根据 21CFR 312.45，如果临床试验项目在 2 年或更长时间内没有对受试者进行研究，或者 IND 的所有研究项目处于暂缓临床试验状态 1 年或更长时间，则 FDA 将把 IND 转入静止状态（inactive status）。FDA 可以自行决定或者根据发起人请求采取静止 IND 行动。如果 FDA 自行决定将 IND 转入静止状态，则 FDA 应首先以书面形式通知发起人建议静止 IND。发起人在接到上述通知后在 30 天内可以对 FDA 的决定做出回应，可以向 FDA 提交 IND 应继续处于激活状态的具体原因。

如果 IND 转入静止状态，则应通知所有相关研究人员，同时回收所有研究性药品或按照规定对未使用的研究性药品进行处理。

发起人无需向 FDA 提交处于静止状态的 IND 年度报告。对于静止状态的 IND，发起人仍可以向公众公开其数据信息。

发起人如果希望继续恢复静止的 IND，则可以向 FDA 提交包含下一年拟议的临床试验计划和相关试验方案或者其修改资料。如果试验方案修改资料是基于之前所提交信息，拟议的临床试验计划应提及上述信息。只有在以下情况处于静止状态的临床试验方能继续进行：

（1）FDA 收到 IND 试验方案（protocol）修改资料 30 天后；

（2）FDA 通知发起人试验方案修改资料所述的研究项目可以开始。

对于处于静止状态 5 年或更长时间的 IND，FDA 可以予以终止。

（六）召开会议

根据 21CFR 312.47，为解决临床试验过程中出现的问题，FDA 和发起人可以经常召开会议。在 FDA 资源许可范围内 FDA 鼓励召开有助于药品评价和解决与研究性药品相关科学性问题的会议。

召开上述会议的总体原则是保证对临床试验过程中出现的任何科学或医疗问题都可以公开、全面、自由交流，并对会议进行记录。

1. II 期结束会议（*End-of-Phase 2*）和 Pre-NDA 会议

召开 II 期结束会议的目的是确定 III 期研究的安全性、评价 III 期临床试验的试验方案以及现有的试验计划能否充分评价儿科用药的安全性和有效性，确定支持药品研究用途上市申请所需的其他信息。

II 期结束会议主要是针对涉及新分子实体或上市药品的新用途的 IND，任何 IND 的发起人都可以请求召开此会议。为最大限度地帮助发起人，II 期结束会议应在安排 III 期临床试验资源和其他事物前召开。时间安排不能延缓临床试验由 II 期向 III 期进行。

在召开 II 期临床试验结束会议至少前 1 个月，发起人应提交 III 期临床试验计划的背景资料，包括 I 期和 II 期临床试验摘要、III 期临床试验方案、其他非临床试验计划、儿科研究计划，包括试验方案确定、受试者纳入、试验完成和数据分析的时间安排、支持豁免或延缓儿科研究请求的相关资料及临时药品标签。

II 期试验结束会议由负责审评药品和生物制品 IND 的 CDER 或 CBER 下属部门安排。FDA 负责预定与会双方均方便的会议时间。会议主要围绕 FDA 和发起人就 III 期临床试验整体计划和研究目标等达成一致，讨论内容还包括 III 期临床试验和上市申请的技术资料是否足够。FDA 还会在会议上提出药物是否应该进行儿科研究以及是否延缓儿科研究资料的提交。就上述问题达成的一致协议将记录在会议备忘录中，会议备忘录由 FDA 保管并发给发起人。会议备忘录连同向发起人提供的任何其他书面资料均作为会议达成一致协议的永久记录。会议达成的试验目标和试验设计足以支持药品上市批准，除非有重大科学进展。

2."新药上市申请前（*pre-NDA*）"和"生物制品上市申请前（*pre-BLA*）"会议

FDA 发现与发起人对上市申请相关资料进行交流，可以减少上市申请的初审时间。NDA 前会议可以发现重大未决问题；临床试验是否足以确定药品疗效的计划充分、良好对照研究；确定评估儿科用药安全和有效性所需和正在进行研究项目的情况；帮助 FDA 审评人员熟悉上市申请提交资料（包括技术资料）；确定恰当的数据统计分析方法；以及确定上市申请数据资料的表述和格式。由发起人和 IND 审评部门安排 NDA 前会议或 BLA 前会议。为了便于 FDA 向发起人提供有用的上市申请建议，发起人至少应该在会议召开前 1 个月向 FDA 提交以下资料：

（1）上市申请中临床试验项目的简要说明；

（2）对提交资料的拟议的格式，包括展示数据的方法；

（3）正在进行或所需要的儿科研究项目相关信息；

（4）需要经过会议讨论的任何其他信息。

（七）争议解决

根据 21CFR 312.48，FDA 致力于与发起人就双方信息和想法进行良好的沟通，以快速友好的方式解决 FDA 和发起人之间有关 IND 要求的争议。

1. 行政或程序问题

当出现行政或程序问题时，发起人应与负责审评 IND 的 CDER 或 CBER 下属部门解决问题，首先接触负责该项申请的消费者安全官（CSO），FDA 对每个 IND 都指定安排一个 CSO，在 IND 及以后提交的各种申请审评中 CSO 担负着药品申办者同 FDA 联络的工作。若未能解决争议，则再提交至调查官处，调查官负责调查具体情况，以便及时公正解决问题，一般会帮助解决会议安排以及获取 FDA 及时答复遇到的各种困难。

2. 科学或医疗争议

当药品研究过程中出现科学或医疗争议时，发起人应直接与审评负责人讨论。在必要情况下，发起人可以要求与审评负责人和管理部门代表召开会议，寻求解决方案。召开上述会议请求应提交至 FDA 负责审评 IND 的 CDER 和 CBER 部门负责人处。对于涉及重大问题，会议时间定在 FDA 和发起人彼此方便的会议请求，FDA 将尽力予以批准。

"Ⅱ期试验结束"会议和"pre-NDA"会议也是及时解决发起人和 FDA 关于科学和医疗问题不同看法的争议解决途径。

在申请召开解决科学或医疗争议会议的同时，申请人可以建议 FDA 寻求外部专家建议。FDA 可以自行决定邀请指定的 1 个或多个咨询委员会成员或其他顾问参加会议。申请人也可以邀请自己的顾问参加上述会议。对于非正式会议未能解决的重大科学和医疗政策问题，FDA 可以命令下属常设咨询委员会对上述问题进行调查，提出相关建议。

二、美国食品药品管理局在新药上市申请（NDA）阶段的职责与权力

几十年来，美国对新药的控制基于新药上市申请阶段（New Drug Application，NDA），自 1938 年《美国食品、药品和化妆品法案》，美国新药必须经过 NDA 批准后方可上市。其中在动物研究和人临床试验阶段收集的数据为 NDA 重要的一部分。

FDA 对 NDA 审评的主要目的有：

（1）审评药品是否安全有效，其效益是否大于风险；

（2）申请人所提出的标签是否合适，还有何内容需加到标签上；

（3）药品的生产、控制方法是否能确保药品的特性、纯度和质量。

根据 FD&CA 505（b）（1），任何人都可以向 FDA 提出对药品进行洲际贸易的上市申请。作为申请的一部分，该申请人需向 FDA 提交：①完整的研究报告来证明该药品使用的安全性和有效性；②该药品成分物质的详细清单；③完整的药品构成说明；④对药品生产、加工、包装过程中使用的方法、设施和控制的完整阐述；⑤FDA 所要求的药品样品和组成物质样品；⑥药品的标签；⑦对儿科研究的评价。申请人可以向 FDA 提交该药品的专利号码及专利期限。申请人在提交申请时应附带专利号和其他专利届满日期或者未对使用方法侵权的声明。如果该申请被批准，则部长会公开前述信息。部长可能会与 NIH 主任以及药品生产商代表进行协商，制定关于女性和少数民族临床试验指南。根据 FD&CA 505（b）（2），针对申请人提交的 NDA，如果申请人所依据已批准申请的

研究而非由申请人进行的，申请人未从研究者处获得引用权或使用权，则还应包括：

申请者对与药品相关专利进行声明，或声明申请者对该药品使用的权利以及依据 FD&CA 505（b）（1）要求提供的信息，证明①该专利信息未被提交；②该专利已经届满；③该专利即将届满的日期；或者④该专利无效，或对申请的新药生产，使用或销售不会构成侵权；以及如果已上市药品未包含使用方法的专利，则在声明中说明此情况。

（一）对 NDA/ANDA 进行立卷（filing）

根据 21CFR 314.101，FDA 在接收 NDA 或 ANDA 60 天内决定是否进行立卷。若对申请进行立卷则意味着 FDA 将对该申请进行全面的实质性审评。对 NDA 或 ANDA 进行立卷即 180 天的申请审评时限开始。此 180 天期限被称为"立卷时钟"（filing clock）。

如果出现以下情形，FDA 可能拒绝立卷：

（1）申请中无完整的申请表；

（2）申请未按照规定的格式进行提交；

（3）申请中的内容不完整；

（4）申请中无完整的对环境影响的评价报告（Environmental assessments，EA）；

（5）对于非英文版申请，其英文内容不准确完整；

（6）申请中无非临床试验是按照规定进行的声明，或者对于未按照非临床试验规定所要求的项目，未说明具体原因；

（7）申请中无所有临床试验是按照伦理委员会法规规定进行的声明，无临床研究项目是按照受试者知情同意法规进行的声明；

（8）提交申请的申请人已经有相同药品的批准申请，或者该申请人仅仅是分销商或者重新包装商。

如果申请中包含与专利药相同的有效成分，或者在专利药 5 年的市场独占期内，FDA 会拒绝立卷。

在立卷后的 180 天内（或者审评时限延长），FDA 会决定是否批准该申请。若申请人要求召开关于申请的完整回应信函（complete response letter）的听证会，则 FDA 负责发布召开听证会通知。

（二）申请人与 FDA 之间的沟通

根据 21CFR 314.102，在审评期间，FDA 会与申请人直接沟通关于审评过程中出现的科学性、医学和程序上的问题。FDA 与申请人会采用最佳的沟通方式，如电话沟通、信件或者召开会议。

FDA 审评人员会尽可能及时与申请人进行沟通，在发现 NDA/ANDA 申请中有应尽早改正的缺陷（特别是化学、生产和控制缺陷）时会尽快通知申请人。FDA 也会尽快通知申请人审查申请或仿制药申请技术变化所需的更多信息或数据。尽早通知申请人可以在审评过程中尽早改正已知缺陷，在审核期限结束前提交修改资料。上述尽早通知通常不适用于需要 FDA 管理层和审评人员对申请进行整体考虑的重大科学问题。重大科学问题通常会在行动信函中予以说明。

FDA 会召开 "90 天会议"。在 FDA 收到申请大约 90 天后 FDA 会为申请人提供约见 FDA 审核官员机会。会议目的是告知申请人申请状况和总体进展，向申请人提出已经被发现、但尚未通知申请人的申请缺陷。上述会议适用于所有新化学实体和已上市药品的新用途申请。申请人可以决定是否召开上述会议。如果双方同意，FDA 和申请人还可举行电话会议。

FDA 会召开审评结束会议。在 FDA 对 NDA 或 ANDA 审评工作结束并发布可批准或不可批准信函时，FDA 通常会为申请人提供会见 FDA 审评官员机会。会议目的是讨论在 NDA 批准前申请人所需要采取的具体行动。上述会议适用于所有 NDA 和 ANDA。新化学实体申请、上市药品新用途申请优先召开审评结束会议。召开上述会议申请需提交至负责审核 NDA 或 ANDA 的主管部门。

FDA 和申请人之间还会召开讨论科学、医学以及审评过程中出现的其他问题的相关会议。召开上述会议申请需要提交至负责审核 NDA 和 ANDA 的主管部门。对于涉及重大问题的会议，FDA 将尽可能予以批准，并将会议安排在 FDA 和申请人均方便的时间内。

（三）争议解决

根据 21CFR 314.103，FDA 通过相互交换信息和意见，以快速友好的方式解决 FDA 和申请人之间存在的关于 NDA 和 ANDA 等的异议。

1. 行政和程序问题

当出现行政或程序上的争议时，申请人应首先接触负责审评 NDA 或 ANDA 相关部门，与 NDA 或 ANDA 指定消费者安全官员（CSO）一同解决相关问题。如果未能解决争议，则申请人应将问题提交至负责调查具体情况、以便及时公正解决问题的调查部门。提交给调查部门的资料包括关于会议安排、获取 FDA 及时答复和及时应对审评 NDA 遇到的各种困难等的资料。

2. 科学和医疗争议

由于重大科学问题通常采用可批准或不可批准信函形式通知申请人，其中 FDA 召开的"审评结束会议"主要用于讨论、解决申请人不赞同 FDA 关于科学和医疗问题的建议。此外，"90 天会议"也提供了申请人和 FDA 共同讨论、解决问题的机会。

在审核过程中的其他时间出现科学或医疗争议时，申请人应直接与负责审评的官员讨论相关问题。在必要情况下申请人可以要求与相关审评官员和管理层代表召开会议，共同寻求解决方案。通常申请人首先与部门主任召开上述会议，如果问题仍然没有解决，则与办公室主管、最后与中心主任召开会议解决。召开上述会议申请应提交至负责审评 NDA 或 ANDA 的主管部门。对于涉及重大问题的会议请求，FDA 将尽力予以批准，并将会议安排在 FDA 和申请人彼此方便的时间内。

在申请召开解决科学或医疗争议会议时，申请人可以要求 FDA 寻求外部专家建议。FDA 可自行邀请 1 位或多位 FDA 咨询委员会成员或其指定的其他顾问参加会议；申请人也可以邀请自己的顾问参加会议。对于非正式会议未能解决的重大科学问题和医学政策问题，FDA 可以命令其下属某个常设咨询委员会对上述问题进行调查，提出相关建议。

三、美国食品药品管理局在仿制药申请（ANDA）阶段的职责与权力

仿制药是根据创新药或原研药进行仿制，占据了美国约 88% 的处方药。专利药必须通过昂贵和耗时的开发项目证明其安全性和有效性，如大量的临床研究等。与此相反，仿制药开发人员可以从原研药中获得数据，从而避免很多昂贵的开发项目，使患者和消费者获得价格相对低廉的药品。

FDA 要求仿制药企业提供充足的数据来证明该仿制药可替代原研药。仿制药申请人所面临的挑战是向 FDA 证明其仿制药的安全性和有效性。FDA 的挑战是要仔细审评这些数据，以确保该仿制药的安全性和有效性。[42]

（一）橙皮书

橙皮书是 FDA 根据《Hatch-Waxman 法案》要求出版的已批准药品目录、专利信息等内容的《经治疗等效性评价批准的药品》（Approved Drug Products with Therapeutic Equivalence Evaluation）一书（图 5-1）。其药品名单列举的都是通过 FDA 批准的经安全性和有效性评价的药品，共包括 4 部分：①经批准的通过了治疗等效性评价的处方药；②经批准的因为不在现存 OTC 专论而未被 NDA 或 ANDA 批准上市的非处方药；③经 CBER 监管的药物；④有特殊用途而非因为安全性或有效性而未上市的药物，如出口用、军队用等。名单按照药品的原料药的首字母排序。具体信息包括

---

[42] Office of Generic Drugs （OGD） Annual Report for 2015.[EB/OL].（2016-04-19）. http://www.fda.gov/drugs/Development approval process/how drugs are develop

图 5-1 橙皮书

该药品的原料药、剂型、给药途径、药品名称 [商品名、常用名
（无商品名时）及申报名]、适应证、规格。同时在附录部分给出
药品的申请批号、批准日期等专利和独占期信息。

橙皮书中有关仿制药治疗等效性的定义有明确界定：

1. 药学等效性（pharmaceutical equivalents.）
如果药物由相同的原料药组成、剂型、给药途径和浓度，则认为
两药具有药学等效性。具有药学等效性的药品需明确列举其相同
量的原料药、相同的剂型并满足相同或适宜的应用标准（如规格、
质量、纯度等），但是它们可能在外形、释放机制、包装、辅料
及标签等方面不一致。

2. 治疗等效性（therapeutic equivalents）
FDA 规定满足下列条件的药品具有治疗等同性：①经证实安全、
有效；②具有药学等效性（有相同的原料药、剂型、给药途径；
在规格、质量、纯度等方面符合药典或其他通用标准）；③具有
生物等效性（没有已知或潜在的生物等效性问题并符合体外试验

标准；有已知或潜在的生物等效性问题，但能证明满足恰当的生物等效性标准）；④标签阐释充分；⑤生产过程符合现行 GMP 标准。治疗等效性的概念作为橙皮书的补充，只适用于含相同原料药药品的比较，并不涉及用于同一病症的不同药品（如都用于镇痛的盐酸丙氧吩和盐酸喷他佐辛）。名单上列出的任何非申请持有人提交的药品都被认为具有治疗等效性，即使该申报持有人的药物是独家来源或被编码为非等价。治疗等效性不适用于确定未被批准的，不列在药品标签上的适用证。只有当药品满足上述标准时，FDA 才认为两种药物有治疗等效性。但药物可以在外观、释放机制、包装、有效期限、储存条件等方面不同。如果以上不同在对个体患者的应用上有影响时，处方医师需要在配药时特别注明。

3. 生物等效药品（bioequivalence pharmaceutics）

是在相似实验条件下具有可比性的生物利用度的治疗等效品或替代品。应满足以下标准：在相似试验条件下原料药以相同剂量单次或多次给药时，试验药品与参比药品的吸收速度和程度不能有显著性差异或者虽然吸收速度不同但已在标签上说明，且长期使用时不影响达到有效的体内药物浓度。一般情况下生物等效性由相关的临床试验或药效学研究来体现，但有时尤其是体外试验和人体试验数据相关联时也可以用体外生物等效标准来衡量。[43]

（二）ANDA 申请内容

根据 FD&CA 505（j）（2）（A），ANDA 申请内容应包括：

---

[43] Orange Book Preface.[EB/OL]. （2016-06-10）http://www.fda.gov/Drugs/DevelopmentApprovalProcess/ucm079068.htm

（1）已上市药品（listed drug）标签中标明的适应证、推荐的使用条件；

（2）①如果已上市药品只有一种活性成分，需说明该仿制药的活性成分与已上市药品相同；②已上市药品有一种以上的活性成分，需说明该仿制药的活性成分与已上市药品相同的信息，或者③如果已上市药品有一种以上的活性成分，其中一种活性成分与已上市药品不同，需说明仿制药的其他活性成分与已上市药品活性成分相同或者针对不同的活性成分，ANDA申请人已向FDA提交请求并予已被批准。

（3）说明该仿制药的给药方法、剂型、规格含量与已上市药品相同，如果该仿制药的给药方法、剂型、规格含量不同，ANDA申请人应向部长提交仿制药与已上市药品不一致的请愿书；

（4）除了向部长提交与已上市药品有一种活性成分不同的请愿书，应说明与已上市药品的生物等效性，与已上市药品具有相同的药理作用和治疗的类别并且说明在相同的给药环境下具有治疗等效性；

（5）除了向部长提交与已上市有一种活性成分不同的请求或者由于仿制药与已上市药品的由不同的生产厂商生产或分发，说明仿制药的标签与已上市药品的标签相同；

（6）FD&CA505（b）（1）所述信息；

（7）包含一份证明：①该专利信息未录入"橙皮书"中；②该专利已经届满；③该专利即将届满的日期；或者④该专利无效或ANDA申请未构成专利侵权的声明；

（8）如果已上市药品无关于使用方法的专利声明，则在 ANDA 中应说明此情况。

根据 FD&CA 505（j）（2）（C），如果申请人所提交的 ADNA 中与已上市药品相比具有不同的活性成分或给药方法、剂型或规格含量，该申请人应向部长提交许可请愿书（petition）。部长将在 90 天内对所提交的请愿书做出批准或不批准的决定。出现以下情况部长会拒绝批准该请愿书：

（1）必须对与列出的药品不同的活性成分或给药方法、剂量或规格含量进行临床试验以证明此药品或其活性成分的安全性和有效性；

（2）在 ANDA 所提交的资料中，未对含有不同活性成分药品的安全性和有效性做出充分评价。

（三）FDA 对 ANDA 的审评

1. 组织机构

对 ANDA 的审评主要由 CDER 下属的 OGD 完成，OGD 下设四个主要办公室，分别是生物等效性办公室（Office of Bioequivalence，OB）、研究和制定标准办公室（Office of Research and Standards，ORS）、法规运营办公室（Office of Regulatory Operations，ORO）、仿制药政策办公室（Office of Generic Drug Policy，OGDP）。OGD 对 ANDA 的审评主要分为生物等效性数据、仿制药的标签和质量管理体系三大方面。ANDA 的生物等效性数据主要由 OB 审评，标签与质量管理体系由 ORO 负责审评。在必要时与其他各办公室进行沟通，确保仿制药的安全、有效。

2.FDA 对 ANDA 审评的数据

（1）生产过程的相关信息：结合仿制药活性成分和非活性成分，审评仿制药的生产过程。这些数据使 FDA 了解生产商是否可以生产出高质量的产品。

（2）药效的相关信息：FDA 会要求仿制药申请人招募志愿者开展人体试验，使受试者用原研药或者仿制药，根据试验数据证明该仿制药安全有效，可替代原研药。

（3）FDA 需审评仿制药的原料药是否与原研药相同，以及所用的辅料及包材等非活性成分是否安全，以及仿制药的标签是否与原研药的标签相同。

（4）生物等效性相关数据。

（5）仿制药的适应证、给药剂量、给药途径是否符合 FDA 严格的标准。

3. 审评的时限

根据 FD&CA 505（j）（5）（A），在收到 ANDA 的 180 天后，部长会批准或不批准该 ANDA。

根据 FD&CA 505（j）（5）（B），针对未涉及专利侵权声明的 ANDA，若含有该专利信息未被提交或该专利已经届满的声明，则 ANDA 批准可立即生效；若含有该专利即将届满的日期的声明，则 ANDA 在已上市药品的专利届满之日起生效；若在声明该专利无效或提交 ANDA 未构成专利侵权的情况下，并且需告知专利权人，如果专利权人在收到通知的 45 天内提出侵权诉讼，FDA 将终止审评 ANDA 30 个月。若专利权人在 45 天内未提出侵权诉讼，则 FDA 可批准该 ANDA。如果出现以下情况，则 FDA 认可批准 ANDA：①专利已届满；②法院裁定未侵权或者专利无效；③专利权人收到通知后满 30 个月。

4. 首仿仿制药独占期

根据 FD&CA 505（j）（5）（B）（iv），首次提交的 ANDA 中包含该专利无效或提交 ANDA 未构成专利侵权的声明，则此仿制药有 180 天的独占期，即该药物若被批准上市，则为仿制药专利挑战成功后获得的 180 天的"首仿独占期"。

根据 FD&CA 505（j）（2）（B），对于包含声明该专利无效或提交 ANDA 未构成专利侵权的 ANDA，须在受理 ANDA 的 20 日内通知专利权人，通知内容包括声明生物有效性或药学等效性研究的数据的 ANDA 已经按规定提交，为了在声明中提及的专利届满前取得从事商业生产、使用或销售药品的批准，以及包括申请人认为专利无效或未侵权的事实和法律依据的详细陈述。若专利权人提出侵权诉讼，则 FDA 会终止审评该 ANDA 30 个月。

根据 FD&CA 505（j）（5）（C）（ii），如果申请人被专利权人提起专利侵权诉讼，申请人可以提出反诉，要求专利权人纠正或删除其提交的专利信息，基于没有对已被批准申请的药品或者已批准药品的使用方法提出专利声明。

四、美国食品药品管理局对药品生产商的注册、登记

根据 FD&CA 510（b）（1）每年 10 月 1 日到 12 月 31 日期间，所

有从事药品的生产、制备、繁育（propagation）、合成、加工企业
的所有者或经营者都须向 FDA 登记其名称、企业地址、全部此种
企业、每个企业的唯一设施识别符（unique facility identifier）及
联系人电子邮箱。

根据 FD&CA 510（c）（d）和（e），对于第一次从事药品的生产、
制备、繁育（propagation）、合成、加工的企业拥有者或者运营
者（国内），应向 FDA 登记药品按照上述要求提交相关信息；任
何按照前款规定适时登记的人，须立即向部长登记任何其拥有或
运营的、在任何州增加的、开始进行药品或器械的生产、制备、
培养、合成、加工的场地。部长可给按本条规定登记的场地或个
人编制一个登记号码。部长还可以向按照（j）分条列入目录的每
种药品或每类药品编制一个目录号码。按照前述规定编制的号码，
必须与按照《美国国家药品编制》编制的号码相同。

根据 FD&CA 510（i），对于国外企业的登记注册，每年 10 月 1 日
到 12 月 31 日期间，所有从事药品或者医疗器械的生产、制备、
繁育、合成、加工且其产品被进口到美国的国外企业的所有者或
运营者，都应向 FDA 登记。第一次从事药品生产时，应登记企业
的名称、地址、全部此种设施及其唯一设施识别符、联系人邮箱
地址、企业在美国的代理人姓名、进口该药品的进口商名称、所
有进口或者提供进口该药品到美国的人的姓名。对于年度登记，
企业须在之后每年的 10 月 1 日至 12 月 31 日期间向部长进行注
册登记，并且提供企业所有药品的明细表。部长可与国外官员合
作，确保通过适当有效的方法来决定企业的生产、制备、培养、
合成、加工的药品或医疗器械是否将被禁止进入 801（a）中规定
的地方。部长将详细说明登记者须使用的唯一设施识别系统。在
部长未说明识别系统之前，登记中不须包含唯一设施识别符。

五、美国食品药品管理局对药品的现场检查

根据 FD&CA 505（d）和 505（j）规定，只有用于药品生产、加工、包装、检验的方法、设备和控制足以确保其特性、规格、质量和纯净度时，FDA 方可批准 NDA、ANDA 和 BLA 申请。FDA 通过现场检查的方式来确保提交数据的真实性、准确性以及药品的高质量性。检查方式主要分为基于风险的检查、批准前检查（Pre-Approval Inspection，PAI）、有因检查（for case inspection）。

（一）法律授权

根据 FD&CA 704（a），在合理的时间和范围内，以合理方式检查工厂、仓库、场地、车辆及所有相关的器械、制成品或半成品的文件、容器以及标签。对于任何制造、加工、包装或者持有处方药、人用非处方药、限制类器械，或者烟草制品的工厂、仓库、场地或者咨询试验室，检查将延伸至表明以下情况的所有物品（包括记录、文件、档案、程序、控制以及器械设施）：处方药、人用非处方药、限制类器械，或者烟草制品是否掺假或错误标识，是否违反本法相关法律而被禁止制造、禁止州际贸易、销售、许诺销售，或者是已经或正在制造、加工、包装、运输或持有，以及违反本法的其他情况。上述检查对象，并不包括财务数据、销售数据以外的其他货运数据、价格数据、人事数据（除非是反映本法规定的特定技术或者专业人员才能从事有关活动的人事数据）、研究数据 [除非是第 505（i），（k）条①、第 519 条、第 520（g）条规定的、必须报告和检查的，与新药、抗生素药品有关的数据，和 505（j）条设定的、如果是新药就要报告与检查的其他药品、器械的数据]。对前述各项检查，需要提供单独通知，对授权检查的期间内的每次进入有关场地的活动无须发出通知，每项检查

都应尽可能地尽快开始和结束。

（二）基于风险的检查

根据 FD&CA 510（h）（3），部长可通过指派一名或多名官员或雇员检查登记企业的药品的生产、制备、培养、合成、加工的企业、检查安排须基于企业的风险。

根据 FD&CA 510（h）（4）在制定检查计划时将依据该企业的已知风险，基于以下因素确认已知风险的大小：①该企业的合规性历史；②涉及该企业的召回记录、历史和性质；③该企业生产、制备、培养、合成、加工的药品的固有风险；④该企业的检查频率和历史，包括过去 4 年是否曾被检查；⑤该企业是否曾被国外政府机构检查；⑥其他为了分配检查资源而认为必要的标准。

根据 FD&CA 510（h）（6），现场检查年度报告：从 2014 年起，每年 2 月 1 日前 FDA 将在其网站发布报告，公布①上一年度登记注册的国内外企业数量；上一年度检查的国内外企业数量；②涉及原料药、药品、药用辅料的生产、制备、繁育、合成、加工的企业数量。

（三）批准前检查

1. 检查目的

检查主要有三大目的：①商业化生产的准备情况：检查该企业是否有质量体系，以实现对设施和商业化生产操作的充足控制；②与申请中内容的一致性：核实配方、生产和加工方法、分析方法与申请中 CMC 部分的描述是否一致；③数据完整性检查：检查原始数据、拷贝数据、电子数据以证明申请中 CMC 部分提交的数据的真实性。[44]

2. 组织机构

药品 NDA、ANDA 的 PAI 一般由包括 ORA 和 CDER 等多个办公室共同合作来完成。PAI 由 CDER 下设的合规办公室（OC）发起，OC 和生产和产品质量部（DMPQ）共同评估设施，确定 PAI 是否必须进行。ORA 执行检查。ORA 有 227 个办公室和 13 个实验室遍布美国的各个区域负责现场检查，按照 PAI 程序检查生产场地、向 OC 报告检查结果并向 OC 提供建议。检查报告及 ORA 所提出的建议提供给 CDER 其他办公室以支持对 NDA、ANDA 的审评。对于国外的设施检查，国际合规分部（ICB）相当于 OC。

3. 检查的结果

现场检查结束之后，区域办公室要做出"建议批准"（recommend approval）或"建议暂缓批准"（recommend withholding approval）的决定。如果现场检查发现以下缺陷项目，通常区域办公室会做出暂缓批准的建议：①严重的数据真实性的问题；②严重违背 cGMP 要求，如处方或生产工艺变更导致 FDA 怀疑其生物等效性试验数据的真实性问题；③临床试验用药品的生产工艺与新药申报时的生产工艺存在重大差异；④在主生产记录中缺乏完整的生产和质量控制方法或缺乏数据去支持这些方法；⑤药厂缺乏生产该药品或原料药的能力；⑥不能满足注册申请时所做的承诺；⑦正常生产规模的工艺验证显示该生产工艺不能处于有效控制之

---

[44] FOOD AND DRUG ADMINISTRATION COMPLIANCE PROGRAM GUIDANCE MANUAL.[EB/OL].[2010-04-12].http://www.fda.gov/downloads/drugs/developmentapprovalprocess/manufacturing/questionsandanswersoncurrentgoodmanufacturingpracticescgmpfordrugs/ucm071871.pdf

中，且企业未采取适当的变更措施；⑧如注册申报资料中包含正常生产规模的有关信息，而现场检查时企业却无法证明能商业化大规模生产并符合关键的质量特征；⑨方法验证未完成或未成功；⑩申报资料中未明确规定仪器设备或工艺参数；⑪稳定性试验明显失败，无法证明药品生产或原料药的稳定性等。[45]

六、美国食品药品管理局对新药上市申请（NDA）/仿制药申请（ANDA）审评的结果

1. 批准 NDA 或 ANDA

根据 21CFR 314.105，如果无拒绝批准申请原因，则 FDA 将批准 AND 或 ANDA，并向申请人发送批准信函。除根据 FD&CA 505b（b）（2）[46] 节规定延迟批准的生效日期外，FDA 批准指令自批准信函发布日期起生效。延迟批准生效日期指令是暂时性的，直至生效日期方为最终批准命令。根据本段规定批准的新药品或抗生素直至批准生效方能上市。

如果申请缺陷仅涉及标签草案中的编辑或类似微小缺陷，则 FDA 将在标签草案基础上批准申请，并向申请人发送批准信函。只有当申请人按照 FDA 要求对标签进行适当修改，并向 FDA 提交药品上市前的最终印刷标签副本时，FDA 方能批准申请。

如果 FDA 认为药品的安全性和有效性、生产和控制以及标签合规

---

[45] 翁新愚，陈玉文，毕开顺．美国食品和药物管理局药品注册现场检查[J]．中国新药与临床杂志,2013,11:865-868.

[46] 与专利到期相关的延期批准生效的时期。

时，FDA 将批准 NDA。如果 FDA 认为药品的生产和控制、标签
以及生物等效性合规时，FDA 将批准 ANDA。

2. 拒绝批准 NDA 或 ANDA

根据 21CFR 314.125（a），如出现以下任何原因，FDA 将拒绝批
准 NDA 并以书面的形式通知申请人可有召开听证会的机会，讨
论是否存在 FD&CA 505（d）中涉及的拒绝批准的依据：

（1）FDA 向申请人发送根据 21CFR 314.110 的完整回复函；

（2）申请人要求召开听证会以讨论该 NDA 是否是可批准；

（3）FDA 认为该 NDA 出现了 21CFR 314.125（b）的任何一条。

根据 21CFR 314.125（b），出于以下任何原因，FDA 可以拒绝批
准申请：

（1）生产、加工、包装或保存原料药或药品采用的相关方法、设
施和控制措施不足以保证药品或原料药的特性、浓度、质量、纯度、
稳定性和生物利用度；

（2）临床研究项目并未包含采用相关方法证实药品在拟议的标签、
指定用途安全性适当的临床试验；

（3）试验结果显示药品不具备拟议标签特定、推荐用途的使用安
全性或试验结果不能证明该药品在拟定用途上的安全性；

（4）确认药品在拟议的标签中与安全性相关的信息不足；

（5）缺少实质性证据证明该药品的临床试验是完善的、良好对照的以及根据拟议的标签使用该药品的有效性；

（6）拟议的标签虚假或标识错误；

（7）NDA 或 ANDA 中包含有关重要事实的虚假声明；

（8）药品拟议的标签不符合要求；

（9）NDA 或 ANDA 中无生物利用度或生物等效性依据；

（10）如果申请人未修改申请中的缺陷；

（11）药品全部或部分在未注册或未被豁免注册要求的机构内生产或加工；

（12）申请人不允许 HHS 相关授权官员或雇员检查设施、控制措施和申请相关的所有记录；

（13）生产、加工、包装或保存原料药或药品的相关方法、设施和控制措施不符合最新《药品生产质量管理规范》（GMP）；

（14）NDA 或 ANDA 中未说明申请人缺少临床试验报告的原因，或未说明申请人关于评价药品的信息来源；

（15）申请规定的、证明药品在拟议的标签中特定的用途使用安全性的非临床实验室研究未遵循 GLP 开展研究，同时也未提供不遵循相关规定的具体原因；

（16）未服从有关伦理审查委员会法规规定或知情同意法规规定、涉及人体研究对象的申请临床研究项目在实施过程中未遵循上述法规规定，受试者的权利或安全性未得到充分保护；

（17）NDA 或 ANDA 中负责实施生物等效性或生物利用度研究的申请人或合同研究组织拒绝允许 HHS 相关授权官员或雇员检查设施或研究相关记录，或者拒绝提交 FDA 需要的研究性药品留样；

（18）新药申请无相关专利信息。

七、美国食品药品管理局在药品上市后的职责与权力

（一）上市后研究和临床试验

根据 FD&CA 505（o）（3）部长可要求责任人（responsible person，RP）在包括化学或药理学等合理的科学性数据基础上进行药物上市后研究或上市后临床试验。

上市后研究或上市后临床试验的目的如下：①评估药物已知的严重风险；②评估药物的严重风险信号；③可获得数据识别潜在严重风险。

当部长获得新的安全信息时，部长可能要求已批准申请自生效之日起进行上市后研究或上市后临床研究。

对于部长决议：

（1）上市后研究：部长可能不要求责任人根据本款进行研究，除

非部长决定之前提交的临床试验报告和上市后风险识别和分析不足以满足上述研究或临床试验目的。

（2）上市后临床试验：如果部长决定上市后研究不足以评估或确定药品的严重风险或严重风险信号，部长会要求责任人进行上市后临床试验。

根据 FD&CA 505（o）（3）（E）通知责任人、责任人提交研究时间表并定期报告：

（1）通知：应通知责任人根据本款要求，在审评团队和负责人关于 FDAMA 101（c）节中的标签和上市后研究承诺（PMC）的沟通反馈达成的规定时间内，进行上市后研究或临床试验；

（2）时间表与定期报告：根据本款所规定的每项研究或临床试验，部长应要求该责任人提交完成该项研究或临床试验的时间表。对根据本款规定进行的每项研究或由责任人进行研究的安全问题，责任人应定期向部长报告该项研究的现状，包括在完成这项研究时是否遇到困难。对上市后临床试验或由责任人负责的安全问题，责任人应定期向部长报告在临床试验的进展，包括是否已经开始录入受试者以及参加人数、预计完成时间，是否有任何困难，以及根据 42 章 282（j）条临床试验注册数据库规定注册信息。如果责任人不遵守时间表或违反其他要求时，该责任人应视为违反本条款，除非责任人提供违规的合理原因。部长将判断在上述情况下的合理原因。

责任人可根据本款提出的研究或临床试验的要求，使用本条及指南所规定的争端解决程序，提出上诉。

（二）上市后风险的识别和分析

根据 FD&CA 505（k）（3）（B）和（C），在 FDAAA 实施后 2 年内建立药品上市后风险识别和分析的方法，并在建立此方法后的 1 年内构建一个上市后风险识别和分析系统（postmarket risk identification and analysis system.）主要目的是基于电子健康数据来进行上市后风险识别和分析；申请人可以将所有不良事件报告部长，患者、医疗保健专业人员也可以向部长报告；通过该系统来确定所获取数据的趋势和路径；针对不良事件的发展、不良事件的影响范围以及比较国内不良事件发生趋势向部长提交定期报告；更好地进行数据收集、统计分析和报告。收集数据时应确保数据存取、分析和报告的及时性，并且应该考虑数据的完备、编码、简化和标准化的分析和传输。使用以下数据源对不良事件进行全方位的监测：

（1）联邦与健康相关的电子数据（如来自医疗保险项目和退伍军人事务部的卫生系统的数据）；

（2）私人部门的与健康相关的电子数据（药品购买数据和健康保险索赔数据）；

（3）部长认为必要的其他数据，用来建立一个强大的系统以识别不良事件潜在的药品安全信号；

为了确保药品上市后风险识别和分析系统的建立，FDA 可能会从私营部门（private entities）开始着手。

当上市后风险识别和分析系统不足以收集针对优先审评药品（priority drug）安全性问题的有关数据和信息，FDA 应开发、支持和参与制定补充方法以收集和分析这些数据和信息，包括：

（1）与药品使用安全性评估有关的补充方法；

（2）如疫苗不良事件报告系统，疫苗安全性数据链或者其他数据库等现有的方法。

根据 FD&CA 505（k）（4），对药品的安全性数据进行高级分析。FDA 应该与公众、学术专家和私营部门进行合作，可与一个或者多个团体（qualified entities）签订合同，对药品的安全性数据进行更高级的分析（数据的归类、分析和整合）。其重要目标是提高上市后药品安全性风险－效益分析的质量和效率；向 FDA 提供高级的药品安全性问题的专业知识；提高 FDA 对药品安全性数据做出及时的评价的能力。

根据 FD&CA 505（k）（5）针对药品的不良事件，FDA 应每两周对不良事件报告系统的数据库进行监测，并且对于不良事件报告系统网站的任何新的安全性信息进行季度报告，或者对上一季度通过不良事件报告系统确定的严重风险的潜在信号发布报告。根据年度报告，FDA 审查上市后安全性承诺（postmarket safety commitments）的累积的问题，确认哪些承诺是要求修改的或是应该被删除的，并向国会报告这些决议，并且确定执行这些安全性承诺初始日期和预计完成日期。

（三）上市后针对患者、医疗保健专业人员的药品安全性信息

根据 FD&CA 505（r），部长应该提高药品信息的透明度并且使患者和医疗保健专业人员通过互联网能更好地获得药品信息，并促进患者和医疗保健专业人员之间的沟通。

开发和维护能够很容易查找到药品安全信息的使用方便且稳定的互联网站，包括美国官方的信息网站，例如美国国家图书馆的医疗网站、Medline Plus 网站以及其他网站。确保互联网上的信息是全面的，包括：

（1）药品患者用标签（patient labeling）和包装说明（patient packaging inserts）；

（2）药品被批准的清单以及用药指南；

（3）药品登记和数据库的链接；

（4）FDA 发布的最新安全性信息和警告性信息，例如产品召回，警告信和进口警告；

（5）实施药品风险评估和减低策略（risk evaluation and mitigation strategies，REMS）的公众所需信息；

（6）药品安全相关的指南和法规以及 FDA 认为适当的信息。

部长向患者、医疗保健专业人员提供所收集的数据的汇总和评价，在药品批准后的 18 个月或者 1000 例受试者服用药品后，部长会对药品不良反应报告进行总结分析，包括之前未识别到的任何新风险、潜在新风险或者异常数量报告的已知风险。鼓励患者、医疗保健专业人员、申请人通过互联网提交不良事件的报告；向患者、医疗保健专业人员提供关于过期药品、损坏药品或者不可用药品的正确处理方式的教育资料以及发布药品的标签。

（四）上市后提交药品不良反应报告

美国的强制报告系统（mandatory reporting）是药品生产企业、药品销售者必须依法对所获知药品不良反应进行报告。根据21CFR 314.80 部分规定，申请人需积极审核来自国内外的药品不良反应信息，包括上市后销售信息、上市后临床研究信息、上市后流行病学研究信息或者其他医学文献信息。并且以书面的形式向 FDA 提交申请人对有关药品不良反应的监督、接收和评价程序的信息。申请人应保存所有药品不良反应记录 10 年，包括药品不良反应相关的原始数据和任何信件。如果申请人未能根据要求保存相关记录并未向 FDA 报告，则 FDA 可撤销申请批准，禁止申请药品继续再上市销售。

报告的形式包括上市后 15 天"警戒报告"（alert reports），即自初次收到不良反应信息算起不迟于 15 天，申请人应尽快向 FDA 报告来自国内外所有严重药品不良反应和意外药品不良反应；上市后 15 天"警戒报告"的跟进报告（follow up），即申请人应积极调查上述上市后 15 天警戒报告中所有不良反应信息，并在收到新信息 15 天内或 FDA 要求的时间内，向 FDA 提交报告。如果未发现新信息，则应记录未发现新信息所用的方法；定期药品不良反应报告（periodic adverse drug experience reports），即申请人应自申请批准日期起 3 年内每季度向 FDA 报告，3 年后每年向 FDA 报告一次。申请人在每季度最后 30 天内提交季度报告，在最后期限的 60 天内提交年度报告。

对于企业强制不良反应报告和医疗保健专业人员、患者的自愿报告，分别采用 3500A 表和 3500 表。两个表格均采用模块化结构，其中 3500 表，分为 7 个模块，分别为患者信息、发生的不良反应事件和产品出现的问题、产品的可获得性、可疑产品的信息、可疑的医疗器械信息、联合使用的产品信息以及使用情况、报告人信息。3500A 表在 7 个模块的基础上，增添了初始报告人和生产企业的信息来源，包括国外不良反应报告、上市后研究、文献、消费者、医疗保健专业人员、各企业代表、分销商及其他等。3500A 把报告人分为初始报告人和产品申请人，并增设了是否初始报告人也向 FDA 进行过报告的问题选项。以及 3500A 表根据报告的类型分为 5 日、7 日、10 日、15 日、30 日、定期报告、最初报告、跟进报告等。

在美国，不良事件报告系统（Adverse Event Reporting System，AERS）于 1997 年开始投入使用，是一个旨在支持 FDA 对药品和生物制品上市后监测的数据库，该数据库包含了 FDA 收集到的所有关于药品或医疗器械不良事件信息报告。该数据库的结构，遵循 ICH 所制定的国际药品安全信息报告守则，对所有不良反应事件的编码术语遵照《监管活动医学词典》（the Medical Dictionary for Regulatory Activities，MedDRA）。[47]2012 年 9 月 10 日，FDA 将 AERS 升级成 FEARS。

FDA 下设的监测与流行病学办公室负责对数据库中的不良事件进行评价分析，并且以报告的形式提交给新药办公室，当新药办公室认为该药品具有风险，则会采取一系列的行动，如要求企业修改标签，开展 REMS 或撤市等控制风险。FEARS 中包括两个不良事件报告系统，一个是 MedWatch 自愿报告体系，主要由患者或者医疗保健专业人员所提交的不良事件报告，另一个是企业强制

[47] 何兵，昌君．美国药品安全突发事件的预防与应对机制 [J]. 中国政法大学学报，2008，（3）：42-54.

报告系统，两种报告方式都需要提交到 FDA。

（五）修改标签
根据 FD&CA 505（o）（4），当部长发现新的安全性信息并且应该包含药品标签中时，立即通知申请人修改安全性标签。

当申请人收到通知的 30 日内，应向部长提交修改标签的补充申请，包括对黑框警告、禁忌证、警告、预防措施和不良反应的修改，若不认同对标签进行修改，则申请人应向部长提交不修改标签的理由。部长在收到该补充申请或者不修改理由时会立即审评，在 30 天内可与申请人进行讨论并达成一致。在讨论后做出决议 15 天内，提交对部长认为合适的标签修改的补充申请。若不认同，则责任人可在做出决议的 5 日内申请争议解决程序。

八、加快对治疗严重或威胁生命疾病药物的审批

（一）突破性治疗（breakthrough Therapy）的认定
根据 FD&CA 506（a），如果一种新药单独给药或结合其他一种或多种药品，可以治疗一种严重或危及生命的疾病或情形，且现有临床证据显示，该药品可实质性提高现存的一种或多种临床有效终点的疗法，比如在临床开发早期观察到实质性治疗效果，部长应根据发起人的要求，促进其开发并加速该药品的审评。（在本部分，这种药品被称为"突破性治疗"）

药品发起人可能要求部长将药品认定为突破性治疗。突破性治疗的认定要求提交药物的 IND 后提交或与其一起提交。在接收到认定要求的 60 日后，部长应确定要求的药品是否符合认定标准。如果部长发现药品符合标准，应将其认定为突破性治疗，并采取

适当的措施以加快申请药品的开发和审评。

加快药品开发和审评的行动包括：

（1）与发起人召开会议，审评团队贯穿药物的开发过程；

（2）向发起人提出及时的建议，并及时与其沟通药物的开发事宜，以确保药品开发方案能够集中批准时必要的非临床和临床数据可用有效；

（3）参与的高层管理人员和有经验审评人员合作并跨学科的审评；

（4）为 FDA 审评团队任命一个跨学科的项目领导，促进开发项目的高效评审，并作为审评团队和发起人的科学枢纽；

（5）采取措施以确保临床试验的设计是有效可行的，减少可能无效治疗中的患者暴露数量。

（二）快速通道（fast track）药品的认定

根据 FD&CA 506（b），如果一种新药单独给药或结合其他一种或多种药品，可以治疗一种严重或危及生命的疾病或情形，并且证明该药品能在该疾病或情形中，有解决未满足医疗需求的潜力，部长应根据发起人的资格认定请求，促进其开发并加速该药品的审评（在本部分，这种药品被称为"快速通道药品"）。

新药发起人可要求部长将药品认定为快速通道产品。快速通道的申请应在提交 IND 后或同时与其提交。在接收到认定要求后的60 日后，部长应确定要求的主题药品是否符合认定标准。如果部长发现药品符合标准，该部长应将其指定为快速通道产品，并采取适当的措施以加快申请药品的开发和审评。

根据 FD&CA 506（d），在对申请人提交的临床数据进行初步评估之后，如果部长认为快速通道药品可能有效，则部长将在申请人提交完整的申请之前，考虑进行立卷，并开始对其进行部分审评。只有申请人满足下列条件时，部长才开始进行该审评①提交一个提供必要、完整的申请资料的日程表；②缴纳第 736 条可能要求的费用（PDUFA）。

任何部长同意的、被列入部长以信函（有关依第 736 条收取的、促进药品开发和审查人用药品申请的费用使用）确定的目标的、审查人用药品申请的期间，将不能提交上述申请，直至申请完整之日。

（三）严重或威胁生命疾病或病症的加速审批程序（accelerated approval）

根据 FD&CA 506（c），如果药品或生物制品是治疗严重或威胁生命疾病或病症治疗，包括快速通道产品，根据 FD&CA 505（c）和《公共卫生服务法案》（a）判断产品的替代终点效应极有可能（reasonably likely）预测临床效益，或在不可逆发病或死亡发生之前预测到临床终点指标，极有可能预测到不可逆发病率或死亡率或其他临床效果，考虑到病症的严重程度、罕见程度和患病率以及替代疗法的缺乏。上述批准程序被称为"加速审批"。

支持替代终点的证据极有可能预测到临床效益，包括流行病学、病理生理学、治疗学、药理学生物标记物使用发展中的其他证据，比如其他科学模型或工具等。对加速审批药品的批准可以有下列要求：①申请人进行合理的上市后研究以验证替代终点或临床终点对不可逆发病率或生存率等临床效益的预测效果；②在批准前的审查期间以及批准后部长认为适当的期间内，至少在分发推销资料 30 日之前，申请人提交所有与加速审批药品有关的推销资料的副本。

批准的加速撤销：如果存在以下情况，部长可以对加速审批药品的批准决策采取加速程序取消（根据法规规定应提供申请人一次非正式听证的机会）

（1）申请人没有尽职尽责开展加速审批药品进行要求的上市研究；

（2）加速审批药品的上市后研究未能验证产品的临床效益；

（3）其他证据表明加速审批药品在其使用条件下是不安全或无效的；

（4）申请人分发虚假或有误导的促销资料。

（四）部长对加快审批程序的职责

根据 FD&CA 506（f），部长将制作一份对适用于突破性疗法、加速审批、快速通道的本条规定内容的说明，并将其分发给医师、患者组织、药品和生物制品企业以及其他相关人员；设立项目，鼓励替代终点和临床终点的开发，包括生物标记物等其他科学方法工具，这些科学工具可以帮助部长在判断申请中的临床证据是否有合理可能性预测重大未满足需求的严重或威胁生命疾病或病症的治疗手段的临床效果。

第三节 治疗罕见疾病的药品

一、孤儿药的定义和意义

孤儿药（orphan drug）是用于预防、诊断、治疗罕见疾病和病症的诊断试剂、疫苗、药品及医疗器械等。罕见病，顾名思义，是指患病率非常低的疾病，一般有以下特点：

（1）多为严重威胁患者生命和健康的疾病；

（2）80% 的罕见病是由遗传引起的；

（3）具有较强的区域性发病的特征。

世界卫生组织（WHO）将罕见病定义为患病人数占总人口 0.65‰~1‰ 的疾病或病症。据美国国立卫生院（NIH）统计，目前已确认的罕见病约有 7000 种，占人类疾病总数的 10%。[48]

---

[48] 杜涛,龚兆龙,高翼. 美国孤儿药开发的政策、策略与实践 [J]. 药学进展,2015,08:566-570.

二、孤儿药的审评

孤儿药主要由 FDA 的孤儿产品开发办公室（Office of Orphan Products Development，OOPD）负责，其主要使命是促进用于治疗罕见疾病或病症的产品（如药品、生物制品、医疗器械、医疗食品）的评价和开发。主要职责是评价孤儿药发起人所提交的临床数据以确定该药品是否用于治疗罕见病并进一步促进了孤儿药的发展。该办公室也致力于与医疗和研究机构、专业组织、学术专家、政府机构、罕见病的患者群体进行沟通交流关于罕见疾病相关问题。

对孤儿药的注册主要采取"身份认定 + 上市审评"两个步骤。

（一）孤儿药身份认定

企业在提交 NDA 前，针对其产品向 FDA 提出孤儿药身份认定申请。根据 FD&CA 527，孤儿药的认定标准为所申请的药品的适应证是美国患病人数少于 20 万的疾病种类；或者虽然患病人数多于 20 万，感染者超过 20 万人，但不能合理预期治疗该疾病和病症的药品在美国的销售所得是否能够弥补在美国开发和使用该药品的费用。为了证明在药品符合以上标准，发起人必须向 OOPD 提交一系列资料，OOPD 在受理后的 90 日内对其进行审评。

1. 身份认定申请的格式与内容

根据 21CFR 316.20，发起人应提交两份包含以下内容的经签署的孤儿药认定资料：

（1）发起人申请孤儿药身份认定的声明；

（2）发起人的姓名和地址、发起人的主要联系人和（或）常驻机构的名称（包括职务、地址、电话号码和电子邮件地址）、通用名和商品名、化学名或其他有意义的描述性药品名称；如果不是由发起人生产的，则说明药品来源的名称和地址；

（3）对正在或将被研究的治疗罕见疾病或症状的药品的描述，药品拟议的用途以及原因；

（4）如果它是一种由小分子构成的药品，描述其活性分子的特性，如果它是由大分子组成，描述其主要的分子结构特征；如果这些特性可以被确定，则需对其物理和化学性质的描述；如果这些性质被确定，应包含对治疗罕见疾病或病症的药品科学合理使用的理论基础进行讨论，包括所有来自于体外实验室研究的相关数据，在动物模型中进行的人类疾病或条件的临床前药效研究，在罕见的疾病或病症下对药品的研究经历，无论是积极的、消极的或不确定的临床实践。动物毒理学研究一般与孤儿药指定的要求不相关。还需要相关的未发表的和发表的论文的副本；

（5）当已有治疗相同疾病或病症的孤儿药，则后续的发起人需要说明该药品优于之前的药品的原因；

（6）如果该药品仅针对一小部分患病人群，需说明该药品1~2个适应证，其他人不适用该药品；

（7）对监管现状和药品在美国或国外的上市历史的概述，例如IND和上市申请的状态，说明在哪个国家以及在研究时的该药品的用途，在国外批准时的适应证；在其他国家针对不良反应事件所采取的监管行动；

（8）附有权威的参考文献证明：

①该药品用于在美国患病人数不到 20 万的疾病或症状；如果该药品是一种疫苗、诊断性药物或预防性药品，每年在美国给药的人数少于 20 万；

②或者虽然感染者超过 20 万人，但不能合理预期治疗该疾病和病症的药品在美国的销售所得是否能够弥补在美国开发和使用该药品的费用。

2. 提交孤儿药的身份认定资料

（1）为了证明满足孤儿药对少于 20 万患病人数的认定标准，根据 21CFR 316.21，申请人需要向 FDA 提交以下资料：

①正在开发药物所治疗的疾病及其适应证的所估计的患病率，附带信息来源表（包括所使用的信息以及文献引用）；

②应 FDA 要求，适用于已被批准药品或者当前正在开发的孤儿药其他疾病或症状所估测的患病率，附带信息来源表（包括所使用的信息以及文献引用）；

③如果是疫苗或者用于诊断或预防罕见疾病，对每年给药的人数所进行的估测，附上基于该估测的解释（包括所使用的信息以及文献引用）。

（2）为了证明满足孤儿药治疗所用的药品在美国的销售额不能补偿药品开发上市成本疾病的认定标准，申请人需要向 FDA 提交以下资料：

①与开发该药品所产生的费用相关的数据，这些费用应包括但是不局限于非临床研究、临床研究、剂型开发、维修记录与报告、与 FDA 的会议、专利的确定、认定要求的准备、IND 或上市申请的准备、责任保险、折旧费用等。此外发起人要证明这些花费数据的合理性。

②如果药品全部在美国外开发或者部分在美国外开发，除上述列出的资料外还需提交：用于在美国上市的药品在国外开发所产生的费用，以及在国外产生的所有费用的数据和理由；提供数据证明在国外所产生的费用符合预算。如如果发起人在临床研究中向应用研究性药物的患者收取费用，发起人应将收费的数额报告给 FDA。

（3）如果此药品已上市或者正在开发，对于其他适应证（除了罕见病病症）的研究费的分配情况；

（4）认定申请提交后，发起人预计产生任何开发花费的理由和声明；

（5）在过去或者在药物上市后前七年，发起人所产生的关于产品和上市费用的说明及理由：每一个药品上市前七年市场占有率的估测，基于该估测的理由也一起提交；药品销售的预测价格及理由；与可获得的在售同类药品的比较；

（6）对该适应证已批准上市的各个国家、批准日期、自批准起每年销售和处方数量。

用于治疗患病人数达到或超过 20 万人的疾病或病症认定药品的发起人应允许 FDA 或 FDA 指定人员在合理时间、以合理方式检查发起人或制造商所有相关的财务记录和销售数据。

3. 缺陷信

根据 21CFR 316.24，如果发起人在提交孤儿药的身份认定申请时信息缺失或者包含不准确信息，则 FDA 会向孤儿药申请的发起人发送缺陷信。如果发起人在一年未对所接收到的缺陷信做出回应，且未向 FDA 提交延长提交时限的书面申请，则 FDA 会视其主动撤销孤儿药身份认定申请，并以书面形式通知发起人。

当 FDA 批准孤儿药的身份认定申请时，以书面形式通知申请人，并且及时发布此信息。

发起人可在任何时候向 FDA 提交书面请求主动撤销孤儿药的身份认定申请，包括在申请被提交或者被批准之后。FDA 会以信函的形式向发起人确认撤销申请。当取消了孤儿药身份认定后，伴随的与孤儿药相关优惠政策也将一同取消。

4. 拒绝批准孤儿药的身份认定申请

根据 21CFR 316.25，出现以下情况，FDA 将拒绝批准孤儿药的身份认定申请：

（1）没有充足的证据来证明其申请的药品适应证为美国患病人数少于 20 万的疾病，或者虽然患病人数多于 20 万，但药品在美国的销售不能补偿药品开发上市的成本。

（2）不能充分说明该药品能有效的预防、治疗、诊断相关的疾病或病症；

（3）治疗该症状的相同药品已经被批准且该申请未说明其相对的优势；

（4）申请资料中包含不实陈述或者遗漏相关信息。

5. 孤儿药身份认定的发布

根据 21CFR 316.28，每个月 FDA 会定期发布最新已完成认定的孤儿药，发布的内容包括以下信息：

（1）发起人的姓名和地址；

（2）商品名、通用名和化学名称；

（3）批准孤儿药的身份认定申请时间；

（4）治疗罕见疾病或病症特殊的用途。

6. 废除对孤儿药的身份认定

根据 21CFR 316.29，如果 FDA 发现以下情况，可废除孤儿药的身份认定：

（1）孤儿药身份认定申请中对重大事实有不实的陈述；

（2）孤儿药身份认定申请中遗漏重要信息；

（3）在提交孤儿药身份认定申请时，未获得提交资格；

对于已批准的药品，如果撤销孤儿药的身份认定，也将停止或撤销与之相关的该药品市场独占权。

对于在批准孤儿药身份认定申请时美国患病人数少于 20 万，而申请过程中患病人数发展到超过 20 万人的，FDA 不会撤销此申请。如果 FDA 废除孤儿药身份认定，则 FDA 发布该药品不再被认定为孤儿药。图 5-2 为 2006~2015 年 FDA 认定和批准的孤儿药数量。

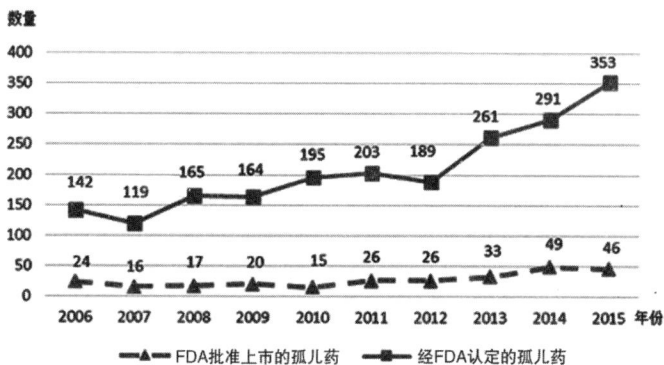

图 5-2 2006~2015 年认定与批准的孤儿药数量
（数据来源于 FDA 网站）

7. 提交孤儿药身份认定的年度报告

根据 21CFR 316.30，当药品被认定为孤儿药起的 14 个月内，以及之后的每年都要向 FDA 的 OOPD 提交年度报告，包括：

（1）药品开发包括临床研究前的审评以及临床研究的进展或者研究结果的简要概述；

（2）下一年的研究性计划，以及在开发、测试和上市面临所有困难的阐述；

（3）对可影响孤儿药改变的讨论；如在孤儿药将批准时，发起人应讨论上市后可能出现的适应证与认定适应证的差异。

（二）孤儿药的优先审评

优先审评（priority review）是指当 FDA 自接收到 NDA 时，在 6 个月内进行审评完毕（与标准审评的 10 个月相比）。美国虽未建立专门的孤儿药加快审评政策，但由于孤儿药自身的特点，其建立的严重疾病新药加快审评政策常被用于孤儿药，包括快速通道、突破性疗法、加速审批、优先审评等。

"优先审评券"（priority review voucher）是指罕见儿童疾病产品申请获批之日后，由部长发给该申请持有人优先审评券。"罕见儿科疾病"是指主要发生在刚出生到 18 岁的疾病，包括新生儿、婴儿、儿童、青少年并且属于 526 条定义的罕见疾病和病症。根据 FD&CA 529（b），鼓励开发罕见儿科疾病用药，FDA 授予制药开发企业优先审评券，使用优先审评券可以使审评期限由 10 个月变成 6 个月，使罕见儿科疾病用药尽快批准上市。

三、市场独占保护

根据 FD&CA 527，对孤儿药的保护，经身份认定的孤儿药已经获批，将有 7 年的市场独占期。孤儿药的市场独占有别于药品专利，属于药品的行政保护。

第四节 | **生物制品**

一、 概述

（一）定义

《公共健康服务法案》（Public Health Service Act，PHS Act）
（42USC § 262）中对生物制品的定义：适用于预防、治疗人类的
疾病或病症的病毒、治疗血清、毒素、抗毒素、疫苗、血液、血
液成分或衍生物、反应原产品或类似产物或芳香胺或芳香胺的衍
生物。

（二）组织机构

生物制品主要由 CBER 和 CDER 进行监管，除激素或氨基酸以
外的全血或血浆的一些有机成分组成，如单克隆抗体等由 CDER
质量办公室下属的生物技术产品办公室（Office of Biotechnology
Products，OBP）负责包括对管辖生物制品的上市许可申请和参与
现场检查。大多数产品如病毒、治疗血清、血液和血液成分，由
FDA 的 CBER 监管。中心间协议（inter-center agreements）确定
哪些产品受 CBER 监管，哪些产品受 CDER 监管。

二、生物制品

（一）生物制品的临床试验

生物制品临床试验路径与一般药品相同，想开展临床试验的发起人需要向 CBER 提交 IND，该 IND 说明生产方法及质量控制（CMC）。此外，生物制品的安全性和在动物实验中进行的过敏原反应的相关信息，以及对人体进行拟议的临床试验方案。发起人提交临床试验资料后 30 天若 FDA 无任何通知，可进行临床试验。

在临床或动物研究的任何阶段，如果数据显示对安全或有效性显著的担忧，FDA 可要求提供额外的信息，或终止正在进行的临床研究。在第Ⅲ期临床试验结束后向 FDA 提交 BLA，由 FDA 审评小组（医学人员、微生物学家、化学家、生物统计学家等）进行审评。

（二）FDA 对 BLA 的审评

根据 42USC§262（a），当 BLA 需含有①说明生物制品是安全、纯净和有效的信息；②说明生物制品生产、加工、包装或保存设施符合确保生物制品安全、纯净和有效的标准时，部长方可批准 BLA。

根据 42USC§262（j），除了上述 42USC§262（a），FD&CA 505 新药申请也适用于对生物制品上市许可申请的要求。

三、审评结果

根据 21CFR601.3，如果 FDA 认为该 BLA 或相关的补充申请不可被批准，则 FDA 会向申请人发送完整回复函（complete response letters）。其内容包括：

（1）在 BLA 中具体缺陷的描述；

（2）数据的不充分性。对 BLA 进行立卷后，如果 FDA 认为所提交的数据不能充分支持 BLA 可被批准，则 FDA 会向申请人发送一份完整回复函；

（3）对批准申请所给予申请人的建议。

在接收完整回复函后，申请人对 BLA 中的缺陷纠正后可重新提交或者撤回 BLA，以免造成后续的损失。

若申请人在接收到完整回复函 1 年内不采取任何行动，则 FDA 会要求申请人撤销其 BLA，并且以书面形式通知其申请人。在接收到通知的 30 日内，申请人可解释该申请不应被撤销的理由，并且可要求延长重新提交申请的时间，FDA 将批准延长重新提交申请的合理要求。如果申请人在通知的 30 天内未做出回应，则 FDA 视该申请被撤销。

四、对生物制品的检查

（一）批准前检查

根据 FD&CA 704，授予 FDA 执行检查的权力，并且根据 21CFR 601.20，只有确定产品设施和产品符合规定，才会批准生物制品的上市许可。

针对 BLA 申请和补充申请进行批准前检查（PAI）来确保所提交的数据准确性和完整性。CBER 通过现场检查来评价生物制品的设施，国内和国外的 PAI 覆盖与提交的申请中涉及的所有设施、原料药、成品药生产和对照实验的实验室。

BLA 中的设施信息、批记录和其他信息可以在检查中验证。对化学、生产和控制（CMC）及其他部分由 CBER 合规和生物制品质量办公室的生产和产品质量部进行检查。在检查结束后，应与申请人或申请人授权人员进行沟通记录。这些沟通的纪录（包括电话会议）被输入 BLA 的法规管理体系（Regulatory Management System，RMS-BLA）[49] 同时上传至电子文档室（Electronic Document Room，EDR）并作为 BLA 或补充申请的一部分。检查中发现缺陷以 FDA-483 表形式发至企业。所有 FDA-483 表中的缺陷必须在 BLA 或补充申请批准前进行纠正解决。[50]

（二）批准后检查

根据 21CFR600.21，FDA 在 BLA 批准并且开始生产后，FDA 职员或者 HHS 的雇员会对生产设施进行检查，若检查不合格，直到申请人确保错误被纠正，FDA 才会再次进行检查。至少每 2 年对许可的设施进行检查，并且可在不通知生产商和申请人的情况下进行现场检查。

---

[49] RMS-BLA：管理生物制品上市许可进程的数据库。

[50] Inspection of Biological Drug Products （CBER） 7345.848. http://101.96.8.142/www.fda.gov/downloads/biologicsbloodvaccines/ guidancecomplianceregulatoryinformation/complianceactivities/ enforcement/complianceprograms/ucm095419.pdf

五、生物制品上市后的监管

（一）暂停生物制品的上市许可

根据 21CFR 601.6，当 FDA 有理由认为公众健康受到危害时，局长会通知生产商暂停生物制品的生产上市，并要求生产商采取以下措施：

（1）通知销售商和分发商暂停生物制品的销售和分发；

（2）向 CBER 或 CDER 提交完整销售和分发记录以及暂停上市许可的通知。

（二）撤销生物制品的上市许可

根据 21CFR 601.5，如果 FDA 发现以下情况，则可撤销生物制品的上市许可：

（1）授权的 FDA 雇员未获得现场检查的机会；

（2）生物制品已经停止生产，不能进行有效的检查或评估；

（3）生产商未能对 BLA 的变化进行报告；

（4）生产设施或已批准的生物制品改变，不符合安全、纯度和有效的标准；

（5）设施或生产方法具有重大改变，未重新说明设施或生物制品符合要求；

（6）已批准的生物制品并非对所有预期用途都有效或者属于错误标识。

（三）不良反应报告系统

生物制品与药品一样需要进行强制不良反应报告，报告形式包括上市后 15 天"警戒报告"和定期药品不良反应报告，通过 MedWatch 不良反应报告系统进行报告。其中疫苗上市后的不良反应，美国有一套单独的系统，即疫苗不良事件报告系统（Vaccine Adverse Event Reporting System，VAERS）。

VAERS 是一项国家疫苗安全性监测计划，是根据 1986 年的《国家儿童疫苗伤害法案》（National Childhood Vaccine Injury Act，NCVIA）创建的，由 FDA 和美国疾病预防与控制中心（CDC）共同监管。VAERS 收集和分析疫苗接种之后的不良事件报告的数据。

1990~2014 年，VAERS 已收到超过 123 000 份报告，其中大部分描述了轻微的副作用，如发热。很少在接种后出现严重不良事件。通过监控这些事件，VAERS 帮助识别所有重要的新安全性问题。任何人都可以向 VAERS 报告。通常由医疗保健专业人员、疫苗生产企业、疫苗接种者（或他们的父母／监护人）和国家免疫计划提交 VAERS 报告并鼓励患者、家长和监护人向医疗保健专业人士寻求帮助。

VAERS 是一个对上市后安全监测很有价值的工具。每一个报告都向 VAERS 数据库提供有价值的信息。将疫苗接种后事件的完整报告提供给公共卫生专业人员以便他们获得所需要的信息，确保疫苗管理能采用最安全的策略。

VAERS 鼓励在美国批准的任何疫苗所发生的严重不良事件报告，《国家儿童疫苗伤害法案》要求医疗保健专业人员报告：

（1）由疫苗的最大剂量引起的不良事件；

（2）在报告事件表（reportable events table）中列出在特定时间内疫苗接种后发生的所有事件。报告事件表用于描述疫苗接种后的事件和时间进程。

CDC 和 FDA 会审查报告中 VAERS 的报告数据。FDA 审查报告，以评估报告的不良事件是否充分在产品标签中说明，并密切监测疫苗不良事件的发展趋势。约有85%的报告描述了轻度不良事件，如发烧、局部不良反应、轻度烦躁及其他轻微事件。其余15%的报告反映了严重的不良事件，涉及危及生命的情况，如住院、永久残疾或死亡，但这些不一定是由免疫接种引起。

如果 FDA 认为该疫苗威胁到了美国公众的安全，则 FDA 有权召回在美国使用的疫苗。如果 VAERS 报告提示有潜在的安全风险，这将促使 FDA 对疫苗的安全性进行全面的评价。如果评估确认该疫苗有风险，该批疫苗可被召回。[51]

---

[51] Vaccine Adverse Event Reporting System （VAERS） Questions and Answers.[EB/OL].（2014-06-10）. http://www.fda.gov/BiologicsBloodVaccines/SafetyAvailability/ReportaProblem/VaccineAdverseEvents/QuestionsabouttheVaccineAdverseEventReportingSystemVAERS/default.htm

FDA

第六章
与医疗器械有关的
职责与权力

第一节 | **概述**

一、医疗器械定义与分类

根据 FD&CA 201（h），器械是指一种植入或用于体外的器具、仪器、工具、机器、机械装置、试剂或其他类似或相关物品，包括其部件、组成部分或配件，并且经《国家处方集》《美国药典》或其增补本认可，用于诊断、治疗、缓解、处理或预防人或其他动物的疾病或病症，或者用于影响人体或其他动物体的结构或功能，并且其主要功能的实现不是通过人或其他动物体表或体内的化学作用，也不依赖其代谢变化。

FDA 负责医疗器械的部门是器械与放射性卫生中心（CDRH）。该部门负责医疗器械的监督管理，包括医疗器械上市前审评和上市后监督。医疗器械的上市前审批由 FDA 总部进行统一管理，虽然有一部分产品可由第三方机构进行审评，但最终的批准权都还是在 FDA 总部，大区办公室和地区办公室等地方派驻机构没有上市前审批的权限。而地方派驻机构主要是在日常监管中发挥作用，他们在法律授予的职责范围内完成自己的工作，并协助 FDA

总部完成一些其他工作。

美国是最早提出对医疗器械实行分类管理的国家之一，根据
FD&CA 513，FDA 按照医疗器械的安全性和有效性，将医疗器械
分为以下三类：Ⅰ类为"一般控制"产品，是指危险性小或基本
无危险性产品，例如医用手套、压舌板、手动手术器械、温度计
等。这类产品约占全部医疗器械品种的 30%，FDA 对这些产品大
多豁免上市前通告程序，一般由生产企业提交 FDA2891 表格，证
明其符合 GMP 并进行登记后，产品即可上市。Ⅱ类为"特殊控
制"的产品，指具有一定危险性的产品，例如心电图仪、超声诊
断仪、输血输液器具、呼吸器等。这类产品约占全部医疗器械品
种的 62%，对其管理是在"一般控制"的基础上增加实施标准管理，
以确保产品的质量、安全性及有效性。FDA 只对少量的Ⅱ类产品
豁免上市前通告程序，大多数产品均被要求进行上市前通知 [510
（k）]，生产企业须在产品上市前 90 天向 FDA 提出申请，通过
510（k）审查后，产品才能够上市销售。Ⅲ类是具有较大危险性
或危害性，或用于支持、维护生命的产品，例如人工心脏瓣膜、
心脏起搏器、人工晶体、人工血管等。这类产品约占全部医疗器
械品种的 8%，FDA 对这类产品实行"上市前审批"（PMA）制度，
在产品上市前，生产企业必须向 FDA 提交 PMA 申请书及相关资
料，证明产品质量符合要求，在临床使用中安全有效。FDA 在收
到 PMA 申请后 45 天内通知生产企业是否对此申请立案审查，并
在 180 天（不包括生产企业重新补充资料的时间）内对接受的申
请做出是否批准的决定。只有当 FDA 做出批准申请的决定后，该
产品才能上市销售。

总体来讲，FDA 总部对近 60% 的医疗器械进行上市前通告 [510
（k）] 或者上市前审批（PMA）的审查。

二、美国医疗器械法规概况

1938 年，国会通过《食品、药品和化妆品法案》，该法案对医疗器械仅作了简单规定，未说明需要对其进行特殊管理。1976 年，国会通过《医疗器械修正案》（Medical Device Amendments），该法案扩大了医疗器械的定义，将诊断产品也定义为医疗器械，强化了对医疗器械进行监督管理的力度，并确立了对医疗器械实行分类管理的办法。1990 年，国会通过《医疗器械安全法》（the Safe Medical Devices Act，SMDA），该法案在 FD&CA 修正案的基础上又补充了许多新内容，主要有：医疗器械使用者和销售者必须报告与医疗器械有关的所有不良事件；对植入体内等风险较高的医疗器械提出了追踪（device tracking）要求；增加民事处罚条款；在质量体系规范中增加了产品设计要求；重新明确电子产品的放射卫生要求等。[52]1997 年，国会通过《食品药品管理现代化法案》（Food and Drug Administration Modernization Act），该法案要求加快医疗器械审批的速度，并监控包含未批准使用条件的医疗器械广告。2002 年，国会通过《医疗器械用户付费和现代化法案》（Medical Device User Fee and Modernization Act，MDUFMA），该法案第一次要求医疗器械申请者缴纳有关费用。

[52] 陈以桢,高惠君. 美国、欧盟医疗器械法规概况及与我国法规的对比[J]. 中国医疗器械杂志,2008,03:218-226.

第二节｜医疗器械制造商登记和检查

一、医疗器械制造商登记制度

根据 FD&CA 510，在州内从事一种或多种器械制造、准备、繁育（propagation）、组装或加工的国内企业的拥有者或经营者应在每年的 10 月 1 日到 12 月 31 日向 FDA 登记（register）企业的名称、经营场所以及所有的设施。任何初次从事器械制造、准备、繁育（propagation）、组装或加工的企业都必须立即向 FDA 登记其企业名称、经营场所及所有的设施，同时按照规定必须向 FDA 登记其在任何州增加的制造、准备、繁育（propagation）、组装或加工器械的设施。当登记人员按照规定向 FDA 登记时，FDA 将会为每一个登记人员分配一个用于器械分配与使用的"唯一设施号"（Unique Device Identifier，UDI），企业应将这个号码标记在器械的标签上。

对于从事器械制造、准备、繁育（propagation）、组装或加工并向美国进口器械的国外公司拥有者或经营者，在第一次向美国进口器械时，也需向 FDA 提交登记，登记内容包括公司的名称和经

营场所、该公司在美国的代理商名称、该器械在美国的进口商名
称、将该器械进口到美国的个体姓名,其登记的时间也是每年的
10月1日到12月31日。无论国内企业还是国外企业,提交登记
的个体还需要向 FDA 提交该公司经营的所有器械的明细表,同时
要按照 FDA 规定和要求的形式和方式准备明细表,并附上一份简
要说明。

二、医疗器械设施检查制度

根据 FD&CA 510(h),位于任何州内、按照规定向 FDA 注册登
记的设施都需要接受检查。Ⅰ类或Ⅲ类器械需接受 FDA 正式任命
的一个或多个官员或雇员的检查,并且 FDA 应自该设施注册登记
之日起2年内至少对其检查一次,此后每2年至少对其检查一次。
根据 FD&CA 704(a)(1)及(b),FDA 指定的官员或雇员在向
所有权人、运营人及其代理人出示执法证件及书面通知后,有权
在和合理时间内,进入任何制造、加工、包装或者为投入州际运
输而持有、进入州际运输后而持有器械的工厂、仓库或者机构,
或者进入正被用于运输或者载有前述器械的车辆,并在合理的时
间和范围内,以合理的方式检查工厂、仓库、机构、车辆及所有
相关的原材料、包装箱及标签。在完成对工厂、仓库、咨询试验
室或者其他机构的检查后,并在离开有关单位之前,负责检查工
作的官员或雇员应当交给该机构的所有人、运营人或者他们的代
理人一份书面文件,书面文件载明其观察到的相关机构环境条件
以及在操作实践中存在的有关器械以下问题:①存在全部或者部
分腐败以及腐烂的物质;②在不卫生的条件下包装或者保存,并
且可能已经受不洁之物污染,或者已经对健康造成危害。负责检
查工作的官员或雇员也应向 FDA 递交一份该书面文件。

FDA将委派相关检查人员检查制造、准备、散发、组装或加工Ⅱ类或Ⅲ类器械的设施。根据FD&CA 523，委派人员是独立个体，其与器械制造商、供应商没有经济利益冲突，且能够保证检查的准确性及有效性。FDA将在官方网站上公布获得委派的人员名单，并不断更新名单，以使公众知悉受委派的人员及其从事的有关活动。同时FDA还需通过定期审核委派人员的表现，不断审查委派人员的资质，确保其符合委派资格。

第三节 | 医疗器械上市前监管

一、医疗器械分类程序

根据 FD&CA 513，为了确保人用器械符合的一般控制、性能标准或上市前审批要求，并通知器械的制造商和进口商对其生产或进口的器械提出申请，局长会将所有器械按照规定进行分类。

（一）器械安全性和有效性的确认

根据 21CFR 860.7，为了对器械进行分类，首先需要对器械的安全性和有效性进行确认（determination of safety and effectiveness）。在为第Ⅱ类器械建立性能标准（performance standards）、为第Ⅲ类器械开展上市前审批时，局长（commissioner）和分类小组（classification panels）需考虑器械预期使用的人群及使用条件，包括器械标签或广告中规定或推荐、建议的使用条件、其他预期使用条件、器械的风险效益以及器械的稳定性。根据 21CFR 860.3（b），局长是指美国卫生与公共服务部部门下食品药品管理局的局长或该局长指派的人员。

分类小组和局长将根据器械制造商提交的安全性和有效性证据判断器械的安全性和有效性。首先需要判断提交证据的科学性，有效的科学证据来源于对上市器械的良好对照研究、部分对照研究、客观试验研究、由专家整理的历史案例以及上市器械有意义的使用经验。同时根据器械预期用途和使用条件，完整的使用说明和不安全使用警告，若器械的风险效益比在可接受的范围内，分类小组和局长就可认为器械的安全性和有效性有合理的保证。

虽然制造商会向 FDA 提交各种形式的证据来证明器械的安全性和有效性，但 FDA 只利用有效的科学证据来判断器械是否具有安全性和有效性，并且 FDA 必须判断制造商所提交的证据和其他来源的证据是否足以判断器械的安全性、有效性，以及这些证据是否支持器械在使用条件下是安全有效的。

每个器械制造商和进口商都有责任将有效的科学证据提交给 FDA，从而确保该器械在使用条件下，针对预期用途具有可靠的安全性和有效性。即使器械只受到"一般控制"或"性能标准"的监管，如果制造商和进口商不能向 FDA 提交可充分证明这种器械安全性和有效性的科学性证据，则将导致此种器械分为Ⅲ类器械。同时 FDA 可以要求制造商、进口商或经销商报告或提交其他有关器械分类的资料和证明器械安全性和有效性以及以上资料具真实性的资料。

（二）旧器械分类
由于 1976 年《医疗器械修正案》授权 FDA 对器械进行分类管理，因此在该法案颁布前上市的器械被称为旧器械。在此之后上市的器械为新器械。

根据 FD&CA 513（b）（1），对医疗器械进行上市前分类是为了判断人用器械是符合一般控制或一般控制要求、性能标准要求或是上市前审批要求，并通知器械的制造商和进口商，按照分类结果进行相应的上市前准备。

1. 分类小组

根据 FD&CA 513（b）（2），局长委派经过培训并具有评价器械安全性和有效性实践经验的人员，以及在开发、生产或使用器械方面具有专业知识或经验的人员组成分类小组，该小组专门负责器械分类事务。FDA 对小组成员的委派须保证小组专家成员的多元化，如应包括临床医学、工程学、生物学和物理学及其他相关专业人员。同时，每个小组成员还应包括作为列席成员的消费者利益代表和器械制造商利益代表。科学、贸易及消费者组织有机会被提名为小组成员。

2. 分类程序

根据 FD&CA 513（b）（c），局长将器械分派给适当的分类小组，由其对器械的安全性和有效性进行审评。在完成对器械的审评后，分类小组应向局长提交其对器械分类的建议。该建议须包括：建议的原因摘要；建议依据的数据摘要；对器械所表现出的可能对健康带来风险的鉴定。若分类小组将器械归入第 II 类或第 III 类，则建议还应包括对器械性能标准或上市前审批的要求及该器械申请的优先分配权；若分类小组将器械建议归入第 I 类，则建议还应包括器械是否应当免除器械注册、器械记录和报告或免于满足器械 GMP 的要求。在器械已经分派给分类小组的情况下，如果该器械是用于植入人体，或者是用于支持或维持人类生命，且已经进入州际贸易供商业销售，或与其他器械具有实际等效性，则分类小组应向局长建议将该器械归入第 III 类，除非分类小组认为将器械归入该类对提供合理的安全性和有效性保证是没有必要的。如果分类小组不建议将该器械归入第Ⅲ类，则必须在给局长的建议中说明没有将该器械归入第Ⅲ类的原因。

分类小组的建议是初步的，局长要对其进行复查，必要时可能还要与分类小组进行讨论，然后将器械分类的建议刊印出来并进行存档。局长将分类小组的建议联同对器械的分类结果和其他同类型器械公布在联邦公报上，同时给予器械利益相关者一个对小组所提建议和拟议的器械分类结果发表意见的机会，局长对这些建议进行评议后发布对此器械分类的最后结论。

（三）器械重新分类
根据 FD&CA 513（e）、514（b）、515（b），任何利益相关者均可按照规定提出对某一器械重新分类的申请，制造商或进口商可以按照 FD&CA 513（f）、520（I）的规定提交重新分类的申请，局长对原被分类为第Ⅲ类的器械的重新分类也可以按照 FD&CA 513（f）、520（I）的规定进行。

1. 基于新的信息资料的重新分类
根据 21CFR 860.130，器械的重新分类行为可由以下方式进行：①局长单独发起；②局长对基于新信息资料的器械类别变更请求做出回应；③局长回应利益相关者的申请，这个申请也是基于新的信息资料。

局长可以将第Ⅲ类器械变更为以下类别：①第Ⅱ类，如果局长认为在一般控制之外，实施特别控制能为器械的安全性和有效性提供合理的保证，而且有足够的资料可以证明这种保证的合理性；②第Ⅰ类，如果 FDA 认为"一般控制"能够为器械的安全性和有效性提供合理的保证。

在重新分类申请归档后的 180 天内，局长将在联邦公报上发布拒绝重新分类申请或允许重新分类的通告。当器械进行重新分类并开始实施重新分类的规定时，特别控制或上市前审批的要求将被废除。

2. 公布性能标准或上市前审批要求时的重新分类

局长在公布某Ⅱ类器械的性能标准或某Ⅲ类器械上市前审批要求时，需在联邦公报上发布通告，向器械的利益相关者提供依据新的相关信息要求变更器械类别的机会。在这两种情况下，如果局长认为新的信息支持变更器械类别，局长将在联邦公报上颁布重新分类通告。

变更的程序如下：

（1）局长发布通告的 15 天内，器械利益相关人员提交重新分类申请文件；

（2）局长和相关分类小组针对重新分类申请进行磋商；

（3）局长发布通告的 60 天内，局长将在联邦公报上发布拒绝器械重新分类申请或允许器械重新分类的通告。

3. "新器械"的重新分类

根据 FD&CA 513（f）（2），对于被初步分类为第Ⅲ类的"新器械"可以按照规定进行重新分类。重新分类的程序如下：

（1）器械的制造商或进口商提出器械重新分类的申请；

（2）在收到申请后的 30 天内，局长要通知申请人申请材料的缺陷，这些缺陷可能会影响局长做出正确的决策。局长允许申请者对缺陷部分提交补充材料。在收到补充材料 30 天内，局长通知申请者是否受理其提出的重新申请；

（3）在确认申请不含有影响器械分类的缺陷后，局长将把申请转交给合适的分类小组，由分类小组进行审评并向局长提供批准申请或拒绝申请的建议；

（4）申请提交给分类小组后的 90 天内，分类小组按照分类程序对器械进行分类，并向局长提供分类建议。局长将对分类小组的建议进行审议或与分类小组讨论，最终形成分类提议指令，并将分类小组的建议归档保存，向公众公开；

（5）局长在最短的时间内将分类小组的建议发布在联邦公报上，利益相关人员可以借此机会就建议发表意见；

（6）在接到小组建议的 90 天内（不能超过申请上交后 210 天），局长以信件的形式向申请者传达批准或拒绝申请的指令。如果局长批准申请，则将该器械分为第 I 类或第 II 类；

（7）在发出指令后的合理时间内，局长需把决定在联邦公报上公布。

4."过渡器械"的重新分类

根据 FD&CA 520，过渡器械是指在 1976 年 5 月 28 日以前被认定为"新药品"的器械。局长、器械制造商或进口商可以对过渡器械提出重新分类申请，重新分类的程序如下：

（1）器械制造商或进口商提交器械的重新分类申请文件；

（2）在收到申请后的 30 天内，局长要通知申请者申请材料的缺陷，这些缺陷可能会影响局长做出正确的决策，局长允许申请者针对缺陷部分提交补充材料。局长收到补充材料后的 30 天内要通知申请者是否受理重新分类申请；

（3）局长会召开听证会，给申请者发表意见的机会；

（4）局长与相关分类小组就重新分类申请进行磋商；

（5）在申请归档后的 180 天内，局长以信件的形式向申请者发送拒绝接受申请或将器械重新分类为Ⅰ类或Ⅱ类的决定；

（6）在发出决定后的合理时间内，局长需把决定在联邦公报上公布。

二、性能标准建立程序

根据 FD&CA 514，FDA 认为性能标准对于提供器械安全性和有效性的合理保证是必要的。需建立性能标准的器械包括：Ⅱ类器械、被重新分类为Ⅱ类器械的Ⅲ类器械以及为降低和消除器械相关风险，将性能标准作为上市批准的条件之一的Ⅲ类器械。

（一）性能标准内容

根据 21CFR 861.7，一个被 FDA 认可的、能合理确保相关器械安全性和有效性的性能标准要包含以下内容：①器械的性能特点；

②器械的设计、结构、组成、成分和性质，与电源系统的兼容性，与电源的连接；③应用于此器械的生产工艺和质量控制程序；④制造商对器械进行抽样测试还是全部测试，如果 FDA 没有其他可行的手段来确保器械符合标准，则 FDA 之外的第三方组织应对器械进行测试，以确保其符合标准；⑤对于标准中要求测试的项目，要公布每项或每部分测试结果，判断器械是否符合标准；⑥制造商分发给器械购买者或 FDA 符合应用性能标准的证书；⑦对器械销售和配送的限制；⑧器械的正确安装、维护、操作和使用的标识形式及内容。

（二）性能标准的建立与发布

1. 性能标准建立过程

根据 21CFR 861.20，器械性能标准的建立、修正或废除程序如下：

（1）FDA 在联邦公报上发布某一器械性能标准建立、修正或废除拟议的规范通告；

（2）FDA 应该将通告保留不少于 60 天，以征求公众的意见；

（3）在通告发布后，若 FDA 收到一份变更器械类别的要求，FDA 会在公开发布的 60 天内按照规定与分类小组磋商之后发布拒绝变更器械类别的请求或同意类别变更的通知；

2. 现有标准的采用和建立

根据 21CFR 861.24，如果现有标准、拟议标准或草拟标准中包含以下内容，FDA 可以考虑接受该标准：①详细说明建立标准的程序，并有参与制定标准的人员和组织名单，且这些内容较容易得到；②对现有标准中特定部分进行鉴定，提交标准的人员通过该鉴定确认该特定部分是否可以作为拟议的标准；③此外需对测试数据进行总结，如果 FDA 提出进一步要求，就要提供所有的测试数据和其他信息，并由提交标准的人员进行确认。

FDA 会在联邦公报上发布通知，在通知中陈述全盘接受某现有标准或已制定标准，或接受某现有标准或已制定标准的修订本，将其作为拟议标准的决定。若 FDA 不接受现有标准，则应在通知中说明上述决定的原因。

FDA 在拟议标准的建立中需做以下工作：

（1）用符合规定的测试数据或其他文件、材料支持拟议的性能标准；

（2）接受利益相关人员对标准的建议，必要时就标准的建立召开公众咨询会，FDA 要把包括联邦机构在内的标准制定者制定标准的过程在联邦公报上向公众公开；

（3）要妥善保存拟议标准建立过程的记录性文件，保存好与标准建立有关的人员意见和其他资料，以及其他评估标准需要的信息。

3. 性能标准的修改和废除

根据 21CFR 861.34，FDA 会对性能标准进行周期性评估，以确定是否应该修改性能标准，适应新的医学、科技或其他技术上的变化。FDA 可以主动提出或根据利益相关者的申请，按照规定修改或废除所建立的性能标准。

申请修改或废除性能标准应按照以下程序：

（1）明确需要修改或废除的特定器械及其性能标准；

（2）按照规定提交修改或废除性能标准的申请。修改或废除某个
性能标准的过程要按照有关规定进行。另外对于某项要修改或废
除的标准，在通告中要写明标准中被提议修改或废除的部分能够
减少疾病和风险，并说明公众从中获得的益处。

4. 标准的生效

根据 21CFR 861.34，除了出于保护公众健康和安全的目的，或器
械将在标准生效之日由Ⅲ类器械被重新归入Ⅱ类器械时，有必要
将性能标准生效期提前外，其他所有建立、修改或废除标准的规
定都只能在相关规定颁布 1 年后开始生效。

为了保护公共利益，FDA 可以在联邦公报上公布将修改性能标准
的拟议规定发布日期视为该规定生效日期的通知。

三、医疗器械审批过程

医疗器械进入美国市场的途径分为：豁免（exempt）上市前通知、
上市前通知 [510（k）]、上市前审批（PMA）。上市前通知 [510
（k）] 是指通过证明该产品与已经合法上市的产品实质性等同
（substantially equivalent）的方式将器械上市销售。根据 FD&CA
513（i）（1），实质性等同是指器械与其他参比器械相比具有相
同用途，且局长以指令认为该器械与参比器械具有相同的技术特
征，或者虽具有不同的技术特征，但其提交的、说明该器械与参
比器械具有等效性的信息表明该器械与合法上市的器械同样安全
有效，且与参比器械相比无不同的安全性和有效性问题。

510（k）包括 510（k）摘要（21CFR 807.92）、510（k）声明（21CFR 807.93）、Ⅲ 类证明（21CFR 807.94）等内容。上市前审批，即 PMA，意在提供充足的、有效的证据证明按照设计和预期用途生产的医疗器械是安全、有效的。

（一）豁免上市前通知

根据 FD&CA510（l）（m），对于 HHS 部长在联邦公报上公布豁免上市前通知的 Ⅱ 类器械以及 Ⅰ 类人用器械，器械申请人不需要提交上市前通知。HHS 部长将在 FDA 官方网站公布豁免上市前通告的器械名单。同时，该名单并不是固定的，如果部长认为上市前通知对保证器械安全有效性是不必要的，部长可以主动或应相关责任人的请求，豁免 Ⅱ 类器械的上市前通知，并向公众提供 30 日异议期，在 120 日内决定是否豁免此器械的上市前通知。

绝大多数 Ⅰ 类器械和少量 Ⅱ 类器械属于豁免上市前通知的器械，这类器械上市无需经过 FDA 审批，只需生产企业确认该器械是否符合相关规定，如：器械说明书、标签和包装标识、器械设计和生产应符合相关的要求等，并由生产企业向 FDA 提交保证该器械符合 GMP 的备案表后，该器械就能够上市销售。

（二）上市前通知

1. 上市前通知的发布

上市前通知（pre-market Notification）是指通过对拟上市产品与已上市产品在安全性和有效性方面进行比较，得出实质性等同（substantial equivalence，SE）结论的前提下，合法上市销售医疗器械的器械上市途径。绝大多数 Ⅱ 类产品属于需要进行上市前通知 510（k）的产品，这类产品是在普通管理的基础上增加一些特

殊要求，如：对标识的特殊要求、符合某些性能标准等，以确保
其临床使用中的安全性和有效性。这类产品通常要由申请人提交
资料证明其与已上市产品实质性等同（SE），经过 FDA 审查并取
得 510（k）确认信函后方可上市销售。根据 21CFR 807.81（a），
器械制造商、销售商或进口商必须在拟开始将符合以下条件的人
用器械引入州际贸易前至少 90 天内向 FDA 提交上市前通知：①
该器械第一次进行商业销售，不包括与 1976 年 5 月 28 日前开始
上市销售的器械属于同一类型或充分相当的器械，或与 1976 年 5
月 28 日后上市销售但未被重新分类为Ⅰ类或Ⅱ类器械属于同一
类型或充分相当的器械；②该器械被某个申请人第一次进行商业
销售；③该器械是申请人正在进行上市销售的器械，或者被重新
进行上市销售，但该器械的设计、成分、生产方法或用途与之前
相比发生明显改变或存在较大改进。

2. 上市前通知的内容

因其所涉及的具体情况不同，并欲简化上市前通知流程，所以上
市前通知又分为传统 510（k）[traditional 510（k）]、简略 510（k）
[abbreviated 510（k）] 和特殊 510K[Special 510（k）]。简略 510（k）
和特殊 510（k）只适用于特定情况下的上市前通告，而传统 510（k）
适用于任何情况下的上市前通告，三个类型具体内容如表 6-1。

	传统 510（k）[53]	简略 510（k）[54]	特殊 510（k）[55]
适用情况	1. 该拟上市器械属于第一次进入市场流通 2. 对器械预期用途有重大改变或具有新的预期用途	1. 已制定该器械的特殊控制 2. 相关标准已被 FDA 确定并认可 3.FDA 已发布相关的指导原则	对已经批准的器械进行改变，但此改变未对器械的预期用途和科学技术产生重大影响

（续表）

	传统 510（k）[53]	简略 510（k）[54]	特殊 510（k）[55]
提交材料	1. 一般信息：器械名称、生产单位名称、地址、注册号及器械分类 2. 摘要与证明：摘要真实性和准确性声明、预期用途声明 3. 器械描述：器械原理、操作、包装等	符合 FDA 认可标准或相关指南要求的资料总结及声明	包括风险分析及控制的总结，以及器械改变的情况说明
审批时间	90 天	90 天	30 天

3.FDA 对上市前通知的处理

根据 21CFR 807.100（a），FDA 对上市前通知进行审评后，将有以下处理结果：

（1）发布一项指令，声明该器械完全等同于一个正在合法销售的器械；

（2）发布一项指令，声明该器械不完全等同于任何正在合法销售

---

[53] FDA. How to Prepare a Traditional 510（k）[EB/OL].[2016-10-20].http://www.fda.gov/MedicalDevices/DeviceRegulationandGuidance/HowtoMarketYourDevice/PremarketSubmissions/PremarketNotification510k/ucm134572.htm.

[54] FDA. How to Prepare an Abbreviated 510（k）[EB/OL].[2016-10-20].http://www.fda.gov/MedicalDevices/DeviceRegulationandGuidance/HowtoMarketYourDevice/PremarketSubmissions/PremarketNotification510k/ucm134572.htm.

[55] FDA. How To Prepare A Special 510（k）[EB/OL].[2016-10-20]. http://www.fda.gov/MedicalDevices/DeviceRegulationandGuidance/HowtoMarketYourDevice/PremarketSubmissions/PremarketNotification510k/ucm134573.htm

的器械；

（3）要求申请人提交额外信息；

（4）保留决定，直到递交上市前通知的申请人按照有关规定提交
一份证明或披露声明；

（5）通知申请人不要求提交上市前通知。在没有收到声明该器械
完全等同的指令前，申请人不能将该器械上市。

即 FDA 在收到申请人提交的 510（k）申请和相关资料后，首先
向申请人发布收到申请的确认信函，随后将在相应部门对器械
进行形式审查，相应审查部门应在 30 天内对申请资料进行审查，
并做出是否需要申请人补充资料的决定，若需补充，将以书面形
式通知申请人补充相应资料。审查部门确认申请资料完整后，将
会重新开始进行为期 90 天或 30 天的实质性审查，根据申请资料
对 510（k）申请做出最终判断，如判断与已上市器械实质性等同，
则向申请人发布实质性等同确认信函即 510（k）信函，该器械即
可上市销售，若判断与已上市器械非实质性等同，则向申请人发
布非实质性等同信函，告知申请人可以重新提交 510（k）申请或
提出上市前审批申请（PMA）。510（k）申请的审查就此结束。

（三）上市前审批申请

根据 21CFR 814.3（e），上市前审批申请（pre-market Approval，
PMA）是指对Ⅲ类医疗器械进行上市前申请，批准后方可销售，
包括与申请一同提交的或以参考文献形式附于其中的所有材料。
上市前审批申请根据情况不同可分为新的 PMA 申请和 PMA 补充
申请，新的 PMA 申请是指申请人对从未被 FDA 批准过的Ⅲ类产

品或新产品提出的申请；而 PMA 补充申请则是申请人在拟改变某种已通过 PMA 审批申请产品的安全性和有效性前提出的申请。PMA 包括 PMA 申请的提交、修正、重新提交及补充资料。

1.PMA 审评时限

根据 21CFR 814.40，在申请已被归档，且申请人未提交申请修正案后的 180 天内，FDA 将审评 PMA；在收到相应的 FDA 咨询委员会的报告和建议后，FDA 将发给申请人批准指令、可批准信函、不可批准信函或拒绝批准指令。可批准信函和不可批准信函将为申请人提供修正或撤销申请的机会，或提供按照相关规定要求进行行政审查的机会。

2.PMA 归档

根据 21CFR 814.42，申请的归档意味着 FDA 已做出初步决定，即申请书内容完善，可以进行实质性审查。FDA 在收到 PMA 后的 45 天内，若没有找到任何理由拒绝 PMA 归档，则 FDA 将对 PMA 予以归档，并将书面通知申请人已归档，通知中要包括 PMA 的收文编号和 FDA 将 PMA 归档的日期。归档日期是 FDA 收到可予以归档的 PMA 日期，审评期限自归档之日起算，共计 180 天。

如果 FDA 拒绝归档，需要将拒绝归档的理由告知申请人且指出申请书中存在的缺陷。FDA 拒绝归档的原因包括：①申请书不完整，正文中没有包括所要求的全部信息资料；② PMA 中省略了要求的内容，且省略理由不充分；③申请人的同一器械方面的申请有按照 510（k）要求的待审批上市前通知，且 FDA 没有决定此器械是否属于上市前审批的范围；④ PMA 中存在对重要事实的虚假陈述；⑤ PMA 没有附上规定的公开事务说明。

PMA申请拒绝归档后，申请人可以采取以下行动：①按照要求补充必要的信息并再次提交PMA。再次提交的PMA应包括原先提交文件的PMA收文编号。如果再次提交的PMA被接受归档，归档日期为FDA收到再次提交申请的日期；②在收到拒绝将PMA归档通知之日后的10个工作日内，申请人可书面要求与器械审评办公室（Office of Device Evaluation，ODE）的负责人进行非正式的沟通，以审查FDA将PMA拒绝归档的决定。FDA将在收到这一请求的10个工作日内举行非正式的会议，并在非正式会议后的5个工作日内对是否归档做出决定。如果在非正式会议后FDA接受PMA归档，归档日期为接受予以归档的决定做出之日。如果FDA不改变其不予归档的决定，申请人可请求器械与放射卫生中心（CDRH）的负责人重新考虑此决定。

3.PMA 审查程序

根据21CFR 814.44，FDA在接受PMA并予以归档后，将开始PMA的实质性审查。FDA可主动地将PMA委托给审查小组进行审查，也可按申请人的请求进行审查。如果FDA委托审查小组审查PMA，FDA将发送PMA或其中一部分给审查小组的每位成员，以便进行审查。在审查过程中，FDA可与申请人和审查小组联系，以回答审查小组成员可能提出的问题，或向审查小组提供补充的信息资料。FDA将保留与申请人和审查小组所有的联系记录。咨询委员会应向FDA提交报告，报告中包括该委员会对PMA提出的建议及做出这些建议的根据。在归档日后180天内，FDA将完成对PMA、咨询委员会报告及其建议的审查，向申请人发出批准信函、可批准信函、不可批准信函。

在FDA对PMA进行实质性审查的过程中，根据21CFR 814.45，如果申请人没有遵守PMA要求，或者FDA根据PMA中提交的资料认为应拒绝批准 PMA，FDA 可发出拒绝批准 PMA 的指令。此外，若符合以下任何一条，FDA 也可拒绝批准 PMA：① PMA 中有对重要事实的虚假陈述；②计划使用的器械标签不符合要求；③申请人不允许 FDA 雇员在合理时间以合理方式检查生产设施，以及复印并检验与申请有关的所有记录文件；④ PMA 中所述的、为证明器械在标签中规定、推荐或建议使用的条件下是安全的、而进行的非临床实验室未研究按照 GLP 的规定进行，且没有提供不遵守此规范的理由，或虽提出了理由，但研究方法与 GLP 规定的研究方案之间的差别不支持研究的有效性；⑤ PMA 中涉及人体的任何临床研究，未按照伦理委员会及知情同意的规定进行，人体的各项权利和安全性没有得到充分保护；⑥在发出可批准或不可批准信函后，申请人提交的修正案仍然符合拒绝批准申请的理由，或申请人书面通知 FDA 将不再提交修正案，或申请人申请对 FDA 拒绝批准 PMA 的审查。此时 FDA 将按照规定发布拒绝批准 PMA 的指令。指令要将 PMA 中的缺陷告知申请人，包括拒绝批准 PMA 的理由，必要时要向申请人确认为使 PMA 通过审查应采取的各种措施。此指令还包括按照要求给予申请人审查 FDA 拒绝批准 PMA 决定的机会。在决定批准或拒绝批准 PMA 时，FDA 要按照规定的标准确定器械的安全性和有效性，且 FDA 可采用非申请人提交的资料做出决定批准或拒绝批准的决定。

如果 FDA 没有理由拒绝批准申请，则应向申请人发出批准 PMA 的信函。如果申请书基本符合要求，且申请人提交了规定的补充资料或同意对此做出具体修改，则当 FDA 认为可以批准申请时，应将向申请人发布可批准信函。该信函要说明 FDA 要求申请人提供的材料，或要求申请人符合的条件，以得到批准。如果 FDA 认为存在一条或多条理由拒绝 PMA 的批准，则应向申请人发出不可批准信函。

4.FDA 对 PMA 批准后行动

（1）撤销 PMA 的批准：根据 21CFR 814.46，如果根据获得的任
何资料，FDA 可基于以下理由做出撤销 PMA 批准的决议：①规
定撤销 PMA 批准的任何理由均适用；② PMA 批准决议中或规章
强制规定中的要求均未得到满足；③ PMA 中所述的、为证明器
械在标签中规定、推荐或建议使用的条件下是安全的、而进行的
非临床实验室研究未按照 GLP 的规定进行，且没有提供不遵守此
规范的理由，或虽提出了理由，但研究方法与 GLP 规定的研究方
法之间的差别不支持研究的有效性；④ PMA 中涉及人体的任何
临床研究，未按照伦理委员会及知情同意的规定进行，使人体的
各项权利和安全性没有得到充分保护。

出现下列情况时，FDA 将认为 PMA 是自动被撤销的：①在 FDA
发出要求修正 PMA 的书面通知后的 180 天内，申请人未以书面
形式回应该要求；②在 FDA 发出可批准或不可批准信函后的 180
天内申请人未以书面形式回应该信函；③申请人以书面形式通知
FDA 已撤销 PMA。

在决定是否撤销某项 PMA 批准时，FDA 可就技术问题向相应的
FDA 咨询委员会征询意见，也可以使用非申请人所提交的信息资
料。在发出撤销某项 PMA 批准指令前，FDA 应向已批准申请的
持有人发出可召开非正式听证会的通知。如果申请人不要求召开
听证会，或举办听证会后，FDA 决定维持撤销申请的决定，FDA
将发给已批准申请的持有人取消批准申请的指令，并说明撤销批
准的每条理由。

（2）暂时中止 PMA 批准：根据 21CFR 814.47，对于医疗器械最
初的 PMA 和任何 PMA 补充申请，如果 FDA 确认继续销售有关器

械极可能造成严重的不良后果或者死亡，则应发布暂时中止某项 PMA 批准的决定。

如果 FDA 认为继续销售已批准的 PMA 的器械极有可能造成严重的不良后果或者死亡，FDA 可召开听证会（regulatory hearing），以确定是否发出暂时中止 PMA 批准的决议。如果 FDA 认为立即采取从市场上撤出危险器械的行动对于保护公共健康是必需的，就可按照规定放弃、中止或改变听证会规定的任何程序。如果 PMA 持有者没有在 FDA 规定的期限内要求召开听证会，FDA 将认为 PMA 持有者自动放弃 PMA 的审批。

如果 PMA 持有者没有请求召开听证会，或者在听证会后 FDA 确定继续销售已批准 PMA 的器械有可能引起严重的不良后果或死亡，FDA 应向 PMA 持有者发出中止 PMA 批准的指令。在发出暂时中止 PMA 批准指令后，FDA 应在 60 天内举办听证会，以决定是否要按照规定的程序永久地撤销 PMA 批准。

（3）PMA 批准后的要求：根据 21CFR 814.82，FDA 可在 PMA 批准指令中强行加入批准后的要求，或是在批准 PMA 的同时加入要求，或是在随后对批准的 PMA 增加要求。申请人应允许 FDA 接触任何记录和报告，并允许受委托的 FDA 雇员复制并检验此类记录和报告、并在合理时间、以合理方式检查所有的制造设备，以证实器械是按照批准条件进行生产、储存、粘贴标签和运输的。申请人不符合批准后要求的行为可构成 FDA 撤销 PMA 批准的理由。

（四）第三方审批的器械

1. 第三方审批器械的范围

1997 年《食品药品管理现代化法案》（FDA Modernization Act of 1997，FDAMA）提出第三方审评机构人员认定项目（Accredited Persons Program，AP 计划），其主要目的是提高 FDA 对器械上市前通知 510（k）程序的审批效率和保证审评时限。在这个项目下，FDA 授权第三方审批机构（accredited third parties），对符合条件的器械（eligible devices）的 510（k）申请进行初审，FDA 会在官方网站上公布符合条件的器械清单。对于列入清单中的器械申请人可以选择与 AP 联系，并直接向 AP 提交 510（k）。AP 对 510（k）申请进行初审，然后将审评意见和 510（k）申请转给 FDA。法律规定，FDA 必须在接到 AP 的审评建议后 30 天内做出最终审评决定。510（k）申请人不愿意借助 AP 的，可以直接向 FDA 提交 510（k）申请。

为了鼓励第三方审批机构更多地参与器械的 510（k）审批，FDA 采用试点形式扩大了符合审批条件的 II 类器械的范围，对以前不符合第三方审批条件的 II 类器械的 510（k）申请予以纳入，但必须只在特定条件下才可实施。FDA 对这类器械的第三方审批机构进行 510K 审批时有一些特定的要求，例如制定标准的审批程序等。[56]

---

[56] FDA. What is Third Party Review?[EB/OL]. [2016-10-24]. http://www.fda.gov/medicaldevices/deviceregulationandguidance/howtomarketyourdevice/premarketsubmissions/thirdparyreview/default.htm

对于符合第三方审批条件的 Ⅱ 类器械，FDA 在麻醉、心血管、临床化学与毒理学、牙科、耳鼻喉、肠胃 – 泌尿、普通外科与整形外科、住院或个人用常规器械、免疫学和微生物学、神经学、妇产科、眼科、血液学和病理学、物理治疗学、放射医学和矫正外科等器械中，选取部分产品不属于植入式、不属于支持或维护生命器械，且不需要进行人体临床研究的器械，授权 7 家机构进行第三方审批机构审批，从而加快上述器械的美国上市进程。截止 2016 年 10 月 24 日，这 7 家第三方审批机构分别为 BSI HEALTHCARE、DEKRA CERTIFICATION B.V.、REGULATORY TECHNOLOGY SERVICES, LLC、TUV SUD AMERICA INC.、CENTER FOR MEASUREMENT STANDARDS OF INDUSTRIAL、NIOM – NORDIC INSTITUTE OF DENTAL MATERIALS、THIRD PARTY REVIEW GROUP, LLC。[57]

2. 第三方审批机构应具备的资格

根据 FD&CA704, 成为第三方审批机构必须满足以下条件：

（1）必须是合法的实体独立机构，不得隶属于联邦政府，且不受制造商、供应商或销售商的控制，与制造商、供应商和销售商之间不存在有组织结构上和财务上的利益关系，且不从事医疗器械的设计、装配、销售或维修工作。

（2）必须有具有丰富审核和检查经验、技巧且受过必要培训和教育的工作人员。FDA 要求第三方审批机构工作人员熟悉美国《食

---

[57] FDA. Current List of Accredited Persons for 510(k) Review under the FDA Modernization Act of 1997[EB/OL].[2016-10-24]. http://www.accessdata.fda.gov/scripts/cdrh/cfdocs/cfthirdparty/accredit.cfm

品药品及化妆品法》（FD&CA）、《公共卫生服务法案》（Public Health Service Act）以及 21CFR 相关法规的要求。

（3）FDA 将采用第三方认可委员会（Third Party Recognition Board，TPRB）程序来评估申报机构是否具备第三方审核能力。

3. 第三方审批机构审批 510（k）程序

需要递交 510（k）的器械申请人可以在 FDA 的第三方审批机构数据库中选择第三方审批机构，并与他们签订合同，直接将器械的 510（k）递交给第三方审批机构。第三方审批机构将对器械申请人提交的 510（k）进行初审，然后再进一步审评并对此 510（k）提出建议，最后将 510（k）递交给 FDA。根据规定，FDA 在收到第三方审批机构相关建议的 30 天内，将对器械申请人递交的 510（k）发布最终决定。[58]

一般器械申请人将 510（k）递交给第三方审批机构审批时的审批时间相对较短，第三方审批机构一般会在 30 天内完成 510（k）初审，并将审批意见递交 FDA。对于 510（k）中存在的问题，第三方审批机构会及时与申请人进行沟通交流。申请人补充审批材料后的 30 天内，第三方审批机构将完成对补充材料的审批；若无补充材料，则第三方审批机构应在 30 天之内发布该器械 510（k）审批结果的最终决定。根据 21CFR 807.100（a），直接向 FDA 递交 510（k），FDA 需要为期 90 天的实质性审查，对于补充材料的审批时间一般为 30 天或 90 天。

---

[58] FDA. Third Party Review [EB/OL]. [2016-10-24]. http://www.fda.gov/medicaldevices/deviceregulationandguidance/howtomarketyourdevice/premarketsubmissions/thirdparyreview/default.htm.

当然，对于可由第三方审批机构审批的器械，制造商仍然可以向 FDA 直接申请上市审批，并非必须要经由第三方审批机构审批。

4.FDA 对第三方审批机构的监管

FDA 器械与放射性卫生中心的合规办公室（OC）负责对授权的第三方审批机构进行监管。

根据 FD&CA 704，FDA 将对由第三方审批机构审批的 510（k）进行复审，并定期审核第三方审批机构的审批人员的工作表现。当有足够的证据表明，审批人员不符合相关标准要求、未按照标准要求和法规要求履行相关职责、对公众健康造成危害、审批人员与器械申请人之间存在利益关系时，FDA 将会撤销审批人员的资格。

（五）人道主义器械许可豁免

根据 FD&CA 520（m），人道主义器械豁免（Humanitarian Device Exemption，HDE）是指为了保护公共卫生和安全并符合伦理标准，联邦鼓励开发使用用于治疗和诊断美国患者少于 4000 名疾病和病症的有益器械，这些器械将用于治疗目前没有治疗方法或相应器械治疗的疾病或病症，且不会使患者承受不合理的重大伤病风险，FDA 将豁免这些器械上市的性能标准或上市前审批要求。

1.HDE 审查期限

根据 21CFR 814.114，FDA 在收到一份已被接受归档的 HDE，且申请人没有对此提交重大修正案之后的 75 天内，应发送给申请人批准指令、可批准信函、不可批准信函或拒绝批准的指令。

2.HDE 归档

根据 21CFR 814.112，HDE 的归档表明 FDA 已做出决定，且表明申请是足够完整的，FDA 可对其进行实质性审查。在收到 HDE 之日起的 30 天内，FDA 将通知申请人是否可归档。

FDA 拒绝归档的原因包括：①申请书正文没有包括所要求的全部信息资料；② FDA 确认有类似的器械 [不属于人道主义使用器械（Humanitarian Use Device，HUD）] 可用于诊断或治疗疾病或症状，此器械正在谋求 HUD 批准；③申请书中含有对重大事实的虚假说明，或遗漏重要的信息资料；④ HDE 没有公开事实的说明。

HDE 归档中有关告知申请人归档决定的方式、归档日期、75 天审查期的开始日期，以及申请人对 FDA 拒绝归档决定答复的选择等方面的各项规定与 PMA 归档相同。

3.HDE 审评程序

根据 21CFR 814.116，FDA 接受 HDE 并予以归档后，将开始 HDE 的实质性审查。FDA 可主动地或者应申请人要求，将最初 HDE 申请交给审评小组进行审查。如果 HDE 被提交给审评小组审查，则 FDA 应遵循相关规定设立的程序。此外，FDA 要在收到 HDE 并按规定予以归档、确定归档之日起算的 75 天内，完成对 HDE 和咨询委员会报告和建议的审查。在这两个时限较晚的一个期限内，FDA 要发出批准信函、可批准信函、不可批准信函。

在 FDA 对 HUD 进行实质性审查过程中，根据 21CFR 814.118，如果申请人没有遵守相关要求或没有遵守由伦理委员会（Institutional Review Board，IRB）或 FDA 附加的批准条件的各项要求，FDA 可拒绝批准申请。此外，如果根据 HDE 中所提交的资料或 FDA 正在审评中的任何其他资料，FDA 确定存在以下情况，则可拒绝批准申请：①缺少适当的证据证明器械在规定的、推荐的或建议的使用条件下器械是安全的；②在其标签中规定的、推荐的或建议的使用条件下器械是无效的；③根据目前可用的各种器械或各种可选的治疗方法可能存在的风险效益，申请人没有合理的证据表明使用该器械给健康带来的益处大于使用该器械所产生的损伤或疾病风险；④由申请人或其代理人提交的申请书或报告中含有对重大事实的虚假说明或遗漏重要信息资料；⑤器械的标签不符合相关要求；⑥ PMA 中所述的、为证明器械在标签中规定、推荐或建议使用的条件下是安全的而进行的非临床实验室研究未按照 GLP 的规定进行，且没有提供不遵守此规范的理由，或虽提出了理由，但研究方法与 GLP 规定的方法之间的差别不支持研究的有效性；⑦ PMA 中涉及人体的任何临床研究，未按照伦理委员会及知情同意的规定进行，使人的各项权利和安全性没有得到充分保护；⑧申请人不允许 FDA 雇员在合理时间，以合理方式检查生产设施，复印并检验与申请有关的所有记录文件；⑨在发出可批准或不可批准信函后，申请人提交的修正案仍然符合规定的任何拒绝批准申请的理由，或申请人书面通知 FDA 将不再提交所要求的修正案，或申请人申请审查 FDA 拒绝批准的 HDE。

如果没有任何一条理由适用于拒绝批准申请，FDA 将向申请人发出批准 HDE 信函。如果申请基本符合 HDE 的各项要求，且申请人提交明确的补充资料或同意对此做出的具体修改，FDA 认为可以批准申请时，将向申请人寄发可批准信函。该信函要说明 FDA 要求申请人提供的资料或要求申请人为取得批准应符合的各种条件。如果 FDA 认为存在一条或多条拒绝批准申请的理由，则应发给申请人不可批准信函。该信函要说明申请书中的缺陷，在适当的情况下，要向申请人明确指出为使 HDE 获得批准应采取的措施。申请人可采取与答复 PMA 不可批准信函相同的方法答复 HDE 申请的不可批准信函。此外，如果申请人提交的是重大的 HDE 修正案，则审查期限可延长至 75 天。

4.FDA 对 HDE 批准后行动

（1）撤销 HDE 的批准：如果出现拒绝已批准 HDE 申请的情况，及以下情况，FDA 将认为 HDE 是自动被撤销的：①在 FDA 发出要求修正 HDE 申请的书面通知后的 75 天内，申请人没有以书面的形式回应该要求；②在 FDA 发出可批准信函或不可批准信函后的 75 天内，申请人没有以书面形式回应该信函；③申请人提交书面形式通知 FDA 已撤销 HDE。在发出取消对 HDE 批准的指令前，FDA 应向申请人发出可召开听证会的通知，必要时还要按规定向公众发出通知。

（2）暂时中止 HDE 批准：根据 21CFR 814.120，HDE 申请可按照对 PMA 所述的同样由及同样方法予以暂时中止。

（3）HDE 批准后要求和报告：根据 21CFR 814.126（a），HDE 申请人应按照相关规定遵守批准要求并提交报告。此外，提交给 FDA 的医疗器械报告也应同时提交给 IRB 备案。除相关规定确定的报告外，已批准 HDE 的持有人还应向 FDA 起草并提交完整、准确、及时的报告。

四、医疗器械临床试验管理

在美国，10%~15% 的 Ⅱ 类产品在申请上市前通知 [510（k）] 时，或全部 Ⅲ 类产品在申请上市前批准（PMA）时，都必须提交临床研究资料。

根据 FD&CA 520，研究用器械申请（Investigational Device Exemption，IDE）是指除了器械控制要求以外，经申请可以免除人用器械的标识、器械制造商的注册登记、列表及上市前通告、性能标准、上市前审批、记录和报告、器械的 GMP 要求等程序与条件的器械，FDA 允许经过科学培训并具有经验的、研究器械安全性和有效性的专家对该器械进行研究性使用。研究用器械申请是在符合伦理标准及保护公共卫生和安全的前提下进行的，其作用是促进有益的人用器械的发展，并保持科学研究者在追求其目的时的最佳自由度。

对于需要提交临床研究资料的产品，根据其风险程度的不同，又分为具有重大风险的器械（significant risk device）以及不具有重大风险的器械（non-significant risk device）。其中，具有重大风险的器械在进行临床研究前，试验发起人必须向 FDA 和机构审查委员会（Institutional Review Board，IRB）提出申请，在经这两个机构审查并获得批准后，临床研究方可开展。而不具有重大风险的器械在进行临床研究前，试验发起人只需向 IRB 提出申请，经审查获得批准后临床研究即可开展。

（一）研究用器械申请的提交分类

1. 具有重大风险的器械

根据 21CFR 812.20，如果试验发起人判断拟进行临床研究的器械为具有重大风险的器械，那么试验发起人应按照规定向 FDA 提交一份完整的研究用器械申请（IDE），并按照规定向伦理委员会（IRB）提交临床研究计划和先期研究报告。FDA 在收到发起人递交的研究用器械申请（IDE）后，应通知发起人收到申请的日期；
而伦理委员会（IRB）在收到发起人递交的临床研究计划和先期
研究报告后，应对这些资料进行审查，并有权做出批准、要求改
进或拒绝批准的决定，而这些决定都将被发送给 FDA。

2. 具有非重大风险的器械

根据 21CFR 812.2（b），具有非重大风险的器械即除具有重大风
险器械以外的器械，此类器械进行临床研究不必向 FDA 提交 IDE
申请，只需按照相关要求直接向 IRB 提交简略 IDE 申请，并提交
拟进行临床研究的地点和判断拟进行临床研究的器械不具有重大
风险的依据。如果 IRB 不同意该申请并且判断该器械具有重大风
险，则发起人必须在 5 个工作日内将此信息报告给 FDA，FDA 如
果判断该器械为具有非重大风险的器械，应在此问题上与 IRB 进
行沟通，并在取得一致意见后，批准 IDE。

（二）FDA 对研究用器械申请的处理及批准后要求

根据 21CFR 812.30，一般 FDA 会根据 IRB 的建议在 30 日内对研
究用器械申请做出批准、有条件批准、拒绝批准或撤销批准的决
定，并书面通知发起人。而一旦 IDE 申请被 FDA 或 IRB 批准，
发起人也必须在保证其所进行临床研究的器械符合研究器械的标
签、IRB 的批准、知情同意书、研究者的记录和报告的要求后，
方可开展临床研究。在临床研究的过程中，IRB 应当按照规定对
临床研究进行持续审查，FDA 在临床研究的过程中，可以对诸如
设备存在的任何场所、记录以及患者记录等内容以任何方式进行
检查，始终确保临床研究符合法规要求。

任何一个被批准的临床研究在进行的过程中，如果申请人需要改
变临床研究计划，则应当按照相关规定向 FDA 或者 IRB 提交相

应的资料，如需经 FDA 批准，临床研究应当在 FDA 批准后方可
继续进行。

（三）研究用器械的治疗应用

根据 21CFR 812.36（a），研究用器械的治疗应用（Treatment use
of an investigational device）是指如果在此类患者没有类似或恰当
的器械，或其他治疗方法可用的情况下，没有获得上市销售许可
的器械可以以临床研究的名义治疗患者严重或直接威胁生命的疾
病或一般疾病。在临床试验期间，或在做出上市许可申请最终结
果之前，研究用器械可用于治疗患者。

1. 研究用器械的治疗应用条件

根据 21CFR 812.36（b），若出现以下情况，FDA 应按规定，考虑
研究用器械的应用：

（1）器械是用于治疗或诊断严重或直接威胁生命的疾病或病症的；

（2）没有类似或恰当的可选器械，或其他治疗方法可用于治疗或
诊断预期患者群体的疾病或症状；

（3）存在待批准的研究用器械申请豁免（IDE），该器械具有同样
用途，并处于对照临床试验研究期，或此类临床试验已经完成；

（4）研究用器械的申请人正积极申请器械的上市销售许可。

2.FDA 对研究器械治疗应用申请的处理

根据 21CFR 812.36（d），FDA 对研究用器械治疗应用申请的处理
结果包括：

（1）批准研究用器械治疗应用的申请：FDA 在收到研究用器械治疗应用申请的 30 天后，研究用器械即可开始治疗应用，除非 FDA 在此 30 天内以书面形式通知申请人可以或不可以开始治疗应用。FDA 可以提议的方式批准该研究用器械的治疗应用，或提出更改意见，并批准治疗应用。

（2）拒绝或撤销研究用器械治疗应用申请的批准：如果研究用器械治疗应用申请存在以下问题，FDA 可不批准申请或撤销批准：①不符合研究用器械治疗应用所规定的标准，或研究用器械治疗应用的申请缺少规定的材料；②FDA 认为存在规定的不批准申请或撤销批准的任何理由；③器械可用于治疗严重疾病或症状，但其安全性和有效性的证据不足以支持该研究器械的治疗应用；④器械可治疗直接威胁生命的疾病或症状，但现存的科学证据不足以证明器械对预期患者群体可能有效，或不能保证器械不会使患者承担其他疾病或严重的额外风险；⑤有合理证据表明，该研究用器械的治疗应用阻碍同类或其他研究性器械对照研究的进行，或者干扰研究的进行或完成；⑥器械已经获得上市销售许可，或已存在类似器械或治疗方法，可用来治疗或诊断相同患者群体的相同病症；⑦对照临床试验的申请人没有积极的谋求上市销售批准／许可；⑧该研究用器械对照临床研究的 IDE 批准已被撤销；⑨由于使用研究用器械作预期治疗应用的临床研究人员存在科学培训或经验方面的问题，被指定为研究用器械治疗应用的临床研究人员不能胜任此工作。

（3）不批准或撤销的通知：如果 FDA 不批准申请，或建议撤销对研究用器械治疗应用的批准，则应按照规定程序进行。

第四节 | 医疗器械上市后监管

一、不良事件监测

根据 21CFR 803.1，医疗器械的使用机构、进口商和制造商必须报告某种医疗器械已经或可能引起或造成死亡及严重伤害的事件，必须建立并维护不良事件档案，且要向 FDA 提交详细的追踪和总结报告。FDA 同样要求器械分销商也要保留不良事件记录。另外，制造商和进口商也被要求报告器械故障问题。FDA 可以借助这些报告来确保无次品或掺假器械，且使用器械是安全有效的，从而保护公众的健康。

（一）个人不良事件报告

根据 21CFR 803.20（a），个人不良事件报告（individual adverse event report）有两种版本的 MedWatch 表格，FDA3500 表格适用于医疗保健专业人员及消费者就 FDA 监管产品自愿提交的报告；FDA3500A 是使用 FDA 监管产品的单位及制造商受强制要求提交报告所适用的表格，表格的一部分是所有的报告者必须完成的，另一部分仅要求使用单位、进口商或制造商必须完成。

（二）器械使用单位报告

1. 器械使用单位提交报告类型和要求

根据 21CFR 803.30，器械使用单位必须要向制造商或 FDA 提交以下报告，或向二者同时提交：①死亡报告，在器械使用单位收到器械造成或可能造成患者死亡的信息时，或者器械使用单位获知该信息时，器械使用单位要在发现问题后在尽可能的最短时间内按照要求以 FDA 3500A 表格的形式或按照准许的电子形式报告FDA。如果使用单位知悉器械制造商，同时也要向其进行通知，报告时间最晚不迟于收到报告或获知信息后 10 个工作日；②严重伤害事件报告，在器械使用单位收到器械造成或可能导致患者的严重伤害事件的信息时，或者使用单位获知该信息时，器械使用单位要在发现问题后的最短时间内，将资料内容以 FDA 3500A 表的形式或按照准许的电子形式报告器械制造商。如果器械使用单位不知道器械制造商，应向 FDA 报告，报告时间最晚不迟于收到报告或获知信息的工作日。

2. 器械使用单位单个不良事件报告提交的时间和信息

在意识到器械造成或可能造成或导致死亡事件时，器械使用单位应在 10 个工作日内将报告提交给器械制造商和 FDA；或者在获知器械造成、可能造成或导致严重伤害事件时，器械使用单位应在 10 个工作日内向器械制造商报告。如果器械使用单位不知道器械制造商，则应将报告提交给 FDA。使用单位的单个不良事件报告应采用 FDA 3500A 表格的形式。

（三）器械进口商报告

1. 器械进口商提交报告类型和要求

根据 21CFR 803.40（a）（b），器械进口商必须向 FDA 提交死亡、严重伤害报告或器械机能失灵报告。如果器械进口商从使用单位、个人、已发布或未发布的医学文献中获知器械造成或可能造成死亡或严重伤害事件的发生，或者收到能够表明这种后果的信息；或器械进口商意识到或收到信息表明进口商销售的某种器械或其上市销售的另一款类似器械存在机能失灵的问题，将可能会造成或导致死亡或严重伤害事件，则应在最短时间内，以 FDA 3500A 表的形式向 FDA 提交一份符合规定要求的报告，同时向制造商提交一份该报告的复印件。器械进口商应在 30 个工作日内报告这些不良事件。

2. 进口商单个不良事件报告提交的时间和信息

器械进口商要按照以下要求将死亡和严重伤害报告提交给 FDA 和器械制造商，将器械机能失灵事件报告提交给器械制造商：①在器械进口商意识到资料表明器械造成或可能造成死亡或严重伤害事件时，应在 30 个工作日内提交报告；②该进口商接到其市场推广的器械有机能失灵信息，或有类似器械出现这种问题，器械进口商认为如果其再出现机能失灵可能会造成或导致死亡或严重伤害事件发生，在获知这样信息的 30 个工作日内进口商要提交报告。医疗器械进口商的单个不良事件报告采用 FDA 3500A 表的形式，除报告表中 F 部分的信息不同外，其他内容与使用机构单个不良事件报告的内容均相同。

（四）器械制造商报告

1. 器械制造商不良事件报告要求

根据 21CFR 803.50，当器械制造商收到相关的信息，或获知某个其生产的已上市医疗器械出现如下情况时，应在 30 个工作日内提交事件报告：①市场上销售的、由其生产的器械可能造成或已导致一起死亡或严重伤害事件；②制造商的已上市器械或另一款相似器械出现了机能失灵的问题，而这种机能失灵如果发生，则可能会造成或导致死亡或严重伤害后果，制造商收到了能够表明同样后果的信息。

制造商负责补充由使用单位、经销商和其他最初报告者提交报告中不完整或缺失的信息，并将其提交给 FDA。制造商也要负责调查每一个不良事件并评估事件的起因。如果制造商不能在 MDR 报告上提供完整的信息，则要解释信息不完整的原因并寻求信息的方法。在提交报告时，如果缺少要求的信息，而这些信息存在于初始报告中，则提交者要按照规定在追加报告中将信息补充完整。

2. 器械制造商单个不良事件报告提交时间和信息

器械制造商要按照以下要求向 FDA 提交 MDR 报告：器械制造商在获知器械造成或可能造成死亡或严重伤害事件时，应在 30 个工作日内提交报告；或者在获知器械已经机能失灵，且其上市的器械或类似的已上市器械如果出现机能失灵，则可能造成或导致死亡或严重伤害事件发生时，在获得相关资料的 30 个工作日内提交报告；如果有器械制造商必须递交 5 日报告的情况发生，则应在 5 个工作日内提交报告。

根据 21CFR 803.52，制造商采用 FDA 3500A 表报告单个不良事件报告。其表格的 A、B、D、E 部分的内容与使用单位及进口商的 FDA 3500A 表内容相同，而 G、H 两部分是制造商 FDA 3500A 表特有的部分。

3. 器械制造商 5 日报告

根据 21CFR 803.53，在以下情况出现的 5 个工作日内，器械制造商要以 FDA3500A 表格或符合要求的电子文件向 FDA 提交报告：①为避免对公众健康造成实质伤害，从各种信息渠道，包括趋势分析、必要的更正措施中发现可能有应报告的 MDR 事件；②发现了 MDR 事件，且 FDA 已做出必须提交 5 日报告的书面要求，当 FDA 提出这项要求时，器械制造商要主动地在 FDA 书面要求规定的时限内向 FDA 提交由类似器械发生的同样性质后续事件的 5 日报告。

4. 器械制造商初始报告要求

根据 21CFR 803.55，如果器械制造商按照规定提交的器械报告中涉及的器械是首次上报的，则器械制造商要以 FDA3417 表格或符合要求的电子文件向 FDA 提交初始报告。

初始报告每年都要更新。在最初初始报告提交后的下一年的同一月份里，器械制造商要对初始报告进行更新。器械制造商要按照规定递交初始报告的更新报告。

5. 器械制造商补充或追加报告要求

根据 21CFR 803.56，如果一些规定提交的信息，在初始报告提交时尚不可知或无法获取，则器械制造商一旦获得这些信息，应在获得这些信息的 1 个月内向 FDA 提交这些追加的信息。

6. 国外器械制造商报告要求

根据 21CFR 803.58，每个在美国销售他国生产器械的国外器械制造商，要指定一个美国代理商，由其负责提交报告。同时国外器械制造商要通过信件告知 FDA 其美国代理商的名称和地址，并在必要的时候更新这些资料。如果代理商信息出现变更，国外器械制造商要在变更的 5 天内将更新的信息通知 FDA。

二、医疗器械追踪

追踪特殊医疗器械的目的在于控制器械从生产到使用的全过程。有效的医疗器械追踪是要从器械的制造到销售网络再到最终的患者（包括批发商、零售商、租赁商、其他商业企业、器械使用单位以及得到许可的专业人员）。

（一）器械追踪范围

根据 FD&CA 519（e），对于满足以下三个标准中的任一标准，且 FDA 已发布追踪指令的医疗器械，FDA 可以要求器械制造商对第 Ⅱ 类或第 Ⅲ 类医疗器械进行追踪观察：①一旦失灵后可能会引起不良后果的器械；②在器械使用单位之外用于维持或支持生命的器械；③植入体内超过 1 年的器械。

根据 21CFR 821.20（b），在回应上市前通知和上市前批准申请时，FDA 将发布器械必须遵从追踪要求的指令，据此指令申请人必须追踪器械。

根据 21CFR 821.2，器械制造商、器械进口商或器械经销商也可以申请豁免器械追踪要求。器械制造商、器械进口商或器械经销商应按照规定以申请书的形式申请豁免，申请书的内容包括：①

器械的名称、类别以及说明器械预期用途的标识；②不必遵从追踪要求的理由；③对可用的、申请人已经采用的确保有效的替代追踪体系的措施完整说明；④其他证明豁免的理由。CDRH 的主管或代理主管，或 CDRH 器械审评办公室主管应按照规定在 90天内对豁免申请作出答复。

（二）器械追踪要求

1. 对器械制造商的要求

根据 21CFR 821.25，受追踪器械的制造商应对其销售的每一类型的此种器械采取一种追踪方法，以保证制造商向 FDA 提供每件已售出受追踪器械的以下信息有实有效：①在接到 FDA 要求提交信息的 3 个工作日内，且在将受追踪器械销售给患者前，受追踪器械的制造商向 FDA 提供销售此类器械的批发商、多人共用器械销售商或最终销售商的姓名、地址、电话号码，以及器械所在场所的信息；②在接到向 FDA 提交在器械使用寿命期间的供单个患者使用的受追踪器械信息要求的 10 个工作日内，且已将此类器械销售给患者或植入体内后，受追踪器械的制造商应向 FDA 提供器械的组号、批号、型号和序列号，以及其他提供有效追踪器械所必需的标识符；制造厂商发运器械的日期；接受器械的患者姓名、地址、电话号码和社会保障号，按照规定不予公开的患者信息除外；向患者提供器械的日期；开处方医生姓名、邮寄地址和电话号码；定期随访患者的医生姓名、邮寄地址和电话号码；移出器械的日期，进行移出手术的医生姓名、邮寄地址和电话号码、患者死亡时间或器械返回至制造商、永不使用或作永久性处理的日期；③在接到向 FDA 提交旨在供多名患者使用的受追踪器械的信息要求的 10 个工作日内，且已将此类器械销售给多人共用器械销售商后，受追踪器械的制造商应向 FDA 提供器械的组号、批号、型号和序列号，以及其他提供有效追踪器械所必需的标识符；制造厂商发运器械的日期；多人共用器械销售商姓名、地址、电话号码；使用器械的患者姓名、地址、电话号码和社会保障号，按照规定不予公开的患者信息除外；器械所在场所；提供器械给患者的日期；开处方医生姓名、邮寄地址和电话号码；器械返回制造商、永不使用或作永久性处理的日期等信息。

受追踪器械制造商应将上述要求的信息按照标准操作程序，保存每件已发货并销售的受追踪器械的即时记录，只要这类器械在使用中或在销售中，制造商应保存记录。

受追踪器械的制造商应FDA的要求，将上述信息的标准操作程序提供给FDA。当制造商意识到批发、最终销售商或多人共用器械销售商没有采集、保存或完成所要求的任何记录或信息资料时，制造商应将其告知FDA地区办公室负责人。器械制造商应在告知FDA之前，采取适当的措施使器械批发商、器械最终销售商或多人共用器械销售商按照规定记录并保存信息。

2. 对器械批发商的要求

根据21CFR 821.30，任何受追踪器械的批发商、最终销售商或多人共用器械销售商，在购买或以其他方式获得此类器械后应及时向器械制造商提供追踪器械的以下信息：①器械批发商、最终销售商或多人共用器械销售商的姓名和地址；②器械的组号、批号、型号和序列号，以及其他能够有效追踪器械所必需的标识符；③收到器械的日期；④器械的来源；⑤取出器械的日期、患者死亡时间或器械返回制造商，永不使用或作永久性处理的日期。

销售或发运患者正在使用或患者使用后的器械时，最终销售商应及时向制造商提供以下信息：①最终销售商的姓名和地址；②器械的组号、批号、型号和序列号，以及其他能够有效追踪器械所必需的标识符；③接受器械的患者姓名、地址、电话号码和社会保障号，但按照规定不予公开的患者信息除外；④向患者提供器械或将器械用于患者的日期；⑤开处方的医生姓名、邮寄地址和电话号码；⑥定期随访患者的医生姓名、邮寄地址和电话号码；⑦移出器械的日期进行移出手术的医生姓名、邮寄地址和电话号码、患者死亡时间或器械返回制造商，永不使用或作永久性处理的日期。

多人共用器械销售商对已销售的供患者使用的器械应时刻保留包含以下事项的书面记录：①器械的组号、批号、型号和序列号以及其他能够有效追踪器械所必需的标识符；②使用器械的患者姓名、地址、电话号码和社会保障号，按照规定不予公开的患者信息除外；③器械的安置；④提供器械给患者使用的日期；⑤开处方的医生姓名、邮寄地址和电话号码；⑥定期随访患者的医生姓名、邮寄地址和电话号码；⑦永不使用器械或器械作永久性处理的日期。

除以上规定的要求外，多人共用器械销售商应在接到器械制造商要求后的 5 个工作日内，或接到 FDA 要求后的 10 个工作日内，将上述信息提供给器械制造商或 FDA。

授权代理人若向器械制造商提出书面要求，则器械批发商、器械最终销售商或多人共用器械销售商均应将各自要求保存的信息记录提供给受追踪器械制造商以进行信息记录审查。

三、医疗器械强制召回程序

（一）发布停止销售和通知指令

根据 21CFR 810.10，当 FDA 认为某种医疗器械存在导致严重不利于健康或致人死亡的合理发生概率[59]时，FDA 应下达停止销售的警告指令，并要求立即停止该器械的销售。FDA 应将该指令通知给医疗专业人员和器械的使用单位，并通知医疗专业人员和器械使用者停止使用该器械。

该指令的信息包括：①对需要执行停止销售和通知指令的有关医疗人员及器械使用单位的要求；②相关的叙述性说明，以便准确、及时地对器械进行鉴定；③ FDA 发现该器械很可能导致严重的、不利健康的后果或致人死亡的信息。

FDA 也会要求需执行停止销售及通知指令的相关器械单位，在规定的时间内将以下信息提交给 FDA：①已生产的该器械总数量及生产时间跨度；②估计该器械在销售渠道中的总数量；③估计销售给医疗人员和器械使用单位的器械总数量；④估计家庭用户正在使用该器械的总数量；⑤销售信息，包括器械收件人的姓名和地址；⑥指令中指派人员通知医疗人员和器械使用单位的书面通知的复印件；⑦按照停止销售和通知指令采取行动的建议；⑧定期进展报告，内容包括已接到通知的医疗人员和器械使用单位的姓名（名称）和地址，与器械使用单位有联系的指定人员的姓名及联系日期；⑨未执行指令而需联系的人员姓名、地址及电话号码。

---

[59] 根据 21CFR 810.2（h），合理发生概率是指一个事件可能发生的概率大于不会发生的概率。

同时 FDA 将向需执行停止销售和通知指令的器械单位提供向
FDA 呈交书面申请要求听证会的机会，听证会主要内容是有关指
令的修改、撤销或更改。

当 FDA 发布停止销售和通知指令后，指令中的相关医疗器械单位
可以采取的行动包括：①要求召开听证会，医疗器械单位需以书
面形式在 FDA 规定的时间内提交召开听证会的申请，该听证会用
于审评停止销售和通知指令所要求采取的行动，决定 FDA 是否
应该确认、修改或撤销指令，并提出合适的停止销售和通知策略，
以及决定 FDA 是否应该更改需停止销售和通知指令或要求召回指
令中的器械，如果 FDA 稍后下达召回指令，听证会将提出召回指
令，并制定召回计划；②申请审评停止销售和通知指令，相关器
械单位如果不申请召开听证会，可以向 FDA 提交审评停止销售和
通知指令的申请，在 FDA 规定的时间内提交申请。申请人需对指
令的修改或撤销所依据的各项理由予以阐述，并陈述适当的停止
销售和通知指令的策略；要求将停止销售和通知指令变更为召回
指令时，须陈述召回指令所要求的行动措施，其中包括适当的召
回计划。

签发停止销售和通知指令的 FDA 官员应在收到书面请求后 15 个
工作日内，以书面形式通知申请人有关确认、修改、撤销或更改
停止销售和通知指令为召回器械的决定。通知中的信息主要有决
定确认、修改、撤销或更改指令的理由以及修改后或更改后的指
令要求。

（二）发布强制召回指令
根据 21CFR 810.13，如果停止销售和通知指令中的相关器械单位
未提出听证会申请，或未向 FDA 申请审评停止销售和通知指令，

或 FDA 相关负责人拒绝听证请求，或举行听证会及审评停止销售
和通知指令后，FDA 决定将指令涉及的器械更改为强制召回器械，
FDA 将更改停止销售和通知指令为召回指令。

如果没有收到对停止销售和通知指令的听证会申请或审评要求，
FDA 将在停止销售和通知指令下达后 15 个工作日内，或听证会
申请被拒绝后 15 个工作日，或收到请求对停止销售和通知指令
进行审评的书面申请后 15 个工作日内，将该指令修改为召回指令。
在强制召回指令中，FDA 的明确召回指令将延伸到批发、零售或
用户层级，并指明召回指令从开始执行到完成的时间表、指派人
员向 FDA 提交召回拟议策略的要求及强制召回的进展状况报告；
向执行人员提供的模式信件内容应包括 FDA 认为必须告知医疗人
员和器械使用单位的重要信息。

强制召回指令中的要求不包括向个人召回器械以及召回器械带来
的危险大于不召回，除非有与之相当的器械可以立即代替召回的
器械，否则 FDA 不会召回器械使用单位正在使用的器械。

（三）执行停止销售和通知或强制召回指令

1. 停止销售和通知或强制召回指令的要求

根据 21CFR 810.14，执行停止销售和通知或强制召回指令的相关
器械单位应制定适合各种情况的执行策略，并在规定的时间内向
FDA 提交拟议的召回策略复印件。FDA 将在收到拟议召回策略的
7 个工作日内，审评其策略并对其做出必要的修改。执行该指令
的相关器械单位应根据 FDA 认为合适的策略采取行动。

对拟议的召回策略需满足以下要求：①执行召回指令的相关器械

单位应明确停止销售和通知及强制召回指令应该在销售的哪一级执行，执行召回指令的相关器械单位不可从个人层级召回器械；②执行召回指令的相关器械单位应确保因使用该器械受到健康威胁的个人知晓相关召回事宜。如果 FDA 认为由医疗保健专业人员通知患者是最有效的方法，则将通过该患者的医疗保健专业人员通知相关器械召回事宜。执行召回指令的相关器械单位必须进行有效性核查，以便证实所有医疗保健专业人员、器械使用单位、器械接收者都已收到停止销售和通知指令或强制召回指令，并已采取适当行动。执行停止销售和通知或强制召回指令的相关器械单位除了发布规定的书面通知外，还应在召回策略中写明其他所采用的方法，如拜访、打电话或两者兼用，并与所有医疗保健专业人员、器械使用单位、器械使用者进行联系。FDA 可在适当的时候进行审查。

2. 停止销售和通知或强制召回指令的沟通

根据 21CFR 810.15，执行停止销售和通知或强制召回指令的相关器械单位，应负责迅速通知每个医疗保健专业人员、器械使用单位、器械使用者及其他相关人员。FDA 向指令中的指定人员提供模式信件，以告知医疗保健专业人员、器械使用单位、器械接受人及相关人员。

执行停止销售和通知或强制召回指令的相关器械单位应以可核实的书面沟通方式（如电报、信件或传真）与相关人员进行沟通。应在书面文件中或信封上用粗体红字显著标明："急件—[器械需执行停止销售和通知] 或 [器械需执行强制召回指令]。"此外，还可以通过电话与其他人进行联系，但不能代替书面记录，并需要以适当的方式将通知记录存档。

执行停止销售和通知或强制召回指令的相关器械单位应确保针对
首次通知未做出回应的所有人员进行后续的沟通。收到书面通知
的医疗保健专业人员、器械使用单位和器械接受人应立即按照通
知中的指示采取行动。

3. 停止销售和通知或强制召回指令的状态报告

根据 21CFR 810.16，执行停止销售和通知或强制召回指令的相关
器械单位应定期向 FDA 提交状态报告（status reports），以便 FDA
评价指令执行的进展情况。指令中详细说明提交报告的频率要求
以及应向 FDA 哪位官员提交报告。

该报告的主要内容包括：①已通知的相关医疗保健专业人员、器
械使用单位、器械使用者及相关人员的数量及类别、通知日期及
方式；②已收到通知召回指令的医疗保健专业人员、器械使用单
位、器械使用者及相关人员的数量及类别，以及他们收到通知时
所拥有该种器械的数量；③未对通知做出回应的医疗保健专业人
员、器械使用单位、器械使用者及相关人员的数量及类别；④各
医疗保健专业人员、器械使用单位、器械使用者及相关人员退回
或修好的器械数量以及器械总数；⑤已进行的有效检查的次数和
结果；⑥停止销售和通知或强制召回指令预计完成的时间。

4. 执行停止销售和通知或强制召回指令的终止

根据 21CFR 810.17，执行停止销售和通知或强制召回指令的相
关器械单位可以通过向 FDA 提交书面申请，请求终止召回指令。
提交终止召回指令的申请者应证明其完全遵照指令的要求，并向
FDA 提交最近召回情况报告的复印件。停止召回指令的申请中还
应包括如何处理召回器械的说明。

如果 FDA 确认召回指令的相关器械单位已完成如下任务，则 FDA 将终止执行停止销售和通知或强制召回指令：①确保并证明停止销售和通知指令已使所有医疗保健专业人员、器械使用单位、器械使用者及相关个人知悉，且证明上述器械单位已经按照指示停止使用器械，并已采取其他相应的行动；②已使该器械撤出市场或已修正该器械，并确保使用该器械不会造成严重不利健康或致人死亡的后果。

FDA 应在收到请求终止执行停止销售和通知或强制召回指令的书面请求后的 30 个工作日内，做出批准申请或拒绝申请的答复。

FDA 在每周的执行报告中发布签发的各项新强制召回指令的叙述性列表。若 FDA 认为发布的通知会导致公众产生不必要的忧虑，且有必要与医疗人员进行前期的沟通时，可延迟发布相关召回指令。

FDA

第七章
与化妆品有关的职责与权力

第一节 | **概述**

一、化妆品的定义

根据 FD&CA 201（i），化妆品有如下定义："以清洁、美化、提升魅力或改变外表为目的，用于涂抹、灌注、喷洒或喷雾，被引入或以其他方式应用于机体任何部位的物品，或是以上物品为组成成分的物品，香皂除外"。

二、化妆品的监管机构

FDA 在化妆品领域的职责通常覆盖所有国内和进口产品。食品安全和应用营养中心（Center for Food Safety and Applied Nutrition，CFSAN）是 FDA 下设的 6 个中心之一，是 FDA 对食品、化妆品行使监督管理的职能机构。其在化妆品方面的主要职责包括：

1. 制定法规和政策以监管化妆品添加剂和成分；

2. 制定法规、政策和行动以解决化妆品标签的问题；

3. 监管并制定研究计划，用以解决与化学或生物污染物相关的，
可能对健康产生危害的问题；

4. 上市后的监管与相关合规性行动；

5. 企业推广与消费者教育；

6. 国际化标准的制定与协调。

同时，CFSAN 设有化妆品和色素办公室，具体负责化妆品管理
工作。

2007 年成立的化妆品监管国际合作会（the International Cooperation
on Cosmetics Regulation，ICCR）是由来自巴西、加拿大、欧盟、
日本和美国的化妆品监管机构自愿参与的国际组织，其每年进行
一次会议，讨论共同的化妆品安全性和监管问题，以及与相关的
化妆品行业贸易协会开展建设性对话。ICCR 旨在提供多边贸易
框架，共同努力达到并提升监管融合，将国际贸易中的贸易壁垒
降低至最小化，维护对国际消费者的保护并使其达到最高水平。

第二节│化妆品自愿注册计划（VCRP）

美国 FD&CA 并无要求化妆品制造商或销售商对其产品进行安全测试，FDA 也不会对上市前的化妆品或化妆品成分进行审批，对生产企业的管理强调"企业自律、自我约束"，对化妆品行业的管理采取自愿注册制代替强制审批制。[60]

为了收集相关资料，FDA 建立了化妆品自愿注册计划（Voluntary Cosmetic Registration Program，VCRP），厂商基于自愿原则可将资料上报 FDA。FDA 的化妆品自愿注册计划适用于化妆品生产商、包装商和在美国进行商品分销的分销商的报告系统。21CFR 710 和 720 部分授权此计划的实施。VCRP 分为两大形式，企业可以选择参与其中一部分或两部分都参加。企业参加化妆品自愿注册计划是不需要付费的。

根据 21CFR 710.9，VCPR 仅适用于在美国销售的化妆品，其不适

---

[60] 庞乐君,高惠君,赵燕君.欧美化妆品监管体制机制研究及对我国的启示[J].上海食品药品监管情报研究,2014,06:32-40.

用于仅用于专业用途的化妆品，如在美容院、水疗院或皮肤护理
诊所中使用的化妆品；其也不适用于不进行销售的化妆品，如酒
店样品、免费礼品或在家中为赠送朋友制作的化妆品。

一、化妆品公司参与自愿注册计划的形式 [61]

（一）注册公司

化妆品公司指的是生产和（或）包装化妆品的公司，而非仅进行
商业运营的公司。只有生产或包装化妆品公司的持有者或运营者
才可以注册其公司，且对公司的每个地址进行注册时，都需使用
单独的 FDA 2511 表。根据 21CFR 70.1 条，分销商不能进行注册。
企业可以在其产品进行分销且开始销售给美国消费者之前或之后
进行注册。FDA 为每个公司的地址指定一个注册号，并将标有注
册号的 FDA 2511 表的复印件作为凭据归还给注册人。

（二）化妆品成分声明的存档

1.CPIS 的存档

化妆品的生产商、包装商或分销商可以对每种已进入美国商品
分销的化妆品成分声明（Cosmetic Product Ingredient Statements，
CPIS）进行存档。每种剂型都应使用单独的 FDA 2512 表 [如果是
印刷剂型（printed forms），则应同时使用 FDA 2512 和 FDA 2512a
表]。如果剂型发生改变，则应再次将 CPIS 存档以修改之前递交
的资料。FDA 会为每个在 VCRP 中存档的剂型指定一个化妆品产
品成分声明号，并会寄给注册人一份标注"完成"和相应 CPIS

---

[61] FDA. Voluntary Cosmetic Registration Program[EB/OL].[2016-05-10].
http://www.fda.gov/cosmetics/registrationprogram/default.htm

号的官方凭据（OFFICIAL RECEIPT）。

2. 修改产品配方或终止产品销售

CPIS 号没有截止日期，因此根据 21CFR 720.6 条的要求修改已存档的产品配方或终止不再进行商品分销的已存档产品是十分必要的。如果是通过网络进行的存档，则在修改或终止 CPIS 时，应使用 FDA 2512 表。如果是使用纸质版形式进行的存档，则在修改产品配方时应使用 FDA 2512 表；在终止产品销售时应使用 FDA 2514 表。

二、化妆品自愿注册计划的作用 [62]

VCRP 协助 FDA 监管化妆品，FDA 可以使用 VCRP 数据库中的信息评估已上市的化妆品。根据 21CFR 73.76360 和 69.9339，由于化妆品的存档和机构的注册是非强制性的，因此自愿递交的信息是提供给 FDA 有关化妆品及其成分、使用频率和致力于生产和分销化妆品的企业最佳信息。

根据 21CFR 73.76360，VCRP 数据库的信息可用于协助由企业资助的独立化妆品成分审查专家小组（Cosmetic Ingredient Review，CIR）评估成分安全性以及确定成分安全性审查的优先权。FDA 派代表以无投票权形式参加 CIR 的会议。

参加 VCRP 的企业也可以获得额外的好处。由于 FDA 的服务器十分安全且可离站储存，进行存档的企业可以将 VCRP 数据库作为后备存储器。

---

[62] FDA. Voluntary Cosmetic Registration Program[EB/OL].[2016-05-10]. http://www.fda.gov/cosmetics/registrationprogram/default.htm

三、对化妆品自愿注册计划的理解误区 [63]

（一）VCRP 不是化妆品的审批计划或推广工具

FDA 不要求化妆品进行上市前审批。确保化妆品及其成分是安全、合理标签并符合法律要求是企业的职责。根据 21CFR 710.8 和 710.9 条，化妆品机构的注册、机构注册号的指定、化妆品的存档或 CPIS 号的指定并不意味着 FDA 已完成对这家企业或其产品的审批，也不意味着此产品是 FD&CA 中定义的化妆品。根据 21CFR 710.8 和 710.9 条，任何在产品标签或广告中包含由于此产品已进行注册或拥有注册号因此已通过官方审批的表述都应视为是令人误解的。根据 FD&CA 602（a）条，具有令人误解的化妆品应视其错误标识化妆品，且根据 FD&CA 301（a）条，将错误标识化妆品上市是违法的。

（二）VCPR 不是进口通知系统（import notification system）的一部分

FDA 不要求仅作为化妆品进口的产品进行注册，且对于进口化妆品不要求其拥有注册号。

（三）VCPR 数据库中的信息获取

根据信息自由法案（the Freedom of Information Act，FOIA），公众可以获得 VCPR 数据库中的特定信息，如 FDA 有时会收到来自消费者或医务人员希望确定某种产品中是否含有某种特定成分的相关请求。然而根据 FOIA，公众不能获得机密的商业信息。根据 21CFR 720.8，企业可以递交化妆品成分保密的书面请求。

---

[63] FDA. Voluntary Cosmetic Registration Program[EB/OL].[2016-05-10]. http://www.fda.gov/cosmetics/registrationprogram/default.htm

第三节 | **化妆品的检查**

FDA 并未要求化妆品生产企业强制执行 GMP 制度，但化妆品生产企业可根据从检查操作手册（Inspection Operations Manual）中摘取的 GMP 指南（详见附录 1）进行有效的自检，防止出现违规产品。FDA 有权对化妆品企业和进口化妆品进行检查。FD&CA 704 规定，FDA 有权在合理的时间，以合理的方式，对化妆品企业进行检查，且不需要提前通知。旨在确认化妆品是否安全，其标签是否合规，并确认可能存在的危害健康以及其他违规行为。

许多因素会影响 FDA 确定对哪家化妆品企业进行检查，影响因素包括但不限于：产品类型、消费者意愿或收到的商业投诉、企业的合规性历史、FDA 的监督和合规行动，以及 FDA 相关的资金分配。

一、检查的大致流程及要求

根据 FD&CA 704（a），在进行检查前，FDA 检查员（investigator）必须向在场的负责人出示证明以及检查的书面通知。

根据检查操作手册（Investigations Operations Manual）的第
2.1.2 分章，检查员需检查是否存在使用违禁成分（prohibited
ingredients）以及不合理使用限制成分（restricted ingredients）的
违规行为，这些行为包括：①违反色素添加剂和微生物污染物的
相关规定；②未遵守使用防拆封包装的要求；③标签和包装缺
陷；④缺乏建筑和设施的妥善性；⑤未合理使用和维护设施；⑥
员工缺乏培训；⑦原材料的处理不合理；⑧产品的加工流程、实
验室和其他质量控制缺陷；⑨仓库中原材料、加工过程中的化妆
品和已加工完成的化妆品储存缺陷；⑩投诉文件的管理缺陷等。
如果相关化妆品被确认或被怀疑是掺假或错误标识的，或是存在
其他特殊情况，如针对化妆品的投诉或者化妆品发生的不良反应，
检查员应收集化妆品成分或化妆品成品的样本，作为常规监测
（routine surveillance）的一部分。此外，根据检查操作手册的第 4.3
分章，检查员应收集加工过程中的产品，与设施或产品表面接触
的标签，或其他任何可能有助于证明产品是掺假或错误标识的相
关产品。根据 FD&CA 704（c），检查员必须提供其所收集样本的
凭据（receipt）。检查时间的长短是不同的，取决于许多因素，如
企业的大小、检查的原因以及检查员检查的内容。

检查员对企业进行检查后，FDA 区域办公室的合规员工将根据检
查员收集到的信息以及收集到的样本分析结果来确定产品是否掺
假或错误标识。区域办公室的员工可以时常向 FDA 总部相关部门
的员工咨询相关问题。

尽管 FDA 对化妆品不强制执行 GMP 的要求，但化妆品企业可依
据生产质量管理规范指南（GMP guidelines）、检查备忘录（inspection
checklist）进行自检。不遵守 GMP 的企业可能导致掺假或错误标
识产品。

二、进口化妆品的检查

根据 FD&CA 201（b），进口化妆品必须符合所有应用于国内产品的监管要求。它们在进口时接受美国海关和边境保护局（Customs and Border Protection）的检查和（或）抽样。根据 FD&CA 601 和 602，美国拒绝国外掺假或错误标识的化妆品进口。根据 FD&CA 801，不遵守美国法律和法规要求的货物将被扣留。这些违规货物必须被核实、销毁或是再出口。不是所有的进口产品都需要在进口时进行检查，但那些没有经过检查的产品仍应符合所有法定要求。图 7-1 为化妆品检查流程图。

图 7-1 化妆品检查流程图

第四节 | 与化妆品相关的
违规行动

根据 FD&CA 601，以下情况应视为在化妆品中掺假。

（1）在标签描述的使用条件下或其他习惯性使用情况，化妆品中具有或包含任何可能对使用者造成伤害的有毒有害物质。此规定不应用于煤焦油染发剂，其标签上具有以下说明，明确表示：警告—此产品包含的成分可能对特定人群造成皮肤刺激，并应根据附带说明首先进行初步试验。此产品不能使用在睫毛或眉毛的染色上，这样做可能会导致失明，且其标签上具有与此类初步试验相关的充足说明。

（2）化妆品全部或部分由污染物质、腐烂物质或已分解物质组成；

（3）化妆品在不卫生的环境下生产、包装或储存，可能已被污染或已对公众造成伤害；

（4）装有化妆品的容器全部或部分由可能对公众造成伤害的有毒有害物质组成；

（5）不是染发剂，但其具有或包含 FD&CA 721（a）规定、不安全的色素添加剂。

根据 FD&CA 602，以下情况应视为化妆品被错误标识。

（1）标签是错误的或具有误导性的。

（2）不具有以下信息的标签：①生产商、包装商或分销商企业的名称和地点；②组成成分在重量、估量或数值方面有明确说明。本款的②款，可以允许有合理的变化，以及应部长监管要求建立的小包装豁免情况。

（3）标签上的相关文字、说明或其他信息不显著（与其他文字、说明、设计或图案相比较）。根据 FD&CA，应显著标注要求出现在标签上或被标注的任何文字、说明或其他信息，且使公众在购买和习惯的使用条件下更容易阅读并理解这些信息。

（4）制造、加工或装填的容器具有误导性。

（5）是一种色素添加剂，但其包装和标签不符合 FD&CA 721 规定的色素添加剂的相关包装和标签的要求。本款不适用于仅作为染发剂使用的已上市化妆品中色素添加剂的包装。

（6）其包装或标签违反 1970 年的《毒品预防包装法案》的规定。当 FDA 认定化妆品是掺假、错误标识，或经检查判定化妆品是掺假的或错误标识时，FDA 会针对违规行为采取强制措施。比如，FDA 可通过司法部在联邦法庭中将掺假或错误标识化妆品移除市场。为防止更多掺假或错误标识化妆品的分销，FDA 可要求联邦

地区法庭发布对违规化妆品生产商或分销商的禁令。此后 FDA 将
没收违规的化妆品。

一、与化妆品相关的进口警告

进口警告允许 FDA 扣押已经或可能违反 FD&CA 的产品，不需要
进行物理检查。进口警告为涉及争议中的生产商和（或）产品的
FDA 雇员提供 FDA 最新的指南，其不创造或授予任何权利，且
不对 FDA 或公众进行约束。进口警告分为无需物理检查进行扣
押（Detain without physical examination，DWPE）和伴随监督的无
需物理检查进行扣押（DWPE with Surveillance）。[64]

二、与化妆品相关的拒绝进口

FDA 监管产品，包括化妆品，如不符合美国法律的产品将会被拒
绝进口。拒绝进口报告将更新每月的拒绝进口行动。[65]

（一）FDA 的拒绝进口报告

FD&CA 授权 FDA 可扣押不符合该法案的监管产品。随后 FDA 区
域性办公室将对产品所有者或承销人（consignee）发布"FDA 行
动通知"，指明其违法的性质。产品所有者或承销人有权请求非
正式听证会，以递交有关产品可被进口许可的证据。如果所有者

---

[64] FDA. Import Alert for Industry Cosmetics [EB/OL].[2016-08-16].
http://www.accessdata.fda.gov/cms_ia/industry_53.html

[65] FDA. Import Surveillance [EB/OL].[2015-09-16].
http://www.fda.gov/Cosmetics/InternationalActivities/Importers/
ucm2005216.htm

不能提交产品合规的证据或使产品合规的计划，则 FDA 会发布另一份"FDA 行动通知"，拒绝此产品的进口许可。随后此产品将在 90 天内被出口或销毁。

拒绝进口报告（Import Refusal Report，IRR）记录着决定拒绝全部或部分进口许可的产品。

IRR 的数据是通过 FDA 的进口支持运营和管理系统（Operational and Administrative System for Import Support，OASIS）收集的，每月进行一次更新。每月，IRR 通过城市／区域以及带有 FDA 产品码（product code）前两位数字的行业码（industry code）（如所有渔业／海鲜类产品的代码是 16）把产品进行分类的。

FDA 致力于搜集这些信息，以提供给公众违反法案的产品信息。

（二）拒绝进口报告的内容[66]
IRR 提供以下信息。

（1）生产商 FEI（MANUFACTURER FEI）：FDA 内部为每家企业／生产设施指定的标识符。

（2）生产商名称：负责拒绝进口产品的公共机构名称。

（3）生产商的街道地址、市、省或州，以及国家／区域。

（4）产品码：FDA 监管产品的唯一标识符。

---

[66] FDA. Import Refusal Report [EB/OL].[2015-09-01]. http://www.accessdata.fda.gov/scripts/importrefusals/

（5）FDA 的产品描述：FDA 对进口产品的描述。

（6）拒绝日期：采取行动的日期。

（7）FDA 的区域：对被拒绝产品有监管权限的 FDA 区域办公室。

（8）进口编号：每种进口产品的唯一标识符。

（9）单据（DOCUMENT）、生产线（LINE）、型号（SUFFIX）：每
种进口产品唯一的标识符。一种进口产品可能有一种或多种的这
类数字或信件标识符。

（10）FDA 样品检验：指明 FDA 是否对样本进行检验的"是"或
"否"的标识。

（11）私营研究机构（private lab）样品检验的 FDA 记录：指明是
否收到私营研究机构对样品检验的结果。

（12）命令：FDA 采取行动的原因。

（13）部分拒绝进口：如果"部分拒绝进口"出现在列表上，则
说明存在导致部分货物被拒绝进口的再更新行动。

三、与化妆品相关的警告信

FDA 发布警告信的目的是使企业知晓他们已违反强制执行的法律
并告诉他们需要采取的纠正行动（corrective action）。在 FDA 警告
信中描述的问题受限于 FDA 和收信人随后彼此的行动，这些行

动可能会改变信件中所描述问题的监管状态（regulatory status）。如果想要获取 FDA 网站上公布的警告信的最新动态，可以联系 FDA 或直接联系收信人。[67]

（一）引用药品声称的警告信

这类警告信阐明了一个重要的法律区分——在 FD&CA 下对化妆品和药品的区分。

如果企业引用的药品声称有痤疮治疗、减少脂肪、减少妊娠纹、去除皱纹、头皮屑治疗、发质修复以及睫毛生长等作用，则 FDA 将向引用（cite）并同时标注在产品标签和网站上的该化妆品企业发布警告信。

（二）微生物污染物掺假化妆品的警告信

1. 警告信

根据 FD&CA 法案，在州际贸易间上市掺假化妆品（adulterated cosmetic）是违法的。根据 FD&CA 601，在标签描述的用途下或习惯及常规使用条件下，化妆品中包含可能对使用者造成伤害的有毒有害物质。这是判定化妆品是否掺假的一种途径。所谓的"有毒有害物质"包括微生物污染物。

FDA 将对由于在标签建议用途下造成潜在健康危害的微生物污染物而被判定是掺假化妆品的化妆品企业发布警告信。

---

[67] FDA.Warning Letters Related to Cosmetics[EB/OL]. [2016-05-24]. http://www.fda.gov/Cosmetics/ComplianceEnforcement/WarningLetters/ucm2005169.htm

2. 无标题信件

FDA 对没有达到警告信监管意义的违规行为使用无标题信件（untitled letters），并要求对这些违规行为予以纠正。与警告信不同的是，无标题信件不包括对某些个体或企业的警告声明，若这些个体或企业没有及时纠正问题，则可能导致强制行动的违规行为。

（三）强调化妆品与医疗器械区别的警告信

FDA 向有关毛发再生、减轻体重、去除细血丝、去除疤痕、注射填充物和装饰性隐形眼镜等已上市器械的生产商或分销商发送的警告信，阐明了一个重要的法律区分——化妆品和医疗器械法律定义的区别。

即使在这些警告信中提出的器械都是用于改变人体外表，但他们用于诊断或治疗疾病、影响机体结构或功能的事实将在 FD&CA 中被定义为医疗器械。

根据 FD&CA 501（f）（1），医疗器械生产商在产品销售前必须获得上市许可。法律没有要求化妆品或其成分必须经过上市许可或批准（色素添加剂除外，它被分开规定在 FD&CA 721 中）。此外，医疗器械受限于质量体系规章（Quality System Regulation），化妆品并不受限于此规章。

FDA 将假睫毛和人造指甲作为化妆品进行监管，由总统直接任命参议院批准的，5 名委员组成的，独立于 FDA 的消费者产品安全委员会（Consumer Product Safety Commission）对多种人类用于改变外表的，非医疗器械产品有司法监管权，如美甲工具、吹风机、棉签、刮胡刀和电工剃须刀。

（四）与色素添加剂相关的警告信[68]

FDA 曾在 2015 年 7 月 29 日向生产液态丝绒魅彩唇膏（红丝绒色）的 Lime Crime 企业发出警告信。由于这家企业生产的液态丝绒魅彩唇膏打算用于人体清洁、美化、提升魅力或改变外表，因此它符合 FD&CA 201（i）的规定。但 FDA 发现此产品是掺假化妆品，违反 FD&CA 601（e）的规定。同时也违反 FD&CA 301（a）在州际贸易内引进或分销掺假或错误标识化妆品的规定。

根据 FD&CA 601（e）条，如果不是染发剂的化妆品具有或包含不安全的色素添加剂，那么它就是掺假的。根据 FD&CA 721（a），除非它的用途符合法规列表中列出的此色素添加剂的相应用途，否则色素添加剂是不安全的。液态丝绒魅彩唇膏（红丝绒色）由于具有或包含 721（a）规定的、不安全的色素添加剂，所以被认定为掺假化妆品。具体地说，根据产品标签，液态丝绒魅彩唇膏（红丝绒色）中包含深蓝和普鲁士蓝两种色素，根据 21 CFR 73.2299 和 21 CFR 73.2725，这两种色素仅可用在外用化妆品中。根据 21 CFR 70.3（v），外用药品和化妆品是指：仅用于体外的药品和化妆品，且不包括唇部或任何黏膜覆盖的身体表面。因此，这些色素添加剂不允许用于唇部化妆品中。或者，即使不包含深蓝和普鲁士蓝两种色素，根据 FD&CA 602（a）条，如果化妆品标签错误或具有误导性，则此化妆品是错误标识化妆品。

企业有责任调查并确定上述违规行为的原因，以防再次发生或发

---

[68] FDA.Lime Crime 7/29/15 [EB/OL].[2015-12-02].
http://www.fda.gov/ICECI/EnforcementActions/WarningLetters/2015/
ucm456525.htm

生其他违规行为。FDA 要求此企业及时采取措施纠正违规行为，
15 个工作日内书面向 FDA 提交纠正上述违规行为的具体步骤（若
15 个工作日内不能完成纠正行动，则应陈述延迟原因和实施纠正
行动的时间框架），若不及时纠正，则可能导致 FDA 采取法律行动，
且不会再予以通知。同时，如果企业认为产品没有违反 FD&CA
的规定，也可以在书面通知中陈述原因和任何支持性信息。

（五）与安全性和违法标签相关的警告信[69]

FDA 曾 在 2011 年 8 月 22 日 向 生 产 Brazilian Blowout Acai
Professional Smoothing Solution（巴西焗油）的 Brazilian Blowout 企
业发出警告信。由于巴西焗油用于人体清洁、美化、提升魅力或
改变外表，因此它符合 FD&CA 201（i）有关化妆品定义的规定。
但根据 FD&CA 601（a），巴西焗油是掺假化妆品。同时，根据
FD&CA 602（a），巴西焗油是错误标识的，而且也违反 FD&CA
301（a）在州际贸易内引进或分销掺假或错误标识化妆品的规定。

根据 FD&CA 601（a），如果化妆品中具有或包含在标签描述的用
途条件下，或在习惯性或通常使用条件下，可能对使用者造成伤
害的、任何有毒或有害物质，则此化妆品是掺假化妆品。巴西焗
油由于具有或包含在标签描述用途下，可能对使用者造成伤害的
有害物质，因此被认定为掺假化妆品。具体地说，以 FDA 对样
品的分析为基础，巴西焗油包含甲二醇和液态甲醛，根据标签中
描述的使用条件，在对使用过此产品的头发用吹风机加热后进行

[69] FDA. Inspections, Compliance, Enforcement, and Criminal
Investigations [EB/OL].[2016-08-16].
http://www.fda.gov/ICECI/EnforcementActions/WarningLetters/2011/
ucm270809.htm

平板烫时，会释放甲醛；甲二醇是有害物质，在标签描述的用途下，此产品中甲二醇的含量可能会对使用者造成伤害。FDA 对巴西焗油约 50mg 的产品进行分析，证实了甲二醇和液态甲醛的存在，含量在 8.7%~10.4%。

在巴西焗油标签所描述的使用条件下，甲醛主要暴露途径是吸入。甲醛是易于与生物组织反应的高活性化学物质，特别是呼吸道和眼部黏膜组织。已报告如下有关巴西焗油的不良反应：眼部疾病（刺激、催泪、视力模糊、充血）；神经系统疾病（头痛、灼烧感、头昏、晕厥）以及呼吸道疾病（呼吸困难、咳嗽、鼻部不适、鼻出血、气喘、喉咙刺激、鼻咽炎）。其他报告的症状包括恶心、毛发缺少症、胸部疼痛、胸部不适、呕吐和皮疹。

另外，根据 FD&CA 602（a），如果化妆品的标签是错误的或是误导性的，则此化妆品被认定为错误标识化妆品。根据 FD&CA 201（n），在确定产品标签或广告是否属于错误标识时，应考虑标签或广告是否说明使用此产品可能导致的具体后果。

由于巴西焗油的标签对产品成分的说明是令人误解的，且没有说明使用此产品可能导致的具体后果，因此被认定为错误标识产品。具体地说，巴西焗油包含液态甲醛和甲二醇；然而，产品标签上声明此产品不包含甲醛。这个声明由于其错误的、令人误解的说明，导致产品错误标识。另外，产品标签或标注中没有包含在加热过程中向空气释放甲醛的信息，由于没有揭露标签或标注描述的使用条件下，此产品可能导致结果的实质性事实，产品被认定是错误标识。

四、化妆品的召回 [70]

根据 21CFR 7.3（g），召回（recall）是指企业撤销或纠正 FDA 认为违反监管法律的已上市产品，如果企业不将其撤销或纠正，则FDA 将采取法律措施，如没收违规产品等。FDA 强烈建议企业熟知完整的指南，包括 21CFR 第 7 部分中的召回政策。

（一）FDA 在化妆品召回中的角色

根据 FD&CA，FDA 没有权力强制对化妆品进行召回，但可以要求企业召回产品。然而，FDA 仍在化妆品召回中扮演重要角色。

1. 监控召回过程

根据 21CFR 7.53，FDA 有权监控召回过程。另外，为了审查企业状态报告（firm status reports），FDA 可以对批发商或零售商实施审计检查（audit checks）以核实召回的有效性。

2. 评估召回产品对健康的危害程度

根据 21CFR 7.41，FDA 应评估召回产品对健康的危害程度，并根据 21 CFR 7.3（m）对召回产品进行分类，以指明其危害程度。

（1）Ⅰ类召回：违规产品的使用或暴露，存在导致严重不良后果或死亡的可能性。

（2）Ⅱ类召回：违规产品的使用或暴露，导致暂时性或医学上可

---

[70] FDA. FDA Recall Policy for Cosmetics [EB/OL].[2014-07-18].
http://www.fda.gov/Cosmetics/Compliance Enforcement/RecallsAlerts/
ucm173559.htm

逆性的不良后果或严重不良反应的可能性微乎其微。

（3）Ⅲ类召回：违规产品的使用或暴露，不会导致不良后果。

3. 召回通告

根据 21CFR 7.42（b）（2），如果 FDA 认为发布公开性的通告是有必要的，则应确保 FDA 或企业发布公开性通告。根据 21CFR 7.50，如果企业不愿意发布新闻稿，或过度延迟发布新闻稿，则 FDA 应发布新闻稿。同时 FDA 也应通过每周期刊（weekly publication）发布总的信息，FDA 的执行报告（enforcement report）中提供已被认定分类的召回产品信息。

4. 召回建议

根据 21CFR 7.42（a）（2），如果 FDA 要求召回产品，则应为每个召回产品提供一份拟议的策略，陈述 FDA 希望如何执行策略及发布新闻稿的必要性。如果企业推进召回策略，FDA 则负责审查并对策略进行评价。根据 21CFR 7.55，FDA 应确保召回的产品被销毁或合理纠正。

（二）化妆品企业在召回中的职责

1. 根据 21CFR 7.49（a），企业应及时通知消费者。通知的内容、版式和范围应与产品的危害和推进的产品召回政策相符合。

2. 根据 21CFR 7.46（d），当企业发起召回时，应通知相应的 FDA 区域办公室。

3. 根据 21CFR 7.53，企业应向相应的 FDA 区域办公室递交周期性召回状态报告（periodic recall status reports），FDA 通过报告评估召回进程。

4. 根据 21CFR 7.42(b)(2)，如果 FDA 或企业认为公开性警告(public warning)是必要的，则企业应向 FDA 递交一份其发布的说明和计划，以进行审查和评论。

5. 根据 21CFR 7.42（b）（3），企业应实施有效性检查。

6. 根据 21CFR 7.55，企业有责任处置召回的产品，无论是销毁产品或使产品合规。

（三）化妆品企业更简单且有效的召回方法

防止产品掺假及错误标识是使产品召回负担最小化的最佳方法。但为防止对公众健康的潜在危害性，召回是必要的，企业可以通过提前准备，将对公众的危害降低至最小化。

1. 根据 21CFR 7.59（a），企业应为发起召回制定偶然性计划（contingency plan），计划应符合与召回相关的法规。企业需要根据 21CFR 7.40 至 7.49、7.53 和 7.55 制定此计划。

2. 根据 21CFR 7.59（b），企业应为产品制定批号。法律不要求化妆品有产品批号。然而，它使企业能够确定是否需要召回全部或部分产品。因为如果产品没有批号，则可能需要把市场上所有产品都召回，否则很难确定所涉及的特定产品。

3. 根据 21CFR 7.59（c），企业应保持充足的分销记录，以帮助定位被召回的产品。保存记录的时间超过其使用期以及预期使用的时间。

除了将违规产品从市场上撤销的纠正行动及将产品销毁或使其合规的方法外，企业应采取防止未来出现相似问题的纠正行动，如：①确定违规行为的原因；②为防止问题再次发生，企业该做出哪些改变；③实施方法。

第五节 色素添加剂

根据 FD&CA 70.3（f），色素添加剂是指来自蔬菜、动物、矿物
质或其他来源，由合成工艺或相似技术，如萃取、分离或其他
方式得到的染剂、颜料、色素或其他任何物质，含有或不含有
中间物或最终产物，且当添加或应用于食品、药品、化妆品或
人体中任何部位时，可以使其着色（单独或通过与其他物质的
反应）的物质。

在化妆品上市前 FDA 没有对其进行审批的法律权限，但 FDA 可
以对化妆品中使用的色素添加剂强制审批。根据 FD&CA 721，色
素添加剂受限于严格的审批体系。根据 FD&CA 601（e），除了煤
焦油染发剂以外，其他不符合美国色素添加剂的规定均会被认定
为掺假化妆品。违反色素添加剂的规定是进口产品被扣押的主要
原因之一。

一、基本要求 [71]

如果化妆品中含有色素添加剂，则根据 FD&CA 721 和 21CFR 70 和 80 部分，必须遵守以下规定。

1. 审批
所有在化妆品（或其他 FDA 监管产品）中使用的色素添加剂必须通过 FDA 的审批。

2. 检测
如果它们是被用于在美国上市的化妆品（或其他 FDA 监管产品），除了审批，色素添加剂必须由 FDA 以批为单位进行检测。根据 21CFR 70.3（p），批量（batch）是指，某个特定生产过程生产的相同性质的色素添加剂或色素添加剂混合物，为了获得定量的单位或区别。

3. 特性和规格
所有色素添加剂必须满足美国联邦法规（CFR）中有关特性和规格的规定。

4. 使用和限制
根据色素添加剂相关法规的规定，色素添加剂仅能在预期用途中使用。同时法规也对特定色素制定了其他限制，如允许的最大浓度。

---

[71] FDA. Color Additives and Cosmetics [EB/OL].[2016-03-01]. http://www.fda.gov/ForIndustry/ColorAdditives/ColorAdditivesinSpecific Products/InCosmetics/ucm110032.htm

二、色素的分类

根据 FD&CA 721（c）、21CFR 70 以及 80 部分色素添加剂的相关
法规，已批准的色素添加剂被分为两大类：需检测和豁免于检测
的色素添加剂。另外，法规也指明了其他分类，如纯正色素（straight
colors）和色淀（lakes）。

（一）需检测的色素

需检测的色素主要源于石油，有时被认为是"煤焦油染发剂"或"有
机合成"色素（煤焦油色素由一种或多种物质组成，这些物质或
是由煤焦油产生，或是源于与煤焦油中间物相同的物质），也可
能包含稀释剂或底层物质。目前，大部分色素是源于石油。

除了应用于煤焦油染发剂，这些色素都不能他用，除非 FDA 已在
实验室中逐批检测了上述色素，并已通过对其组成成分和纯度的
分析。如果 FDA 没有对这些色素逐批进行检测，则不能使用这些
色素。

已检测色素的名称通常由三部分组成，包括前缀（如 FD&C，
D&C，或 External D&C）、色素和序号。如："FD&C 黄色 No.5"。
同时已检测的色素可以在没有前缀的情况下，在化妆品成分声明
中通过色素和序号识别（如"黄色 5 号"）。

（二）豁免检测的色素添加剂

根据 21CFR 73，免除检测的色素主要源于矿物质、植物或动物。
其不受限于逐批检测要求，但仍被认为是人造色素，当在化妆品
或其他 FDA 监管产品中使用时，必须满足法规中有关特性、规格、
使用、限制和标签的规定。

（三）纯正色素

根据 21CFR 70.3（j），纯正色素是指在 21CFR 73、74 和 81 中列出的色素。

（四）色淀

根据 21CFR 70.3（1），色淀是由吸附、共同沉淀或化合作用得到的底层物质，不包括任何通过简单混合过程得到的成分组合物。由于色淀不溶于水，所以它们通常用于需要防止色素"渗出"的情况，如口红。在一些情况下，对色淀的使用会有特殊的规定。对于任何色素添加剂的使用，核实食品、药品、化妆品和医疗器械法规以及 21 CFR 82 第 B 和 C 部分相关色素添加剂法规中的美国可使用色素添加剂列表概要（the Summary of Color Additives Listed for Use in the United States）是非常重要的，这样可以确保仅按照已批准用途使用色淀。

三、色素添加剂用途的限制

根据 FD&CA 721（a）（1）（A），无论某种色素需检测还是豁免于检测，法律禁止其在化妆品中使用，除非它已通过预期用途的批准。法规仍限制以下预期用途。

1. 用于眼部区域

根据 21CFR 70.5（a），除非此色素添加剂相关法规明确允许其使用，否则不能在眼部区域使用色素添加剂。根据 21CFR 70.3（s），眼部区域包括眶上骨和眶下骨圆周覆盖的范围，包括眉毛、眉毛以下的皮肤、眼睑、睫毛、眼睛的睫毛囊、眼球以及在眶下骨周界范围内的软组织。尽管在如睫毛膏、眉笔等产品中批准使用色素添加剂，但没有批准将眉毛或睫毛染色的色素添加剂。

2. 外用化妆品

根据 21CFR 70.3（v），色素添加剂不能应用于唇部或其他任何由
黏膜覆盖的身体表面。如果批准色素添加剂在外用化妆品中使用，
除非此色素添加剂的相关法规明确允许其使用，否则不能应用于
某些产品，如唇膏。

3. 注射

根据 21CFR 70.5（b），除非法规中的列表明确规定可以使用，否
则色素添加剂不可以注射使用。这包括为纹身或永久性美容向皮
肤注射的色素添加剂。被列入列表的用于其他用途的色素添加剂
不能证明其可以用于注射用途。在法规列表中没有被批准用于注
射的色素添加剂。

四、有关色素添加剂标签的要求

（一）一般标签要求

根据 21CFR 70.25（a），色素添加剂的标签中应标注所有色素添
加剂充足的信息，以确保安全使用并遵从 21CFR 第 71、73、74、
80 和 81 部分的规定。除了 FD&CA 要求的其他信息，色素添加
剂的标签应当说明以下 4 点。

（1）纯正色素的名称。如果是混合物，则应说明每种组成色素添
加剂配料的名称；

（2）指明使用色素添加剂的一般限制，如"仅用于食品""用于食
品、药品和化妆品""仅用于外用药品"。

（3）法规要求的纯正色素。一般或特殊用途的定量限制，以每单

位的重量或重量百分比为单位标注每种纯正色素的含量。

（4）如果标签中要求标明稳定性数据，则应有届满期。

（二）带有容差的色素添加剂特殊标签的要求

根据 21CFR 70.25（b），如果向食品、药品或化妆品中添加的色素添加剂的量超过容差时，标签应额外提供使用色素添加剂的说明。

（三）带有其他限制的色素添加剂特殊标签的要求

根据 21CFR 70.25（c），如果色素添加剂的使用受限于本部分规定的其他限制，则应在色素添加剂标签上以简单且显著的说明标注相关限制。相关限制说明如："本产品不能用于眼部区域""不能用于给注射药品着色"等。

（四）不可豁免于检验的色素添加剂特殊标签的要求

根据 21CFR 70.25（d），对于色素添加剂不可被豁免于检验流程的情况，标签中应包括由色素检测部门指定的批号。除了日常使用的含有不超过 15% 纯色的混合物以及如标签上标注包装中包含不超过 3 盎司的混合物以外，通过生产商向 FDA 递交的书面通告，生产商已通过批号确定编码号，此编码号应代替批号在标签中被标注。

五、特殊的色素添加剂

无论色素添加剂或其用途是否是外来的或新颖的，它都应同其他色素添加剂一样，符合相同的法规。以下列出的是一些与众不同的色素添加剂。

1. 变色色素

随着相关因素如 pH、温度或暴露于氧气中，其颜色也随之变化，但仍受限于相同法律法规。

2. 复合色素

为实现不同效果而复合制成的色素添加剂，如珍珠色产品中的色素添加剂，同样应符合相同的法规。一些色素添加剂，当复合使用时，可能会形成没有被批准预期用途的新色素。如"全息"闪光剂，由铝和已批准的色素添加剂组成，复合后就会腐蚀塑料薄膜。

3. 荧光色素

仅有以下荧光色素被批准用于化妆品，且对其预期用途有限制：D&C 橘色 5 号、10 号和 11 号；D&C 红色 21 号、22 号、27 号和 28 号 [21 CFR 74.2254，74.2260，74.2261，74.2321，74.2322，74.2327 和 74.2328]。

4. 夜光色素

根据 21 CFR 73.2995，发光硫化锌是唯一被批准的夜光色素。

5. 鬼魅妆（万圣节妆容）

根据 FD&CA 601（e），这些产品被认为是化妆品且受限于相同的法规，包括对色素添加剂的相同限制。

6. 液晶色素

根据 FD&CA 601（e）条，这些通过衍射在产品中产生色彩图案的添加剂是未得到批准的色素添加剂。在化妆品中使用它们是违法的。

7. 纹身色素

如上述说明，没有色素添加剂获得注射进皮肤的批准，如纹身和永久性美容的色素添加剂。

六、在食品和新药中使用的色素添加剂

（一）在食品中使用的色素添加剂

根据 21CFR 70.10（a），对于标准化食品：

（1）当收到修改 FD&CA 401 下食品定义和食品认定标准请求，并建议在标准化食品中包含某种色素添加剂时，如果该色素添加剂在之前没有提交相关信息，且没有确定此色素添加剂预期用途的安全性信息，则必须递交的有关此色素添加剂安全性的信息，且证明其符合 21CFR 71 法规的规定。请求中必须说明标准化食品中色素添加剂的使用符合 FD&CA 401 规定或取得 21CFR 130.17 规定的临时许可。

（2）如果有关定义和认定标准的请求中包含对色素添加剂法规的建议，且申请人未认定是否属于对色素添加剂法规建议，则局长会确定并应通知申请人是否允许请求中所包含的对色素添加剂法规提出的建议。

（3）不能发布已在定义或认定标准中建立的，允许在食品中使用的，色素添加剂的法规，除非其发布符合 FD&CA 401 或取得 21 CFR 130.17 规定的临时许可。对于拥有临时许可的相关添加剂的预期用途，应遵循相关法规并在临时许可届满时终止许可。

（二）在新药中使用的色素添加剂

根据 21CFR 70.10（b），对于新药：

（1）当收到新药申请，且申请建议新药中包含仅用于着色的色素添加剂时，如果在之前没有递交相关信息，且没有确定此色素添加剂预期用途的安全性，则必须递交有关此色素添加剂安全性的信息，且证明其适用于 21CFR 71 部分法规的规定。

（2）如果新药申请中包含对色素添加剂法规的建议，且申请人未认定是否属于对色素添加剂法规建议，则局长会确定并应通知申请人是否允许请求中所包含的对色素添加剂法规提出的建议。

（3）有关色素添加剂的请求必须根据本条第（b）(2）款进行存档，色素添加剂请求的存档日期应被认为是新药申请的存档日期。

第六节 | 药品审评与研究中心（CDER）和食品安全和应用营养中心（CFSAN）协议

此协议阐明 CDER 和 CFSAN 对意在影响人体结构或功能，或意在用于诊断、治愈、减缓、治疗或预防疾病的特定产品的监管权限。食品安全和应用营养中心（CFSAN）和药品审评与研究中心（CDER）是协议的主体。协议的目的是针对打算作为化妆品，但同时满足药品定义的产品，实现更有效的资源配置和更优化的监管行动的协调。协议不应用于拟用作化妆品，同时受限于其他中心（CBER、CVM 或 CDRH）权限的产品。

此协议意在通过根据 CDER 和 CFSAN 间交叉的权限，确认两大中心职责来协助 FDA 执行 FD&CA 对化妆品和药品的规定。协议在性质上彻底程序化且不影响 FDA 监管化妆品的方法。协议不正式约束 FDA 且不影响被监管实体的职责和权力。[72]

---

[72] FDA. CDER-CFSAN Agreement [EB/OL].[2016-07-10]. http://www.fda.gov/Cosmetics/ComplianceEnforcement/ucm2005170.htm#administrative_process

一、背 景

根据 FD&CA 201（g）对药品的定义，CDER 是 FDA 监管人类药品的领导中心。根据 FD&CA 201（i）对化妆品的定义，CFSAN 是 FDA 监管化妆品的领导中心。

如果拟用作化妆品的产品，旨在影响人体结构或功能，或意在用于诊断、治愈、减缓、治疗或预防疾病，则产品应符合药品的规定。预期用途是指法律上负责产品标签的个体的客观目的。目的可以由相关个体的表达决定或通过物品分布周围的环境所展现。这个客观目的可以通过标签的权利要求，广告、相关个体或其代表口头、书面上的说明所展现。[73]

它也可通过出于某种既不是标签也不是广告的目的，由对其有了解的相关个体或其代表提供并使用的环境所展现。详见 21CFR 201.128。

二、共同包含权限

根据此协议，CDER 和 CFSAN 拥有对预计作为化妆品，但同时满足药品定义的产品的共同包含权限。CDER 和 CFSAN 共同对此类产品执行监管行动。CFSAN 在相关行动中不应包含药品费用（包括 FD&CA 501、502 和 505），除了应当包括首次通知 CDER 的费用。CDER 在相关行动中不应包含化妆品费用（包括 FD&CA 601

---

[73] FDA. CDER-CFSAN Agreement [EB/OL].[2016-07-10]. http://www.fda.gov/Cosmetics/ComplianceEnforcement/ucm2005170.htm#administrative_process

和 602），除了应当包括首次通知 CFSAN 的费用。

每个中心都应在开展本协议的监管行动前通知另一个中心，且应定期与另一个中心商议以确保一致性。[74]

CFSAN 不能在未取得 CDER 同意的情况下，对"药品"的含义或应用于药品预期用途的概念做出任何正式声明（如在指南文件中）。

三、管理流程

为确保能够保持足够的沟通并对本协议的解释和应用使用统一的方法，CDER 合规办公室和 CFSAN 合规办公室和（或）化妆品和色素办公室的代表应：

1. 每半年开展一次会议，讨论应急问题；

2. 开展临时会议，及时关注需求，讨论将来的发展。

为避免重复行动，每个中心应在处理受限于本协议可能导致的无标题信件、警告信、进口警告、没收、禁令或起诉等问题花费重要资金前，通知另一个中心。

当受限于本协议的情况出现时，若有必要且必要合理，CDER 新

---

[74] FDA. CDER-CFSAN Agreement [EB/OL].[2016-07-10]. http://www.fda.gov/Cosmetics/ComplianceEnforcement/ucm2005170.htm#administrative_process

药办公室的专家将被要求对健康危害进行评估。当相关要求对支
持实施行动有必要时，CDER 合规办公室将应 CDER 其他部门的
要求作为联络员。[75]

四、资金

在此协议终止之前，CDER 将确定 CDER 的资金是否支出在实施
本协议上。如果 CDER 确定了其支出的资金，则应提供给 CFSAN
一份资金支出的范围以及支出用途的书面解释。除非 CDER 支出
的资金是可以忽略的（由两大中心一致决定），否则 CFSAN 应报
销 CDER 支出的资金。[76]

---

[75] FDA. CDER-CFSAN Agreement [EB/OL].[2016-07-10]. http://
www.fda.gov/Cosmetics/ComplianceEnforcement/ucm2005170.
htm#administrative_process

[76] FDA.CDER-CFSAN Agreement [EB/OL].[2016-07-10]. http://
www.fda.gov/Cosmetics/ComplianceEnforcement/ucm2005170.
htm#administrative_process

FDA

第八章
与收费有关的
职责与权力

第一节 | 与食品相关的收费

一、《食品安全现代化法案》授权收费背景

根据疾病预防和控制中心（CDC）的最新数据，每年约有 4800
万人（六分之一的美国人）生病，128000 人住院，3000 人死
于食源性疾病。这是一个重大的公共卫生负担，而且在很大程
度上是可预防的。2011 年《食品安全现代化法案》（Food Safety
Modernization Act，FSMA）由总统奥巴马签署通过，该法案更加
重视食品安全系统的建设并特别授予 FDA 对有关食品项目进行收
费的权利，以补充 FDA 进行有关食品活动的经费。

二、收费类型

根据 FD&CA 743，对于 2010 财年和随后的每一财年，FDA 应按
照规定和要求从以下机构评估和收取费用，并在每年开始的前 60
天内在联邦公报上公开此项费用：

（1）向该财年度内需要复检的每个国内食品工厂的负责人以及每个国外食品工厂在美国的代理人收取用于支付此财年度里与复检有关的所有费用；

（2）向每个国内食品工厂的负责人以及未遵守此财年度内食品强制召回，或婴儿配方食品召回规定而发布召回令的进口商，收取用于支付由 FDA 发布召回令的有关食品召回活动相关的费用，其中包括本财年度内的技术支持、后续的效力检验以及向社会公示的费用；

（3）向在该财年度内参与自愿合格进口商计划的每位进口商收取用于补偿该财年度此计划的行政支出费用；

（4）向在该财年度须进行复检的进口商收取用于补偿该财年度复检相关支出的费用。

复检，对国内食品工厂而言是指按照规定对食品设施的检查并确认其严重不符合 FD&CA 对食品安全的要求后，根据规定再次进行的一次或多次检查，以确定是否达到 FDA 要求；对进口商而言是指按照食品进口的规定对进口的食品进行检查时发现严重不符合食品安全要求，按照规定再次进行一次或多次检查，以确定是否达到 FDA 要求。与复检有关的支出是指复检的组织、进行以及结果评估的行政管理费。上述 4 种收费项目的计费方法是 FDA 根据此财年度内与复检有关活动所产生费用估计值的 100% 来计算，如果 FDA 高估了这些费用，则应将费用从上一年贷记到下一年。同时在收取参与自愿进口商合格计划的相关费用时，需考虑参与计划的进口商数量及在此项收费项目开始实施的前 5 个财年内，FDA 应添加一笔合理的费用，以补偿第一年建立此项计划多花费的成本。

针对上述 4 种收费项目所收取的费用仅用于此 4 种项目所述的开支，对于 2010 财年之后的某一财年，除非 FDA 在此财年与食品安全相关活动的总拨款等于或高于 2009 财年的拨款金额与调整系数乘积，否则此财年内收取的相关费用必须予以返还。在任何情况下，如果在应付日之后的 30 天内，FDA 没有收到相关的费用，则按照规定此项费用将会被美国政府按索赔来处理。

第二节 | 与新药相关的收费

根据 FD&CA 735（1），此部分"人用药品申请"指新药上市申请和生物制品上市许可申请。

一、《处方药使用者付费法案》授权背景

FDA 认为 NDA 和 BLA 安全和有效性的及时审评是机构保护和促进公众健康任务中极其重要的一部分。在 1992 年 PDUFA 颁布之前，FDA 的药品审评人员不足，以致速度缓慢。FDA 缺少足够的人员来进行及时的审评，或制定程序和标准来使审评过程更严谨。进入美国的新药品落后于其他国家，行业人员和患者都表示担忧。国会颁布 PDUFA，通过向用户收取额外费用，使 FDA 可雇佣额外的审评人员和支持性员工、升级信息技术系统；同时，在不影响对安全性、有效性及质量的高标准要求的同时，可使 FDA 加快并在可预知的时间框架内完成新药申请的审评。1992 年到 2012 年共经历了 5 次授权，使 FDA 对药品的审评更加高效，同时也促

进和保护了公众健康。[77]PDUFA 的授权过程及影响见表 8-1。

表 8-1 PDUFA 的授权过程及影响

PDUFA	名称	授权时间	对 FDA 的影响
PDUFA I	《处方药使用者付费法案》	1993~1997	增加新药上市前审评的资金；减少积压并建立审评时间表
PDUFA II	《食品药品管理现代化法案》（FDAMA）第 I 篇	1998~2002	缩短审评时间，增加审评目标；增加部分资金
PDUFA III	《公共卫生安全和生物恐怖预防与应对法案》（PHSBPRA）第 V 篇	2003~2007	显著增加资金；加强审评时期的沟通；加强对上市后安全体系的支持
PDUFA IV	《食品药品管理修正案》（FDAAA）第 I 篇	2008~2012	增加基本资金；加强上市前审评；使上市后安全性体系现代化
PDUFA V	《FDA 安全及创新法案》（FDASIA）第 I 篇	2013~2017	增加基本资金；增加与发起人的沟通；加强科学和上市后安全性的监管；促进电子数据标准化

二、收费的类型及收费标准

（一）收费类型

根据 FD&CA 736（a），收费的类型如下。

1. 人用药品申请与补充申请费

根据 FD&CA 736（a）（1），在 1992 年 9 月 1 日之后提交的人用药品申请，申请人需缴纳用于申请获批所必需的安全性、有效性

---

[77] PDUFA Background and Reauthorization Process.[EB/OL].（2015-7-15）. http://www.fda.gov/downloads/forindustry/userfees/prescriptiondruguserfee/ucm455134.pdf

的临床数据的审评相关费用，当不需要审评临床试验数据或者仅需审评与安全性、有效性相关的补充申请时，则仅需上述一半的费用。该费用在提交申请时即应支付，如果申请或补充申请被拒绝立卷或在立卷前主动撤销时，FDA 应返还支付费用的 75%；已提交但被拒绝立卷或在接受或拒绝立卷前主动撤销申请或补充申请，在重新提交申请时应缴纳全部费用，除非费用被豁免或根据（d）分条将费用减少。在申请或者补充申请提出后又撤回的，如果尚未对该申请进行实质性审查，部长可以视情况返还全部或者部分费用。

根据 FD&CA 736（a）（1）（F），如果该人用药品申请不包括用于罕见疾病和病症以外用途的说明，则该申请被认定为治疗罕见疾病和病症处方药的申请，不需缴纳该项费用。如果药品已经根据 FD&CA 526 被认定用于治疗补充申请中所说明的罕见疾病和病症，将不需缴纳此费用。

2. 处方药生产设施费

根据 FD&CA 736（a）（2），在 1992 年 9 月 1 日之后提交人用药品申请，获得许可的申请人要为其药品申请中的每项处方药生产设施缴纳年费，针对获批申请中列出的生产设施，部长应在每个财年评估生产设施年费，除非处方药生产设施在前一财年未从事生产。年费应在每年 10 月 1 日或此后支付。无论每年生产的处方药数量，每个设施年费每年只评估一次。当生产处方药设施被一个以上的申请人在申请中列出时，该财年度内的设施年费将在处方药申请人中平均分配，其评价产品费也按照第（3）款的规定进行确定。

如果设施列表中的设施在之前的财年里未进行生产，或者在此处方药开始生产前，所有设施费已经完成评估，则申请人在开始生产处方药的财年内，将不再分摊设施年费。

3. 处方药产品费

根据 FD&CA 736（a）（3），在 1992 年 9 月 1 日之后提交的人用药品申请，应在每年 10 月 1 日或此后首个工作日缴纳处方药产品年费。

（二）收费标准

PDUFA 提供了一个动态化的审评费用收取模式（表 8-2）。法案不仅每 5 年被重新批准，在每一财年中还要根据通货膨胀率和注册申报工作量进行统计学分析，确定每一财年的收费预算，从而制定合理的收费标准。[78]

表 8-2　2015~2017 年设定的 PDUFA 收费标准 [79]

申请项目	2015 财年	2016 财年	2017 财年
申请费（要求临床试验）	$2,335,200	$2,374,200	$2,038,100
申请费（不要求临床试验）	$1,167,600	$1,187,100	$1,019,050
补充申请费（要求临床试验）	$1,167,600	$1,187,100	$1,019,050
产品费	$110,370	$114,450	$97,750
生产设施费	$569,200	$585,200	$512,200

---

[78] 唐健元，赵智恒. 从美国 PDUFA 看我国的药品审批行政收费制度 [J].2013,6（13）:565.

[79] FDA. PDUFA User Fee Rates Archive..[EB/OL]（2016-08-09）http://www.fda.gov/forindustry/userfees/prescriptiondruguserfee/ucm152775.htm

三、收费减免

根据 FD&CA 736（d）（1），在以下情况，部长会减少或豁免相关
费用：

（1）相关豁免或减少费用对保护公共健康有必要性；

（2）由于资源的有限性，或者其他情形导致费用征收将对创新构
成重大障碍；

（3）由申请人支付的费用将超过预期的、部长审评人用药品申请
中发生的成本；

（4）提交部长审评的人用药品申请人是小型企业。

根据 FD&CA 736（d）（4）（B），小型企业或者其附属企业首次提
交人用药品申请时，部长将豁免其申请费，当小企业或者其附属
企业被给予前述豁免后，小企业及其附属机构应当支付所有此后
向部长提出的人用药品申请的申请费，以及所有向部长提出的人
用药品补充申请的申请费。"小型企业"是指，包括附属机构在内，
雇员总数不超过 500 人的企业实体。

四、不缴纳费用的后果

根据 FD&CA736（e），如果申请人在提交人用药品申请或者补充
申请时未缴纳相关缴费，申请或者补充申请将被视为不完整并且
部长将不予立卷。

第三节 | 与仿制药相关的收费

一、《仿制药使用者付费法案》授权背景

经《仿制药使用者付费法案》（GDUFA）修订的 FD&CA744B，GDUFA 被授权自 2013 财年到 2017 财年的 5 年，FDA 可向仿制药用户收取费用来聘请专家和支持性人员以加快审评和进行现场检查，加强对向美国市场供应成品制剂和原料药的国外生产设施的检查和监督，确保仿制药的安全有效。额外资金资源将使 FDA 减少目前待处理 ANDA 的积压，缩短对 ANDA 审评的平均时间，并增加基于风险的检查。[80]

截至 2013 年 2 月中旬召开的仿制药协会年会（generic pharmaceutica association，GPhA），FDA 筹集到的资金已比原定的 2.99 亿美元超出 1.25 亿美元。[81]

---

[80] Generic Drug User Fee Amendments of 2012.[EB/OL].(2016-10-17) http://www.fda.gov/forindustry/userfees/genericdruguserfees/default. htm

[81] 仿制药发展动态 -2013 年 1~3 月回顾 [J]. 转化医学研究（电子版），2013，（04）：54-63.

二、收费类型及收费标准

（一）收费类型

根据 FD&CA744B（a），自 2013 财年初，部长应该评估并征收以下费用：

1. ANDA 积压费

在 2012 年 10 月 1 日之前的 ANDA，以及在此之前未批准的申请人，应该缴纳 ANDA 积压费（one-time backlog fee）。2012 年 10 月 31 日之前，部长应该在《联邦公报》上发布通知，通知应缴纳的费用总数，费用应在通知发布后 30 天内缴纳。

2. 药品主文件费

2012 年 10 月 1 日之后，在 ANDA 中引用 Ⅱ 型 DMF 并提交授权信的持有人需缴纳药品主文件费（drug master file fee，DMF fee）。如果持有人已经支付过 Ⅱ 型活性成分 DMF 费用，则在后续提交的 ANDA 中引用 DMF 时不需要再次付费。2013 年 10 月 1 日之前，部长应在《联邦公报》上发布 2013 财年 DMF 费用。2014 至 2017 财年，在每个财年开始后 60 天内，部长应该在《联邦公报》上公布本财年度的 DMF 费用。

DMF 费用应在不晚于引用 Ⅱ 型 DMF 的 ANDA 首次提交之日缴纳。

3.ANDA 和事先批准的补充申请归档费

在 ANDA 和事先批准的补充申请（prior approval supplement，PAS）提交之前需缴纳 ANDA 和 PAS 归档费（ANDA and prior approval supplement filing fee）。FDA 会在每个财年的前 60 天内公布此项费用。如果申请未被批准，则 FDA 会退还所缴纳费用的

75%；若被撤销的 ANDA 和 PAS 修改后重新提交申请，则应缴纳全费。

如果 ANDA 或 PAS 中含有未列入 II 型 DMF 中的活性成分相关信息并且之前未交关于此信息的 DMF 费，则需要缴纳额外的费用。

4. 仿制药设施费和活性成分设施费

仿制药设施费和活性成分设施费 [（generic drug facility fee and active pharmaceutical ingredient（API）facility fee）] 是指至少被一个以上 ANDA 所列入的设施生产一种以上成品剂型，该设施持有者需对每个设施缴纳年费或者至少被一个以上 ANDA 所列入的设施生产一种以上活性成分，该设施持有者需对每个设施缴纳年费。如果该设施持有者上述两者都生产，则需缴纳上述两项费用。

（二）收费标准

尽管 FDA 的核心使命是确保药品的安全性，但保障更早的获得有效药品也是 FDA 的重要目标。《仿制药使用者付费法案》（GDUFA）法案执行的第一个 5 年中，美国仿制药供应的国内外企业每年筹集 2.99 亿美元，这一数额每年随通货膨胀率变化调整。

相较于 2015 财年，ANDA 申请费、补充申请费和 DMF 费由于以上三项提交的申请数量有所增加，费用数额增加。由于 2016 财年度自我确认（self-identified）的设施数量增加，使 2016 财年的收费标准降低（表 8-3）。

表 8-3　2015~2017 年设定的 GDUFA 收费标准[82]

收费项目	2015 财年	2016 财年	2017 财年
ANDA 申请费	$58,730	$76,030	$70,480
补充申请费	$29,370	$38,020	$35,240
DMF 费	$26,720	$42,170	$51,140
国内 API 设施费	$41,926	$40,867	$44,234
国外 API 设施费	$56,926	$55,867	$59,234
国内成品制剂设施费	$247,717	$243,905	$258,646
国外成品制剂设施费	$262,717	$258,905	$273,646

三、不缴纳相关费用的后果

根据 FD&CA744B（g），针对不缴纳积压费的情况，FDA 会公布
欠款名单，直到该申请人将费用缴齐，否则将不再接受该申请人
的其他申请。

在支付到期日的 20 天内，如果 DMF 持有人不缴纳药品 DMF 费，
会导致 "Ⅱ型 DMF 被视为不可引用"。同时，部长会通知 ANDA
和 PAS 申请人，DMF 持有人未缴纳 DMF 费，并且在 20 天内该
ANDA 和 PAS 不会被批准。

如果支付到期日的 20 天内未缴纳 ANDA 和 PAS 费用，则该
ANDA 和 PAS 将不会被接受。

针对支付到期日 20 天内未缴纳仿制药设施费和原料药设施费用，
FDA 会公布欠款名单，且该生产企业或相关机构的 ANDA 和 PAS

[82] GDUFA Federal Register Notices.（2016-10-24）. http://www.fda.
gov/forindustry/userfees/genericdruguserfees/ucm313983.htm

将不会被接受。如果设施拥有者在 2012 年 10 月 1 日之后提交引用这类设施新的 ANDA，将不被接受。这类设施内生产的所有成品药或活性成分，或含有用这类设施生产的所有成品药或活性成分，将被视为错误标识（misbranded drug）。

第四节 | 与生物类似物
相关的收费

一、《生物类似物使用者付费法案》授权背景

2012 年 7 月 9 日，总统签署了《FDA 安全及创新法案》
（FDASIA），其中包括对《生物类似物使用者付费法案》（BsUFA）
的授权。BsUFA 允许 FDA 从生物类似物用户处收费来补充自
2012 年 10 月到 2017 年 9 月对生物类似物审评的花费。FDA 将
收取的费用用于聘用和支持生物类似物审评人员，以确保美国公
众获得安全有效的生物类似物。经《生物制品价格竞争和创新
法案》（The Biologics Price Competition and Innovation Act ， BPCI）
修订 FD&CA，使其在"人用药物申请"的定义中包括 PHS 法案
351（k）申请，在 2012 年 9 月之后，FDA 可以对生物制品和生
物类似物申请收取费用。[83]

---

[83] BsUFA Background and Reauthorization Process.[EB/OL]（2015-
12-18）. http://www.fda.gov/downloads/forindustry/userfees/
biosimilaruserfeeactbsufa/ucm478276.pdf

二、收费类型及收费标准

（一）收费类型
根据 FD&CA 744H（a），在 2013 财年初，部长会评估并收取以下费用。

1. 生物类似物开发项目费
生物类似物开发项目费（biosimilar development program fee）包含以下三项费用。部长不会减少、豁免或返还此三项费用。

（1）首次生物类似物开发费：向部长提交召开生物类似物产品开发会议要求或者提交支持生物类似物开发的 IND 时需缴纳此项费用。缴纳费用时间为部长同意召开首次生物类似物开发的 5 日内或者提交 IND 时（两者中较早的日期为缴费日期）。

根据 FD&CA 744G（5），生物类似物产品开发会议是指在审评中除了咨询委员会会议之外的所有会议。

（2）生物类似物开发项目年费：缴费的日期为每年的 10 月 1 日或者之后的第 1 个工作日。若申请人声明不再进行生物类似物的开发或者部长终止此 IND，则可停止缴纳生物类似物开发项目年费。

（3）激活费（reactivation fee）：如果申请人在停止开发生物类似物开发项目后，又要求召开生物类似物产品开发会议，则在部长同意召开会议的 5 日内或者提交 IND 时需缴纳该项费用。

2. 生物类似物申请或者补充申请费
提交生物类似物申请或补充申请的申请人需要缴纳此项费用，当

申请不要求提交临床试验数据时（不包括生物利用度数据），仅
需缴纳一半费用。

在提交申请书之前应缴纳费用，但如果该申请虽已经被立卷，但
确未被批准或者被撤销，则不需缴纳该费用。当该申请被拒绝立
卷或者在立卷前申请被撤销，则 FDA 会返还 75% 的费用。

3. 生物类似物生产设施费

生物类似物申请人需要每年缴纳生产设施年费（biosimilar biological
product establishment fee），除非该生产设施不再从事生产，部长
每年都会对生产设施费进行评估。缴费日期在每年的 10 月 1 日
或者下一个工作日，只要在该财年有生产活动的生产设施均需缴
纳该项费用。

每个生产设施仅需一次性缴纳此费用，如果有多个申请人将此设
施列在申请中，则该项设施费由各申请人平均分配。如果该生产
商前一财年未从事生产或者在前一财年该设施费已经被评估缴
纳，则该申请人不需缴纳此项费用。

4. 生物类似物产品费

生物类似物产品费（biosimilar biological product fee）主要针对申
请人，缴费日期在每年的 10 月 1 日或者下一个工作日，且每个
申请人对每个产品每年仅需缴纳一次即可。

（二）收费标准

根据 BsUFA，首次 BDP 每个财年的缴费标准相当于 PDUFA 要
求临床试验申请费的 10%；只要申请人缴纳过首次 BDP 费，则
BDP 年费在下一个财年的 10 月 1 日前缴纳，且其缴纳标准为

PDUFA 的要求临床试验申请费的 10%，激活费相当于 PDUFA 要求临床试验申请费的 20%。除此之外，申请人在提交申请或者补充申请时必须缴纳申请费或者补充申请费，收费标准分别为 PDUFA 的申请费和补充申请费的收费标准；设施费和产品费也与 PDUFA 的收费标准相同（表 8-4）。

表 8-4 2015~2017 年设定的 BsUFA 收费标准[84]

收费项目	2015 财年	2016 财年	2017 财年
首次生物类似物开发费	$233,520	$237,420	$203,810
生物类似物开发项目年费	$233,520	$237,420	$203,810
激活费	$467,040	$474,840	$407,620
生物类似物申请费（要求临床试验）	$2,335,200	$2,374,200	$2,038,100
生物类似物申请费（不要求临床试验）	$1,167,600	$1,187,100	$1,019,050
补充申请费（要求临床试验）	$1,167,600	$1,187,100	$1,019,050
生产设施费	$569,200	$585,200	$512,200
产品费	$110,370	$114,450	$97,750

三、对小型企业申请费的豁免

根据 FD&CA 744H（c），在小型企业首次提交生物类似物申请时，部长豁免生物类似物申请或补充申请费。申请人在后续提交生物类似物申请或补充申请时则作为一个商业实体（entity）而非小型企业，需要缴纳申请费或补充申请费。

---

[84] BsUFA Federal Register Notices.（2016-10-24）. http://www.fda.gov/forindustry/userfees/biosimilaruserfeeactbsufa/ucm311811.htm

四、不缴纳相关费用的后果

根据 FD&CA 744H（a）（1）（E），若不缴纳首次生物类似物开发费或者年费，则部长不会召开会议，若申请人不缴纳生物类似物开发项目费的三项费用，则部长不会接受支持生物类似物开发的 IND。

FD&CA 744H（d），如果申请人不缴纳以上费用，则部长将以生物类似物申请或者补充申请不完整为由，不予立卷直到费用缴清。

第五节 与器械相关的收费

一、《医疗器械使用者付费法案》授权背景

2002 年颁布的《医疗器械使用者付费和现代化法案》（Medical Device User Fee and Modernization Act，MDUFMA）首次授予 FDA 对医疗器械收取相关费用，并规定每 5 年对收费法案重新授权；2007 年《食品药品管理法修正案》（FDA Amendments Act）对医疗器械用户付费法案进行了修正，通过了《医疗器械使用者付费法案Ⅱ》（MDUFA Ⅱ）；2012 年《FDA 安全及创新法案》（FDA Safety and Innovation Act，FDASIA）又通过了《医疗器械使用者付费法案Ⅲ》（MDUFA Ⅲ）；目前 FDA 和医疗器械企业代表以及实验室社区（laboratory community）就提议的《医疗器械使用者付费法案Ⅳ》（MDUFA Ⅳ）相关事项达成一致意见，一旦通过，《医疗器械使用者付费法案Ⅳ》将从 2017 年 10 月 1 日到 2022 年 9 月 30 日实施。

在用户付费系统下，要求医疗器械企业向 FDA 提交上市申请或是上市通知，注册登记其企业并提供器械明细列表时，需支付相关

费用，这些费用帮助 FDA 增强了监管过程的高效性，能够减少安全有效的医疗器械的上市时间，帮助患者及时得到安全有效的医疗器械。

二、收费类型

根据 FD&CA 738，自 2013 财年度开始，FDA 应按照相关规定确定并收取相关费用，并应在 2012 年 9 月 30 日后每个财年开始前的 60 天内确定各项费用，且在联邦公报上公布各项费用以及对相关费用调整的基本解释。费用的种类包括以下几种。

（1）上市前申请、上市前报告、补充申请、上市前通知费用和Ⅲ类器械定期报告年费。上市前申请费用是指按照第 515（c）递交的上市前审批申请即 PMA 申请、第 515（f）递交的器械产品开发方案需要缴纳的费用，上市前报告费用是指再加工一次性的Ⅲ类器械提交的上市前报告需缴纳的费用，补充申请费用包括 180 天补充申请费用、实时补充申请费用、审查小组补充申请费用、器械有效性补充申请费用和功效补充申请费用。自 2012 年 10 月 1 日起，任何递交以下申请的人均要缴纳该财年度内规定的相关费用。①上市前申请费用；②上市前报告费用：与上市前申请费用相当；③审查小组补充申请费用：相当于上市前申请费用的 75%；④ 180 天补充申请费用：相当于上市前申请费用的 15%；⑤实时补充申请（real-time supplement）费用：相当于上市前申请费用的 7%；⑥ 30 天通知（30-day notice）费用：相当于上市前申请费用的 1.6%；⑦器械有效性补充申请费用：相当于上市前申请费用；⑧上市前通知费用：相当于上市前申请费用的 2%；⑨器械分类信息请求（a request for classification information）费用：相当于上市前申请费用的 1.35%；⑩Ⅲ类器械定期报告年费：相当于上市前申请费用的 3.5%。

对于以下情况可不予征收：①人道主义器械有关的上述费用；②对于仅为了进一步制造性使用（further manufacturing use only）的有关器械上市前申请费用；③对于州或联邦政府作为出资方的器械项目，除非该器械用于商业销售；④由第三方递交的上市前通知（premarket notifications by third parties）费用；⑤有关儿科使用的器械相关费用，但对于后续建议用于成人的器械，此时对于上市前申请和上市前报告可不予征收费用，但对于补充申请需按照上诉规定征收相关费用。

申请人在递交上市申请的同时应按照规定缴纳上述相关费用，当申请人递交一部分申请材料时，也应按照相关规定缴纳一部分费用。如果上市前申请、上市前报告或补充申请被拒绝归档或在归档前主动撤销时，FDA 应返还支付费用的 75%；如果上市前申请、上市前报告或补充申请在归档后，但在部长第一次采取行动（a first action）前撤回，FDA 应返全部或一部分费用，返还费用的数目根据相关申请、报告或补充申请审评的工作量决定；对于在第二部分材料递交之前并且在对第一部分申请材料审评之前撤回申请时，FDA 应返还 75% 的费用；对于第二部分和后续申请材料递交后，但在对申请材料采取第一次行动之前撤销申请时，FDA 应返还一部分费用，返还费用的数目根据相关申请、报告或补充申请审评的工作付出的努力决定，同时符合费用返还条件的申请人应向 FDA 提交返还有关费用的书面申请，该申请应在有关费用应缴之日起 180 日内提交。

对于上述费用，如果医疗器械企业未支付相关费用，则在缴清有关费用之前，其相关申请均被视为不完整，FDA 不予受理。

（2）医疗器械企业年度注册费用：从2008财年开始，对于每一个器械注册项目均需要收取相关费用，无论首次注册还是年度注册。但对于州或联邦政府作为出资方的器械注册项目不需要缴纳年度注册费，除非该器械用于商业销售。而且，有关医疗器械企业年度注册费用应在本财年度内缴纳，且不能晚于首次注册或每一年度的注册时间或是每年规定的拨款法案颁布之日后的第一个工作日。

对于上述费用，如果医疗器械企业未支付相关费用，则在缴纳有关费用之前企业提交的注册登记被视为不完整，FDA不予受理。

（3）由CDRH出具的出口证明书（CFG）费：当美国企业向其他国家出口产品时，其他国家的政府或消费者要求美国企业出示FDA出具的出口证明书（certificate），该证书由FDA准备，包含了出口产品的监管信息和上市状态。在很多情况下，国外政府要求出口到其国家的产品需要随附出口国官方的产品合格证书，证明出口的产品与美国流通的产品质量相同或已满足美国法律、法规的相关要求。检查美国出口产品的出口证明书是国外政府允许美国产品出口到其国家的一个必要的程序。[85]

根据FD&CA 801（e）（4）（B），FDA可以收取人用药品、兽药和器械的出口证明书费，该项收费的授权开始于1996年的《FDA出口改革和增强法案》（FDA Export Reform and Enhancement Act of 1996），该法案允许FDA收取部分费用以支持人力、设备、供应、

---

[85] FDA. Export Certificate Fees[EB/OL].[2016-11-28]. http://www.fda.gov/ForIndustry/UserFees/ExportCertificateFees/default.htm

打印等等费用。该法案规定每一份出口证明书基础费用为 175
美元。

对由同一个生产企业在同一生产场地生产的一个或多个产品申请
出口证明书（CFG）：正本 175 美元，每申请一个副本加收 15 美元，
包括与正本同时申请或得到正本后的补充申请。

三、收费减免

当 FDA 认为相关费用的减免是为了公众健康利益时，可以实施费
用的减免政策，但每一财年度内所有豁免或减少的费用总和不应
超过本财年度内总费用的 2%。对于小型企业，FDA 规定了相关
费用的减免。主要包括对有关上市前申请费用的豁免及减少和有
关上市前通知费用的减少。

（1）有关小企业的上市前申请费用的豁免及减少：满足费用豁免
及减少的小型企业申请人，应至少在相关费用要求予以缴纳之日
起 60 日内向 FDA 递交满足费用豁免及减少的证明材料。只要企
业属于小型企业标准，且属于首次向 FDA 提交上市前申请、上
市前报告以供其审评，FDA 就可以对小型企业的有关上市前申请、
上市前报告费用予以豁免；此外对于该企业以后的上市前申请、
上市前报告、补充申请、30 天通知、分类信息请求以及第Ⅲ类器
械定期报告费用都可以按照相关规定以较低的费率支付，其中对
Ⅲ类器械的上市前申请、上市前报告、补充申请、定期报告的费
用只需缴纳规定费用的 25%；对于 30 天通知或分类信息请求费
用只需缴纳规定费用的 50%。

（2）有关小企业的上市前通知费用的减少：按照规定，在 2008

财年及此后的每一财年度内，当 FDA 认定企业为小型企业时，该
企业的上市前通知费用按照规定只需缴纳规定费用的 50%，该
企业的申请人应至少在相关费用要求予以缴纳之日起 60 日内向
FDA 递交满足费用减少的证明材料。

四、收费标准

FDA 依据美国联邦法律的规定，对涉及医疗器械的不同种类的
申请项目规定了不同的收费标准，表 8-5 给出了 FDA 在 2015 至
2017 财年不同种类医疗器械申请项目执行的收费标准：

表 8-5　2015~2017 财年设定的医疗器械申请收费标准[86]

申请类型	2015 财年	2016 财年	2017 财年
上市前通知 [510（k）] 申请	$5018	$5228	$4690
器械分类信息请求费 [513(g)]	$3387	$3529	$3166
上市前审批包括 PMA、PDP、PMR、BLA	$250895	$261388	$234495
PMA 年度报告	$8781/ 年	$9149/ 年	$8207
企业年度注册费	$3646/ 年	$3845/ 年	$3382/ 年

同时，FDA 针对小型企业审评费用有优惠政策。如果企业年营
业额低于 100 000 000 美元，那么可以作为小型企业申请此优惠。
如果小型企业通过 510（k）途径申请注册，审评费可减 50%；如
果通过 PMA 途径申请注册，则费用仅为一般 PMA 审评费的 1/4，
这正是 FDA 鼓励中小企业进行医疗器械创新的具体措施之一。

---

[86] FDA. FY2017 MDUFA User Fees[EB/OL].[2016-11-28]. http://www.fda.
gov/ForIndustry/UserFees/MedicalDeviceUserFee/ucm452519.htm

FDA

附录

生产质量管理规范指南 / 检查备忘录（针对化妆品）

1. 检查建筑和设施

（1）用于生产或存放化妆品的建筑大小合理，设计和构造不妨碍放置装置，材料存放有序以及进行适当的卫生清洁和维护。

（2）地板、墙壁和天花板是光滑的完好无损，易于清洁表面并保持干净。

（3）安装的固定装置、通风管道和排水管道应保证污染物或水滴不会污染化妆品的原料、器具、装置以及与化妆品接触的表面或散装的完成品。

（4）照明设施和通风设施满足预期操作和员工的舒适感。

（5）水源供应、洗涤剂和厕所设施、地面排水系统、下水道系统满足卫生操作和设施、装置以及器具清洁的标准，并满足员工需求，保持员工个人卫生。

2. 检查装置

（1）加工、储存、传输以及装填过程中使用的装置和器具的设计、材料和工艺合理，以防止腐蚀、材料堆积或出现掺有润滑剂、灰尘或卫生消毒剂的掺假化妆品。

（2）维护好器具、输送管道和装置与化妆品接触的表面，使其保持清洁并以合理的时间间隔对其进行消毒。

（3）合理存放已净化且已消毒的便携装置和器具，合理覆盖装置与化妆品接触的表面，防止其被污点、灰尘或其他污染物污染。

3. 检查员工

（1）监管或执行化妆品生产或管理的员工拥有足够的知识，经过培训或拥有经验，以执行被指派的任务。

（2）直接接触化妆品材料、散装完成品或化妆品接触的器具表面以及防止掺假化妆品出现的员工应穿着合理、佩戴手套、戴工作帽以及保持较好的个人卫生。

（3）在指定区域中禁止食用食物、饮用饮料以及吸烟。

4. 检查原材料

（1）合理存放并处理原材料和主要包装材料，防止将其混淆、被微生物或其他化学品污染；或由于暴露在过度高温、低温、日光或湿度下而出现腐烂现象。

（2）材料的容器是密封的，袋装或盒装材料应离开地面存放。

（3）材料容器的标签上标有特性（identity），批量鉴定（lot identification）和控制状态（control status）。

（4）为保持合规，对材料进行抽样并对其进行检测或检查，以确保材料中不含污垢、微生物或其他外来物质的污染物，防止出现掺假完成品。特别注意来自动物或植物的材料以及通过冷加工方式用于化妆品生产的材料是否含有污染物或微生物。

（5）鉴别出不符合验收规范（acceptance specifications）的材料，应防止其在化妆品中的使用。

5. 生产检查

生产检查是否建立生产、管理系统以及是否遵守书面指示，即剂型、加工、传递和装填说明，加工中的管理方法等。确定相关过程。

（1）加工、传递和装填器具的装置和储存原材料和散装材料的容器是干净的、完好无损的并且已经过消毒。

（2）仅使用被批准的材料。

（3）在加工、传递或装填过程中或之后抽取样品，以便检测以混合形式或其他形式加工的妥善性，是否含有危害性微生物或化学污染物，并符合其他验收规范。

（4）由另外一人进行原材料的称重和测量，并可以确定储存材料的容器。

（5）通过用于加工、装填或出粗化妆品的主要装置、传递线、容器和油罐确定其中内容、批量指示、控制状态和其他相关信息。

（6）在标签使用前检查标签以防止混淆。

（7）在加工、储存、传递和装填批量物的装置的标签上标注特性、批量鉴定和控制状态。

（8）完成品的包装上具有不变的编码标记。

（9）检查被退回的化妆品是否变质或污染。

6. 检查实验室管理

（1）检测或检查原材料、加工中的样本和完成品，以证实他们的成分并确定他们是否符合物理和化学属性、微生物污染物和有害物或其他有害化学污染物的规格。

（2）保存已批准批量的原材料样本，在特定期限保存完成品，并将其存放在不会被污染或变质的环境中，并再次检测其是否符合已建立的验收规范。

（3）定期检测水源供应，特别是作为化妆品成分的水源，是否符合化学分析和微生物规格。

（4）检测并合理预测可能发生在使用者储存和使用中保存刚完成的和已保存的完成品样本抵抗微生物污染物的妥善性。

7. 检查记录

管理记录应包含以下内容：

（1）原材料和主要包装材料，处理被驳回材料的记录。

（2）批量的生产应记录：①种类、批号和使用材料的质量；②加工、处理、传递、储存和装填；③抽样、管理、调整和再加工；④批量和完成品的编码标记。

（3）完成品、抽样记录、试验结果和管理状态。

（4）分销、首次州际装运记录、编码标记和承销人。

8. 检查直接容器和外部容器的标签

（1）在主显示区上：①有产品名称、鉴别说明和净含量（net contents）；②如果没有足够证明相关产品的安全性，则应标有"警告—此产品的安全性尚未确定"的标签。确定企业是否开展毒理学测试或其他试验以证明产品的安全性以及开展了何种毒理学试验。详见 21CFR 740.10。

（2）在信息区上：①应有生产产品或将产品引入州际贸易中的企业名称和地址；②如果打算出售产品或通常出售给在家使用的消费者，则应含有成分列表（仅在外部容器上）；③根据 21CFR 740.11、740.12 和 740.17 要求的标注警告说明；④用于防止健康危害出现的任何其他的警告都有其必要性，通过警告说明可以减少对健康的危害；⑤产品安全使用的任何说明；⑥对于染发产品，应有法案第 601（a）条的警告说明和初次斑贴试验（preliminary patch testing）。此警告仅应用于煤焦油染发剂，如果煤焦油染发剂这样标签，则可豁免于法案中的掺假规定。

9. 检查投诉文件

检查是否企业保留消费者投诉文件并确定以下问题。

（1）每个报告的损伤案例和所其涉及的机体部位和严重程度。

（2）与每个损伤案例相关产品的生产商和编码等。

（3）如果涉及医学治疗，则应将其包括在内，同时包括主治医生的名字（attending physician）。

（4）提供相关信息和（或）毒性数据的毒品控制中心、政府机关、医学团队的名称和地址。

10. 其他

检查企业是否：

（1）参与以下自愿注册计划（the program of voluntary registration）：①化妆品生产机构（21CFR 710）；②化妆品产品成分和化妆品原材料组成说明（21CFR 720）；

（2）使用未列入在化妆品中可以使用的色素添加剂列表中的色素添加剂或未经检定的色素添加剂（21CFR73，74 和 82）；

（3）使用禁用的化妆品成分（21CFR 700）。

本书缩略语表

21st Century Cures Act 《21 世纪治愈法案》

A

AAC：Arthritis Advisory Committee 关节炎咨询委员会

AADPAC：Anesthetic and Analgesic Drug Products Advisory Committee
麻醉和镇痛药咨询委员会

ACF：Administration for Children and Families 儿童和家庭管理局

ACL：Administration for Community Living 社区生活管理局

AERS：Adverse Event Reporting System 不良事件报告系统

AHRQ：Agency for Healthcare Research and Quality
医疗保健研究与质量局

AMA：American Medical Association 美国医学会

AMDAC：Antimicrobial Drugs Advisory Committee
抗菌药物咨询委员会

ANDA：Abbreviated New Drug Application 仿制药申请

APAC：Allergenic Products Advisory Committee
过敏原性制品咨询委员会

APHIS：Animal and Plant Health Inspection Service
动植物卫生监测服务中心

AR：Animal Rule 《动物法规》

ATSDR：Agency for Toxic Substances and Disease Registry
有毒物质和疾病登记局

B

BLA：Biologics Licence Application 生物制品上市许可申请

BPCA：The Best Pharmaceuticals for Children Act
《儿童最佳药品法案》

BRUDAC：Bone, Reproductive and Urologic Drugs Advisory Committee
骨骼，生殖及泌尿系统药物咨询委员会

C

CBER：Center for Biologics Evaluation and Research
生物制品审评与研究中心
CBP：Customs and Border Protection　美国海关和边境保护局
CCPs：Critical Control Points　关键控制点
CDC：Centers for Disease Control　疾病控制与预防中心
CDER：Center for Drug Evaluation and Research
药品审评与研究中心
CDRH：Center for Devices and Radiological Health
器械与放射卫生中心
CFSAN：Center for Food Safety and Applied Nutrition
食品安全和应用营养中心
CFR：Code of Federal Regulations　美国《联邦法规汇编》
CGMPs：Current Good Manufacturing Practices
《现行生产质量管理规范》
CORE：Coordinated Outbreak Response and Evaluation
食品突发事件协调处置与评价队伍
CPSC：Consumer Product Safety Commission　消费者产品安全委员会
CRDAC：Cardiovascular and Renal Drugs Advisory Committee
心血管和肾脏药物咨询委员会
CSA：controlled substances Act　《管制物质法案》
CTGTAC：Cellular, Tissue, and Gene Therapies Advisory Committee
细胞、组织和基因治疗咨询委员会
CVM：Center for Veterinary Medicine　兽药中心

D

DEA：Drug Enforcement Administration　毒品强制管理局
DFO：Designated Federal Officer　指定的联邦政府官员
DODAC：Dermatologic and Ophthalmic Drugs Advisory Committee
皮肤科和眼科药物咨询委员会
DQSA：Drug Quality and Security Act　《药品质量和安全法案》

DSHEA : Dietary Supplement Health and Education Act
《膳食补充剂健康与教育法案》
DWPE : Detention Without Physical Examination 自动扣留

E

EMDAC : Endocrinologic and Metabolic Drugs Advisory Committee
内分泌和代谢药物咨询委员会
EON IMS : Emergency Operations Network Incident Management System
应急行动网络事件管理系统
EPA : Environmental Protection Agency 美国环保局

F

FAC : Food Advisory Committee 食品咨询委员会
FALCPA : Food Allergen Labeling and Consumer Protection Act
《食品过敏源标识及消费者保护法案》
FDA : Food and Drug Administration 美国食品药品管理局
FDAMA : Food and Drug Administration Modernization Act
《食品药品管理现代化法案》
FDASIA : Food and Drug Administration Safety and Innovation Act
《FDA 安全及创新法案》
FD&CA : Federal Food, Drug, and Cosmetic Act
《联邦食品药品和化妆品法案》
FOIA : Freedom of Information Act 信息自由化法案
FR : Federal Register 《联邦公报》
FSIS : Food Safety and Inspection Service 美国食品安全和检查局
FSMA : Food Safety and Modernization Act 《食品安全现代化法案》
FSPTCA : Family Smoking Prevention and Tobacco Control Act
《家庭吸烟预防和烟草控制法案》
FSVP : Foreign supplier verification program 国外供应商核查计划

G

GAO : General Accounting Office 总审计局
GCP : Good Clinical Practice 《药物临床试验管理规范》

GIDAG：Gastrointestinal Drugs Advisory Committee
胃肠道药品咨询委员会
GIO：Government Insurance Office　政府保险局
GLP：Good Laboratorg Practice《药物非临床研究管理规范》
GO：Office of Regulatory Operations and Policy
全球监管和运营办公室
GRAS：Generally Recognized As Safe　公认安全食品添加剂
GSA：General Services Administration　总务管理局

H
HA：Hazard Analysis　危害分析
HACCP：Hazard Analysis and Critical Control Point
危害分析和关键控制点
HCFA：Health Care Financing Administration　卫生保健财务管理局
HDE：Humanitarian Device Exemption　人道主义器械豁免
HHS：Human Health Services　美国卫生与公共服务部
HIS：Indian Health Service　印第安人健康服务局
HRSA：Health Resources and Services Administration
卫生资源与服务管理局
HUD：Humanitarian Use Device　人道主义使用器械

I
IAG：Interagency Agreement　机构间协议
IDE：Investigational Device Exemption　研究用器械的豁免
IND：Investigation New Drug　研究用新药申请
IOM：Institute of Medicine　美国医学会
IRB：Institutional Review Board　伦理委员会

M
MCM：Medical Countermeasure 医疗对策
MCMi：Medical Countermeasures Initiative　医疗对策行动
MDAC：Medical Devices Advisory Committee　医疗器械咨询委员会
MDR：Medical Device Reporting 医疗器械不良事件报告

MIDAC : Medical Imaging Drugs Advisory Committee
医学影像学药物咨询委员会

MMA : Medicare Prescription Drug Improvement and Modernization Act
《医疗保险处方药促进和现代化法案》

N

NCI : National Cancer Institute　国家癌症研究所

NCTR : National Center for Toxicological Research
国家毒理学研究中心

NCVIA : National Childhood Vaccine Injury Act
《国家儿童疫苗伤害法案》

NDA : New Drug Application　新药申请

NDAC : Nonprescription Drugs Advisory Committee
非处方药咨询委员会

NIEHS : National Institute of Environmental Health Sciences
国家环境卫生科学研究院

NIH : National Institutes of Health　国立卫生研究院

NLEA : Nutrition Labeling and Education Act 《营养标识及教育法案》

NMQAAC : National Mammography Quality Assurance Advisory Committee
国家乳房 X 线检查质量保证咨询委员会

NTP : National Toxicology Program　国家毒理学计划

O

OASIS : Operational and Administrative System for Import Support
进口支持运营和管理系统

OC : Office of the Commissioner　局长办公室

ODAC : Oncologic Drugs Advisory Committee　抗肿瘤药物咨询委员会

OFVM : Office of Foods and Veterinary Medicine　食品和兽药办公室

OGD : Office of Generic Drugs　仿制药办公室

OMUMS : Office of Minor Use and Minor Species Animal Drug
Development　罕见用途与少数物种动物药物研发办公室

OO : Office of Operations　运营办公室

OOPD : Office of Orphan Products Development　孤儿产品研发办公室

OPPLA：Office of Policy, Planning, Legislation and Analysis
政策规划立法和分析办公室

P

PAC：Pediatric Advisory Committee　儿科咨询委员会

PADAC：Pulmonary-Allergy Drugs Advisory Committee
肺部变态反应药物咨询委员会

PAS：prior approval supplements　事先批准的补充申请

PCAC：Pharmacy Compounding Advisory Committee
复方制剂咨询委员会

PCNS：Peripheral and Central Nervous System Drugs Advisory
Committee　周围和中枢神经系统咨询委员会

PDAC：Psychopharmacologic Drugs Advisory Committee
抗精神药物咨询委员会

PDUFA：Prescription Drug User Fee Act《处方药使用者付费法案》

PEAC：Patient Engagement Advisory Committee　患者参与咨询委员会

PEC：Pediatric Ethics Subcommittee　儿科伦理附属委员会

PHEMCE：Public Health Emergency Medical Countermeasures
Enterprise　公众健康应急事件医疗对策企业

PHSA：Public Health Service Act《公共健康服务法》

PHSBPRA：Public Health Security and Bio-terrorism Preparedness and
Response Act《公共健康安全和生物恐怖主义预防和响应法案》

PMA：Pre-market Approval　上市前申请

PREA：Pediatric Research Equity Act《儿科研究平等法案》

PSCPAC：Pharmaceutical Science and Clinical Pharmacology Advisory
Committee　药学科学和临床药理学咨询委员会

Q

QSR：Quality System Regulation　质量体系法规

R

RCAC：Risk Communication Advisory Committee　风险沟通咨询委员会

RCHSA : Radiation Control for Health and Safety Act
《健康和安全辐射控制法案》
REMS : Risk evaluation and mitigation strategies
风险评估和减低计划

S

SAB : Science Advisory Board 科学咨询委员会
SAMHSA : Substance Abuse and Mental Health Services Administration
药品滥用及精神卫生管理局
SMDA : Safe Medical Devices Act 《医疗器械安全法》
SOP : Standard Operation Procedure 标准操作规程

T

TEPRSSC : Technical Electronic Product Radiation Safety Standards
Committee 技术性电子产品辐射安全标准委员会
TPSAC : Tobacco Products Scientific Advisory Committee
烟草制品科学咨询委员会
TTB : the Treasury's Alcohol and Tobacco Tax and Trade Bureau
美国酒精和烟草税务和贸易局

U

USP : United States Pharmacopoeia 《美国药典》

V

VA : Veterans Administration 退伍军人管理局
VCRP : voluntary cosmetic registration program
化妆品自愿注册计划
VRBPAC : Vaccines and Related Biological Products Advisory Committee
疫苗和相关生物制品咨询委员会

W

WHO : World Health Organization 世界卫生组织

名词术语总表

A

ADUFA: Animal Drug User Fee Act,《兽药使用者付费法案》

AGDUFA: Animal Generic Drug User Fee Act,《动物仿制药使用者付费法案》

AMQP: Animal Model Qualification Program, 动物模型认证项目

ANDA: Abbreviated New Drug Application, 仿制药申请

APEC: Asia-Pacific Economic Cooperation, 亚太经合组织

API: Active Pharmaceutical Ingredient, 药用活性成分, 原料药

B

BARDA: the Biomedical Advanced Research and Development Authority, 生物医学高级研究和发展管理局

BE Test: Biological Equivalence Test, 生物等效性试验

BIMO: Bioresearch Monitoring, 生物研究监测

BLA: Biologics License Applications, 生物制品上市许可申请

BPCA: Best Pharmaceuticals for Children Act,《最佳儿童药品法案》

BPD: Biosimilar Biological Product Development, 生物类似物产品开发

BsUFA: Biosimilar User Fee Act,《生物类似物使用者付费法案》

C

CBER: Center for Biologics Evaluation and Research, 生物制品审评与研究中心

CDC: Centers for Disease Control and Prevention, 疾病控制与预防中心

CDER: Center for Drug Evaluation and Research, 药品审评与研究中心

CDRH: Center for Devices and Radiological Health, 器械与放射卫生中心

CDTL: Cross Discipline Team Leader, 跨学科审查组长

CEO: Chief Executive Officer, 首席执行官

CFDA: China Food and Drug Administration, 国家食品药品监督管理总局

CFR: Code of Federal Regulation, 美国《联邦法规汇编》

CFSAN: Center for Food Safety and Applied Nutrition,
食品安全和应用营养中心

COTR: Contracting Officer's Technical Representative,
合同缔约人员技术代表

CPI: Consumer Price Index, 消费价格指数

CPMS : Chief Project Management Staff, 首席项目管理人员

CR: Complete Response Letter, 完整回复函

CTECS: Counter-Terrorism and Emergency Coordination Staff,
反恐和紧急协调人员

CVM: Center for Veterinary Medicine, 兽药中心

D

DACCM: Division of Advisory Committee and Consultant Management,
咨询委员会和顾问管理部门

DARRTS: Document Archiving, Reporting and Regulatory Tracking System,
文件归档、报告和管理跟踪系统

DCCE: Division of Clinical Compliance Evaluation, 临床依从性评价部

DD: Division Director, 部门主任

DDI: Division of Drug Information, 药品信息部门

DECRS: the Drug Establishment Current Registration Site,
当前药品登记地点

DEPS: Division of Enforcement and Post-marketing Safety，
药品上市后安全与执行部门

DHC：Division of Health Communications，卫生通讯部门

DMF：Drug Master File，药品主文件

DMPQ：Division of Manufacturing and Product Quality，生产及产品质量部

DNP：Division of Neurological Products，神经类产品部门

DNPDHF：Division of Non-Prescription Drugs and Health Fraud，
非处方药及反卫生欺诈部门

DOC：Division of Online Communications，在线通讯事业部

DoD：the Department of Defense，美国国防部

DPD：Division of Prescription Drugs，处方药部门

DRISK：Division of Risk Management，风险管理部门

DSB：Drug Safety Oversight Board，药品安全监督委员会

DSS：Drug Shortage Staff，药品短缺工作人员

DTL：Discipline Team Leader，专业组组长

DVA：Department of Veterans Affairs，退伍军人事务部

E

eCTD：Electronic Common Technical Document，电子通用技术文件

EDR：Electronic Document Room，电子文档室

eDRLS：electronic Drug Registration and Listing，
药品电子注册和上市系统

EMA：European Medicines Agency，欧洲药品管理局

EON IMS：Emergency Operations Network Incident Management System，
紧急行动网络事件管理系统

EOP I Meeting: End-of-Phase I Meeting, I 期临床试验结束后会议

EOP II Meeting: End-of-Phase II Meeting, II 期临床试验结束后会议

EUA: Emergency Use Authorization, 紧急使用授权

F

FDA: Food and Drug Administration, 美国食品药品监督管理局

FDAA: Food and Drug Administration Act,《食品药品管理法案》

FDAAA: Food and Drug Administration Amendments,
《食品药品管理法修正案》

FDAMA : Food and Drug Administration Modernization Act,
《食品药品管理现代化法案》

FDASIA: Food and Drug Administration Safety and Innovation Act,
《FDA 安全及创新法案》

FD&C Act: Federal Food, Drug and Cosmetic Act,
《联邦食品药品和化妆品法案》

FDF: Finished Dosage Form, 最终剂型

FSA : Federal Security Agency, 美国联邦安全署

FSMA: Food Safety Modernization Act,《食品安全现代化法案》

FTE: Full-Time Employee/Full-Time Equivalence, 全职雇员

FY: Fiscal Year, 财政年度, 会计年度

G

GCP: Good Clinical Practice, 药物临床试验质量管理规范

GDUFA: Generic Drug User Fee Act,《仿制药使用者付费法案》

GLP: Good Laboratory Practice, 药物非临床研究质量管理规范

GMP: Good Manufacturing Practice, 药品生产质量管理规范

GO：Office of Global Regulatory Operations and Policy，
全球监管运营及政策司

GRP：Good Review Practice，药品审评质量管理规范

GSP：Good Supply Practice，药品经营质量管理规范

H

HEW：Department of Health, Education, and Welfare，
美国卫生、教育和福利部，HHS 前身

HHS：Department of Health & Human Services，美国卫生及公共服务部

HPUS：Homoeopathic Pharmacopoeia of the United States，
美国顺势疗法药典

HSP：Human Subject Protection，人体受试者保护

HUDP：the Humanitarian Use Device Program，人道主义器械使用计划

I

IHGT：Institute of Human Gene Therapy，人类基因治疗研究所

IND：Investigational New Drug，新药临床研究，试验性新药

IRB：Institutional Review Boards，伦理审查委员会

IRs：Information Requests，信息请求

M

MAPPs：Manual of Policies and Procedures，政策及程序指南

MCM：Medical countermeasures，医疗措施

MDUFMA：Medical Device User Fee and Modernization Act，
《医疗器械使用者付费和现代化法案》

N

NCE: New Chemical Entity, 新化学实体

NCTR: National Center for Toxicological Research, 国家毒理研究中心

NDA: New Drug Application, 新药上市申请

NDC: the National Drug Code, 美国国家药品代码

NF: National Formulary, 美国国家处方集

NIH: National Institutes of Health, 美国国立卫生研究院

NIMS: the National Incident Management System,

美国国家突发事件管理系统

NME: New Molecular Entity, 新分子实体

NLEA: Nutrition Labeling And Education Act,《营养标识和教育法案》

O

OC: Office of Compliance, 合规办公室

OCC: Office of the Chief Counsel, 首席顾问办公室

OCC: Office of Counselor to the Commissioner, 局长顾问办公室

OCET: Office of Counterterrorism and Emerging Threats,

反恐怖和新威胁办公室

OCM: Office of Crisis Management, 危机管理办公室

OCOMM: Office of Communication, 通讯办公室

OCP: Office of Combination Products, 组合产品办公室

OCS: Office of the Chief Scientist, 首席科学家办公室

OD: Office Director, 办公室主任

ODSIR: Office of Drug Security, Integrity, and Response,

药品安全、完整和响应办公室

OEA：Office of External Affairs，对外事务办公室

OES：Office of Executive Secretariat，行政秘书处办公室

OFBA：Office of Finance, Budget and Acquisitions，
财政、预算和采购办公室

OFEMSS：Office of Facilities, Engineering and Mission Support Services，
设备、工程和任务支持服务办公室

OFVM：Office of Food and Veterinary Medicine，食品及兽药监管司

OGCP：Office of Good Clinical Practice，GCP 办公室

OGD：Office of Generic Drug，仿制药办公室

OHR：Office of Human Resources，人力资源办公室

OIP：Office of International Programs，国际项目办公室

OMB：Office of Management and Budget，美国行政管理与预算局

OMH：Office of Minority Health，少数族裔卫生办公室

OMPQ：Office of Manufacturing and Product Quality，
生产及产品质量办公室

OMPT：Office of Medical Products and Tobacco，医疗产品及烟草监管司

OMQ：Office of Manufacturing Quality，生产质量办公室

OO：Office of Operation，运营司

OOPD：Office of Orphan Products Development，孤儿药开发办公室

OPDP：Office of Prescription Drug Promotion，处方药推广办公室

OPPLA：Office of Policy, Planning, Legislation and Analysis，
政策、规划、立法及分析司

OPRO：Office of Program and Regulatory Operations，
计划和监管运营办公室

OPT：Office of Pediatric Therapeutics，儿科治疗学办公室

ORA：Office of Regulatory Affair，监管事务办公室

ORSI：Office of Regulatory Science and Innovation，
监管科学和创新办公室

OSE：Office of Surveillance and Epidemiology，
药品监测及流行病学办公室

OSI：Office of Scientific Investigations，科学调查办公室

OSPD：Office of Scientific Professional Development，
科学专业发展办公室

OSSI：Office of Security and Strategic Information，
安全和战略情报办公室

OUDLC：Office of Unapproved Drugs and Labeling Compliance，
未批准药品和标签合规办公室

OWH：Office of Women's Health，妇女健康办公室

P

PASE：Professional Affairs and Stakeholder Engagement，
专业事务和利益相关者参与

PASs：Prior Approval Supplements，事先批准补充申请

PC&B：Personal Compensation and Benefits，个人薪酬及福利

PDP：Product Development Protocol，产品开发方案

PDUFA：Prescription Drug User Fee Act,《处方药使用者付费法案》

PMA：Premarket Approval Application，上市前批准申请

PMDA：Pharmaceuticals and Medical Devices Agency，
日本药品及医疗器械综合机构

PMR：Premarket Report，上市前报告

PR: Priority Review，优先审评

PR: Primary Reviewer，主审评员

PRA: the Paperwork Reduction Act，文书削减法案

PREA: Pediatric Research Equity Act,《儿科研究公平法案》

R

REMS: Risk Evaluation and Mitigation Strategies，风险评估及缓解策略

RLD: Reference Listed Drug，参比制剂

RPM: Regulatory Project Manager，法规项目经理

S

SEC: The Securities and Exchange Commission，美国证券交易委员会

SPA: Special Protocol Assessments，特殊方案评估

SR: Standard Review，标准审评

T

TL: Team Leader，审评组长

U

USP: U.S. Pharmacopeia,《美国药典》

V

VP: Vice President，副总裁

W

WTO: World Trade Organization，世界贸易组织